2018. 10. 27~28. 철야 기도시 도우 촬영

🪷 삼가 우러러 공경 예배 찬탄 올리옵고 ~ 고하고 원하옵나니 ~ 🪷

나무 남방화주 유명교주 대자대비 대원본존 지장보살마하살님·부처님 전에
'나를 찾는 부처님의 위대한 가르침·위대한 경전 지장보살본원경·
진정한 참회·츰부다라니·불설 대부모은중경·반야심경' 등의
법보시를 지극한 마음으로 부처님전에 올리어서,
온 법계의 모든 중생 너도나도 모두 함께
부처의 길 이루도록 가피력을 내리시고,
애민으로 섭수하여 구제하여 주시옵소서.

거룩하고 위대하시며 존귀하고 존엄하시며
불가사의하옵신 ~

보물 280호

2018. 10. 27~28. 철야 기도시 도우 촬영

천(天)지장보살님
천상세계를 제도하시는 지장보살님

지(地)지장보살님
지옥중생을 제도하시는 지장보살님

인(人)지장보살님
인간세상을 제도하시는 지장보살님

대원본존 지장보살님
좌보처 도명존자님 · 우보처 무독귀왕님

대원본존 지장보살님
좌보처 도명존자님 · 우보처 무독귀왕님

대성 인로왕보살님

나반존자님   신중단

거룩하고 위대하시며 출가사의 화신

대원본존 지장보살님 존상 구름연 대련정의님 庚佑 合掌

부처님
과
행복세상

일 러 두 기

1. '지장보살본원경(地藏菩薩本願經) 위대한 경전'

   인간 죄업의 숙명성을 진실하게 인정하고 구제의 가르침을 설하는 《지장경》은 어느 경전보다도 진실한 인간의 생(生)과 사(死)에 대한, 거룩하고 불가사의한 가르침을 설(說)하고 있는 위대한 경전입니다.

2. '인간은 자신의 죄업으로 만든 허상에 속아 세상을 살면서(전도된 삶) 지은 업(業)'에 의해, 천상·인간·지옥 등의 6도를 윤회하면서 온갖 생사(生死)의 고통 속을 헤매일 때, 죄업을 지은 일체중생들이 영원히 나고(生) 죽음(死)의 고통을 여의고 열반의 기쁨을 얻도록 백천만억 방편을 베푸시어 구제하시는 대자대비하신 분이 '불가사의 권능자이신 대원본존의 대원력 지장왕보살님'이시며,

3. '지장보살본원경의 위대하신 가르침'은 중생구제를 위한 본원을 밝힌 경전이요, '지장보살본행경'은 지장보살이 행한 중생구제의 일을 밝힌 경이며, '지장보살본서력경'은 지장보살의 '서원의 힘'을 밝힌 경전이라고, 석가모니부처님께서 경전의 이름을 세 가지로 말씀하시었으며,

4. '지장경전'에 '거룩하고 위대하신 부처님의 가르치심', 석가모니부처님께서 설(說)하신 '불설 대부모은중경'과 '관세음보살보문품', '천수경', '마하반야바라밀다심경', '역주 및 해설' 등을 역자가 크나큰 서원으로 위대한 가르침을 수록케 된 것은, 법(法)의 바르고 깊은 이해의 연계성과 부처님 가르침의 불이성(不二性)이며, '위대한 경전 지장경'의 '지장 수행을 주력'으로 부처님 가르치심 따라 깨달음의 길을 향하는 것은 너무나 성스러움의 길이며, '부처님의 가르치심', '불설 대부모은중경', '불가사의 다라니', '염불' 등은 '나를 찾는 참된 깨달음의 길'에서 온갖 고통들을 여의는 심법(心法) 양식이며, 참회·신심·지혜심·자비심·보리심·자성불을 발하게 하시는 부처님의 대광명(大光明)임에, 나(我)와 대승불자·수행자들은 깊은 사유와 바른 이해로, 부처님의 위대하신 가르침에 의지하여 대신심과 대긍정의 힘을 수행(修行)으로 정진할 때, 참된 진여 성품은 불이(不二)로 자각케 될 것입니다.

지장경 주요해설

'지장보살본원경'은 제1품 ~ 제13품의 위대하신 가르치심을 상편 부문에서는 '지장보살님의 본원을 밝히시고', 중편 부문에서는 '지장보살님이 행한 중생구제의 일을 밝히시고', 마지막 부문에서는 '지장보살님의 서원의 힘을 밝히신 불가사의하신 경전'입니다.

인간 죄업의 숙명성을 진실하게 인정하고 구제의 가르침을 설하는 '지장경'은 어느 경전보다도 진실한 인간의 생(生)과 사(死)에 대한, 거룩하고 불가사의한 가르침을 설(說)하고 있는 '위대한 경전'입니다.

'지장보살본원경'은, 도리천궁의 대법회에서 석가모니부처님께서 지장보살에게 부촉하시어 미륵부처님이 오실 때까지, 일체중생을 구제하시라는 부처님의 거룩하고 위대하신 말씀을 문수사리보살, 대행보현보살, 정자재왕보살, 보광보살, 관세음보살, 허공장보살의 대보살들에게 "석가모니부처님께서 '대원본존 지장보살'의 대위신력과, 큰 신통력, 큰 방편, 자비, 지혜, 변재가 불가사의하여 시방의 모든 부처님께서 지장보살의 불가사의한 공덕을 천만겁 동안 찬탄하여도 다 말할 수 없다"고 설하신 후, 인간과 천상의 모든 중생들을 도리천궁에서 지장보살에게 또 다시 부촉하시자, 대보살들께서 무릎꿇어 석가모니부처님께 지장보살의 불가사의하심을 아뢰었고, 석가모니부처님께서 설법으로 '지장보살'의 불가사의하심을 찬탄하신 거룩하고 위대하시며 불가사의하신 경전이 '지장보살본원경'입니다.

지장경의 주인공은 역시 지장왕보살님이십니다. 이 경전에서는 불교의 거룩하고 위대하시며 불가사의하신 석가모니부처님도, 문수보살님, 정자재왕보살님, 보현보살님, 보광보살님, 관세음보살님, 허공장보살님 같으신 대보살님께서도 지장보살님의 거룩한 공덕을 높이높이 찬탄하는 대보살님들로서 위대한 지장경전에 등장하고 있습니다.

지장왕보살마하살님은 어떠한 분이신가?

지장보살은 범어 고시타가르바(Ksitigarbha)의 역어로서 대지(大地)와 같이 일체중생들을 포용하는 대승불교의 이상적 인간상, 즉 지장왕보살입니다. 그리하여 '대승대집지장십륜경(大乘大集地藏十輪經)'에서는 지장왕보살님에 대하여 이렇게 설하고 있습니다.

"이 위대한 보살은 모든 미묘한 공덕을 갈무리하고 있으며 모든 해탈의 진귀한 보배가 나오는 문이다. 마치 여의보주가 뭇 재보를 비 오듯 내리는 것처럼 모든 중생들이 원하는 바에 따라서 모두 만족케 한다."

그뿐만 아니라, 지장왕보살님은 여러 대승경전에 다채로운 얼굴로 화현하여 대승불교의 이타정신을 설하신다.

청정법신 비로자나불의 분신이요, 아미타불의 변화신이시며, '지장왕보살님'은 도리천궁의 대법회에서 석가모니부처님의 부촉을 받으시고 석가모니부처님 입멸 후 57억6천만년(무불시대無佛時代) 뒤에 미륵부처님이 출현하실 때까지, 몸을 육도에 나타내시어 천상에서 지옥까지, 일체중생의 구제를 맡으신, '말법시대'이자 '오탁악세', '무불시대(無佛時代)'인 현세에 우리 모두·일체중생이 귀의해야 할 불가사의하신 분이 '지장왕보살마하살님'이십니다.

지장왕보살님을 '남방화주 대원본존 지장왕보살'이라 우리 모두는 부르고 있으며, 그리고 '유명교주'라고 합니다. 남염부제, 즉 이 사바세계의 중생을 교화하시는 주인이시기에 남방화주라 명명하게 된 것이며, 한 많고 원 많은 일체 중생들의 원을 성취시키는 분이시기에 '대원의 본존'이시며, 눈에 보이는 모든 중생뿐만 아니라 보이지 않는 영계(망혼이 사는 세계)의 일체 중생까지도 교화하시는 주인이시기에 '유명교주'라 부릅니다.

'지장경전'에서도 '대원의 본존' 대자대비 원력으로 구제와 천도에 무량한 몸을 나투시는 지장보살님은 백천만억 분신(分身)으로 백천만억 항하의 모래알 같이 많은 세계에 두루하여서 한 세계마다 백천만억의 몸을 나투고, 한 분신이 백천만억 사람을 제도하여 삼보(三寶)께 귀의(歸依)하게 하며, 죄업을 지은 일체 중생들이 영원히 나고 죽음의 고통을 여의고 열반의 기쁨을 얻도록 방편을 베푸시어 구제하시는 '불가사의 권능자이신 대원본존의 대원력 구제의 지장왕보살님'으로 설하고 있습니다.

항하사 겁 전에 일체중생의 구제를 서원한 지장왕보살마하살님은 성불을 미루고 지옥이 텅텅 빌 때까지 오직 중생 구제에만 '대원'을 세우셨던 '대원본존'의 불가사의 하신 지장보살마하살님께서는, 일체중생을 무량 겁으로 구제 해 왔으나, 아직도 지옥중생이 남아 있다는 것은, 중생들의 깊은 미혹으로 인하여 업의 길에서 잠시 벗어났다가 또 다시 지옥에 떨어지는 중생이 끊임없이 많기 때문이라고 '지장경전'에서 석가모니부처님께서 설하시며,

'대원력의 보살님이신 대원본존지장왕보살님'께서는 살아 있는 사람들에게는 무량한 이익과 무량한 행복으로 불가사의 구제의 권능자이시며, 백천만억 방편으로 건강과 재물과 숨겨진 진귀한 보배를 백천만억 분신으로 나투시어 구제하시며, 무명과 탐·진·치가 깊은 죄업의 영가들은 지옥까지 따라가 일체 영가들을 구제하지만, 또 다시 중생들은 지옥에 떨어지는 6도 윤회를 하는 까닭에,
그리하여 예부터 절(사찰)집에는 '지옥문 앞에 선 지장보살님의 눈물이 마를 날이 없다.'고 하시는 것입니다.
이렇게 지장왕보살마하살님은 일체중생이 다 성불하기 전에는 결코 성불하지 않겠다는 대원을 세우셨던 '대원본존의 지장왕보살마하살'인 것입니다.

사바세계를 사는 우리 대승불자 모두는 지금부터라도 자신이 다겁생과 사

람되어 살아오면서 지은 크고 작은 죄와 십악의 중죄, 모든 죄업에 대하여 깊이 참회하고, 부처님·부처님의 가르치심·선지식 스승님들의 위대하신 가르치심을 큰마음 밭에 결정심의 보리 인(因)으로 심어 결정코 이루겠다는 거룩한 서원, 조그만 죄라도 가볍게 여겨서는 안 된다는 '인과'의 가르치심, 성불의 길로 살아가야만 하는 깨달음의 가르치심, 산자와 죽은자의 불가사의한 무량한 이익 등은, 일체중생을 구제하시는 불가사의 하신 위대한 경전, '지장경'의 깊이 감추어지고 숨겨진 장(藏)의 진귀한 보배, 이를 찾고자 하는 것,

위대한 '이것'이 '진정한 참회'이며, '내 마음의 보배창고'이며, '내(我) 참된 진여 성품의 자각', '내 마음의 보리심 등불', '내(我) 마음 자성(自性) 삼신불(三身佛)의 귀의·깨어남', '이익 인천(人天)의 무량하심', '생(生)사(死)의 자유로움' 등 위대하고 불가사의하신 가르치심이 즉 지장사상이며 지장신앙으로써, '금생의 사람 몸(身) 받아 죽기 전 진참회의 수행'이며, '광대무변한 허공이 참 나(我)의 청정무구한 진여 성품'이며, '참된 깨달음의 길이 불가사의하신 장(藏)'입니다.

이와 같이 '지장경전'에서 설하시는 수많은 불가사의하신 가르치심들은, 인간의 마음·행위에 대한 엄격한 '자기성찰'과 무엇보다도 '참회'와 '진참회'를 반드시 전제로 하고 있으며,

스스로가 부처님의 위대하신 가르치심을 향한 실천 수행으로, 참회하고, 감사하며, 대원력으로, 지혜와 자비의 실천행으로, 일체중생을 무량 이익과 행복·극락왕생으로 법계 회향의 마음 그리고 심법(心法)들은···

일체 중생의 생(生)과 사(死)를 구제하시는 불가사의 권능자이신 나무대원본존지장왕보살님의 가호와 가피가 항상 우리 모두를 행복으로 충만케 해 주시리라는 '대승의 대신심'으로
'사람 몸(身) 받은 금생의 진참회'로,
세세생생 극락왕생과
불가사의하옵신 가르치심을,

'지장보살본원경'에서는 대승불자 모두를 신심(信心)과 근기(根機)에 따라 장엄으로 설(說)하시는,
'불가사의하고 거룩함의 위대한 경전'입니다.

1. '지장보살본원경' 제2. 분신집회품 54쪽

"석가모니부처님께서 내가 여러 겁을 두고 부지런히 애써서 이처럼 교화하기 어려운 억세고 거친 죄업중생을 해탈시켰으나, 아직도 조복을 받지 못한 자가 있어, 중생들이 죄업의 과보로 악도에 떨어져서 큰 고통을 받는 것을 보거든, 지장보살은 마땅히 내가 도리천궁에서 간곡히 부촉한 것을 생각하고 사바세계에 미륵불이 오실 때까지 중생으로 하여금 영원히 모든 고통에서 벗어나게 하고 해탈케 하여 부처님의 수기를 받도록 하라."

2. '지장보살본원경' 제4. 염부중생업감품 62쪽

지장보살님께서 석가모니부처님께 아뢰옵기를,

"세존이시여, 저는 부처님의 위신력을 받았기 때문에 백천만억 세계에 두루 이 몸을 나타내어 모든 업보 중생을 구원하고 있습니다. 만약 부처님의 크신 자비의 힘이 아니라면 이러한 변화를 부리지 못할 것입니다.

제가 이제 또한 석가모니부처님의 부촉하심을 받았사오니 미륵부처님께서 성불하실 때까지 육도의 중생을 모두 해탈케 하오리니 원하옵건대 부처님이시여, 염려하지 마시옵소서."

3. '지장보살본원경' 제6. 여래찬탄품 78쪽~87쪽

세존 : "모두 들으라,

내가 이제 지장보살마하살이 시방세계에서 가히 생각할 수 없는 불가사의한 위신력과 대자비의 힘으로 나투어 죄지어 고통 받는 모든 중생들을 구제하는 일에 대하여 더 높이 찬탄하리라. 내가

멸도한 뒤에 그대들 모든 보살마하살과 하늘, 용, 귀신들은 널리 방편을 지어서 이 경을 지킬 것이며, 모든 중생으로 하여금 온갖 괴로움에서 벗어나 열반의 기쁨을 얻게 하라."

이렇게 말씀하시니, 법회 중에 있던 보광보살이 합장 공경하고 부처님께 아뢰었다.

보광보살 : "지금 부처님께서는 지장보살에게 불가사의한 큰 위신력이 있음을 찬탄하셨나이다.

부처님께서는, 미래세의 말법시대 중생들을 위하여 지장보살께서 인간과 천상을 이익 되게 하는 인과를 말씀하시어, 모든 천룡팔부와 미래세의 중생으로 하여금 부처님의 말씀을 결정심의 인(因)으로 받아 지니게 하시옵소서."

그때 부처님께서 보광보살과 사부대중들에게 말씀하셨다.

세존 : "자세히 듣고 자세히 들으라. 내 그대들을 위하여 지장보살이 인간과 천상에 이익을 주는 복덕에 대하여 간략히 말하리라."

보광보살이 아뢰었다.

보광보살 : "세존이시여, 즐거이 듣겠나이다."

부처님께서 보광보살에게 말씀하셨다.

세존 : "미래의 세상에 신남자 선여인이 지장보살의 명호를 듣는 자, 존상에 합장하는 자, 찬탄하는 자, 예배하는 자, 생각하고 사모하는 자 등 이러한 사람들은 삼십 겁 동안 지은 죄에서 벗어나리라.

보광보살이여, 만약 어떤 선남자 선여인이 지장보살의 존상을 그리거나, 흙이나 돌, 아교, 칠, 금, 은, 구리, 철 등으로 지장보살의 존상을 조성하여 한 번이라도 우러러 예배하는 자는 백 번을 거듭 삼십삼천에 태어나서 영원히 악도에 떨어지지 아니하리라.

설령 천상의 복이 다하여 인간으로 다시 태어나더라도 오히려 국왕이 되어서 큰 이익을 얻을 것이니라.

그러므로 보광보살이여, 어떤 사람이 지장경을 독송하거나 한 생각만이라도 지장경을 찬탄하고 공경하는 사람을 보거든, 그대는 마땅히 백천 방편으로 이들에게 권하여서 정근하는 마음이 물러나지 않도록 하라. 그리하면 능히 현재와 미래에 백천만억의 불가사의한 공덕을 얻게 되리라.

보광보살이여, 그대는 신력으로 이런 권속들로 하여금 모든 불보살 존상 앞에서 지극한 마음으로 지장경을 읽게 하거나, 혹은 다른 사람을 시켜서 세 번이나 일곱 번을 읽게 하여라. 그러면 악도에 떨어진 권속들이 해탈을 얻고, 꿈이나 잠결 중에 다시는 나타나지 않으리라.

보광보살이여, 미래세의 중생들은 매달 1일, 8일, 14일, 15일, 18일, 23일, 24일, 28일, 29일, 30일의 십재일에는 모든 죄를 모아서 죄업의 가볍고 무거움을 결정한다.

대개 남염부제 중생으로서 몸을 움직이고 생각하는 것이 업 아닌 것이 없고 죄 아닌 것이 없는데 하물며 방자한 마음으로 살아 있는 목숨을 죽이거나 해치며, 도둑질하고 사음을 하며, 거짓말을 하는 백천 가지의 죄를 일부러 지어서야 되겠느냐.

만약 십재일에 부처님과 보살님과 모든 성현의 존상 앞에서 지장경을 한 번 읽으면 동, 서, 남, 북의 백 유순 안에서는 모든 재앙과 고난이 없어지고, 그가 사는 집안의 어른이나 아이들이 현재와 미래 백천 세에 영원히 악도에서 벗어날 것이며, 매달 이 십재일마다

이 지장경을 한 편씩 읽으면 현재 그 집안에 있는 모든 횡액과 질병이 없어지고 의복과 먹을 것이 풍족해 지느니라.

그러므로 보광보살이여, 마땅히 알라. 지장보살에게는 이와 같이 말로 다할 수 없는 백천만억의 큰 위신력과 이익 주는 일이 있음을 마땅히 알아야 하느니라.

염부제의 중생들은 모두가 지장보살과 큰 인연이 있으니, 이 모든 중생들이 지장보살의 명호를 듣거나, 지장보살의 존상을 보거나, 또는 이 경을 석자나 다섯 자 혹은 한 게송, 한 글귀라도 듣는 자는 현재에 아주 특별한 안락함을 얻을 것이며, 미래세의 백천만 생 동안을 항상 단정한 몸으로 존귀한 가문에 태어나게 되리라."

그때 보광보살이 부처님께서 지장보살을 칭찬하고, 찬탄하시는 것을 듣고는 무릎 꿇어 합장한 후 다시 부처님께 여쭈었다.

보광보살 : "세존이시여,

저는 오래 전부터 이 지장보살이 지닌 불가사의한 위신력과 큰 서원력을 알고 있었으나, 미래의 중생들에게 알려서 이익을 주기 위하여 짐짓 부처님께 여쭈었나이다.

세존이시여, 이 경전의 이름은 무엇이라 하오며, 저희가 어떻게 널리 펴 나가야 하겠습니까? 말씀하여 주시옵소서."

부처님께서 보광보살에게 이르시었다.

세존 : "이 경전에는 세 가지의 이름이 있느니라.

하나는 '지장보살본원경' 지장보살의 본원을 밝힌 경이고,

또 하나는 '지장보살본행경' 지장보살이 행한 중생 구제의 일을 밝힌 경이며,

또 다른 하나는 '지장보살본서력경' 지장보살의 서원의 힘을 밝힌 경이니라. 이는 지장보살이 오랜 겁으로부터 내려오면서 큰 서원을 거듭 세워서 중생들에게 이익을 주어 왔으니 그대 보살들은 이 서원에 의지하여 이 경전을 세상에 널리 펴 나가도록 하여라."

보광보살이 부처님의 말씀을 깊이 새겨듣고는 합장하고 공경스럽게 예배한 다음 물러갔다.

4. '지장보살본원경' 제11. 지신호법품 116쪽~117쪽

"세존이시여, 이 지장보살은 염부제에 큰 인연이 있으니 저 문수보살, 보현보살, 관세음보살, 미륵보살 또한 백천 가지 형상으로 나타나 육도의 중생을 제도하시지만 그 서원은 끝이 있사오나, 지장보살마하살은 육도의 모든 중생을 끝없이 교화하시며 서원을 세운 겁의 수는 천 백억 항하의 모래알 수와 같나이다.

세존이시여, 제가 살펴보니 미래와 현재의 중생이 살고 있는 곳에서 남쪽으로 정결한 땅에 흙이나 돌, 대나무, 나무로 집을 지어 거기에 지장보살의 존상을 그리거나 또는 금이나 은, 동, 철 등으로 지장보살의 존상을 조성하여 모시고 향을 피워 공양 올리며 우러러 예배하고 찬탄한다면, 이 사람은 사는 곳에서 곧 열 가지의 이익을 얻게 될 것입니다.

어떤 것이 그 열 가지인가 하면,
1. 토지에 풍년이 들 것이며,
2. 집안이 언제나 평안하며,
3. 먼저 작고한 가족들이 천상에 태어나고,
4. 살아 있는 가족들의 수명이 더 늘어나며,
5. 구하는 것이 뜻대로 이루어지고,

6. 물이나 불로 인한 재앙이 없으며,

7. 재물이 헛되이 잃는 일이 없으며,

8. 나쁜 꿈이 없어지며,

9. 출입할 때 신장들이 보호하며,

10. 거룩하고 성스러운 인연을 많이 만나게 되나이다.

세존이시여,
미래세나 현세의 중생이 머물러 사는 적당한 장소에서도 그와 같은 공양을 지장보살님께 올리면 이와 같은 이익을 얻게 되나이다.”

5. '지장보살본원경' 제12. 견문이익품 124쪽~129쪽

세존께서 관세음보살에게 이르시되,
"관세음보살이여, 현재나 미래의 모든 세계에서 육도중생이 목숨을 마치려 할 때 지장보살의 명호를 들려주어 그 한 소리만이라도 귀에 스치게 하면 이 모든 중생들은 영원히 삼악도의 타는 듯한 괴로움을 겪지 않게 되느니라.

하물며 부모나 가족들이 목숨을 마치는 사람의 집, 재물, 보배, 의복 등을 팔아 지장보살의 존상을 그리거나 조성하여 그의 눈으로 보게 하면 더 말할 것이 없느니라.

또 병든 사람이 목숨을 마치기 전에 지장보살의 존상을 눈으로 보고 명호를 귀로 듣게 하고,
바른 길을 아는 가족들이 집과 보배 등을 팔아 그를 위하여 지장보살존상을 그리거나 조성하여 그로 하여금 직접 눈으로 보고 귀로 듣게 하면, 그 사람이 지은 업보로 중병을 앓는 것이 당연하다 할지라도, 그 공덕을 받아서 병이 완쾌되고 수명이 더 길어지느니라.

또한 이 사람의 목숨이 다하여 그동안의 죄업으로 마땅히 악도에 떨어져야 할 사람이라도, 그 공덕으로 죽은 뒤에 모든 죄와 업장이 소멸되어, 곧 인

간이나 천상에 태어나 뛰어난 즐거움을 받으리라.

관세음보살이여, 만약 미래세에 선남자 선여인이 현재와 미래의 세상에서 백천만억의 여러 소원과 백천만억의 여러 일들을 이루고자 하거든, 지장보살의 존상 앞에서 귀의하고 우러러 예배하며 공양을 올리고 찬탄하면, 이러한 모든 소원과 구하는 것이 모두 다 성취되느니라.

또 지장보살이 큰 자비로써 영원히 자신을 지켜주기를 원한다면, 이 사람은 꿈속에서 지장보살의 마정수기를 곧 받게 되리라.

관세음보살이여, 만약 미래세에 어떤 사람이 의복과 음식이 부족하여 구하려 해도 뜻대로 되지 않거나, 질병이 많고, 흉하고 쇠퇴한 일이 많아서 집안이 불안하고 평화롭지 못하고, 가족이 흩어지며, 혹 어긋나는 일들이 많이 닥쳐서 몸을 괴롭히고, 무서운 꿈을 꾸며 자주 놀라는 이러한 사람들은 지장보살의 명호를 듣고, 지장보살의 존상을 보고 지극한 마음으로 공경하며 명호를 만 번 부르면, 이 모든 좋지 않은 일들이 점점 없어지고 안락함을 얻게 되며 먹고 입을 것도 풍족해지고 잠잘 때 꿈속에서도 안락함을 얻느니라.

관세음보살이여, 만약 미래세에 선남자 선여인이 생계에 필요한 일이거나, 혹은 공적인 일이거나, 사적인 일이거나, 태어나고 죽는 일이거나, 급한 일 때문에 산이나 숲 속에 들어가거나, 강이나 바다 같은 큰물을 건너거나, 험한 길을 지나게 될 때, 이 사람이 먼저 지장보살의 명호를 만 번 부르면, 그가 지나는 곳마다 토지신이 보호하여, 가거나 머물거나 앉거나 누울 때에 모든 일이 언제나 안락하게 되고, 또 호랑이, 늑대, 사자와 같은 온갖 악독한 짐승들을 만나더라도 해를 입지 않게 되느니라."

부처님께서 관세음보살에게 계속하여 말씀하셨다.

부처님 : "이 지장보살은 염부제에 큰 인연이 있으니 모든 중생들이 지장보

살의 존상을 보고 명호를 들으면 그들이 얻는 이익은 백천 겁 동
안 말하여도 다할 수 없느니라. 그러므로 관세음보살이여, 그대는
신통력으로 이 경전을 유포하여 사바세계의 중생으로 하여금 백천
만 겁토록 영원한 안락을 누리게 하라.”

6. '지장보살본원경' 제13. 촉루인천품 134쪽~139쪽

그때, 석가모니부처님께서 금빛 팔을 들어 지장보살마하살의 이마를 어루만
지시며 이렇게 말씀하셨다.

석가모니부처님 : “지장, 지장보살이여,

그대의 신력(神力)은 불가사의하도다.

그대의 자비(慈悲)는 불가사의하도다.

그대의 지혜(智慧)는 불가사의하도다.

그대의 변재(辯才)는 불가사의하도다.

시방의 모든 부처님이 그대의 그 불가사의한 공덕을 천만
겁 동안 찬탄하여도 다 말할 수 없느니라.

지장보살이여, 내가 오늘 이 도리천궁에서 백천만억의 말
로는 다 표현할 수 없는 모든 부처님과 보살, 천신과 인
간과 용, 팔부신중이 모인 크나큰 도리천궁의 이 법회에서
인간세상과 하늘의 모든 중생들 모두를 또 다시 그대에게
부촉하노라.

삼계의 불타는 집(三界火宅)에서 벗어나지 못하는 모든 중
생들을 그대에게 맡기노니, 사람과 하늘 모든 중생들이 하
루 낮 하루 밤이라도 악도에 떨어지지 않게 할 것인데,
하물며 오무간지옥이나 아비지옥에 떨어져 천만억 겁을

지내도 벗어날 기약이 없게 하겠느냐.

지장보살이여, 이 남염부제 중생들은 뜻과 성품이 정한 바가 없기에 악한 짓을 익히는 자가 많고, 비록 착한 마음을 내었다가도 곧 사라지며, 만약 악한 인연을 만난다면 생각 생각에 악이 더 늘어나니 이런 까닭에 나는 이 몸을 백천억으로 나투어 중생의 근기와 성품에 따라 그들을 교화하고 제도하여 해탈을 얻게 하였느니라.

지장보살이여, 내가 이제 간곡히 인간과 천상의 무리들을 그대에게 부촉하노니, 만약 미래세의 인간세상과 천상의, 선남자, 선여인이 불법 안에서 털끝 하나, 먼지 한 티끌, 모래 한 알, 물 한 방울만한 작은 선근이라도 심으면 그대는 도력(道力)으로써 이 사람을 보호하여 점점 위없는 도를 닦도록 하여 선근과 진리에서 물러섬이 없도록 하라.

지장보살이여, 미래세에 하늘 사람이나 세상 사람이 지은 업에 따라 과보를 받아 악도에 떨어지는 이가 있거든, 그대는 그가 떨어진 곳에 나아가라. 그리고 모든 중생들이 지옥문에 이르러서 만약 한 부처님, 한 보살의 명호나 대승경전의 한 구절, 한 게송만이라도 외운다면, 이 모든 중생들을 신통력과 방편으로써 구출하여 고통에서 벗어나게 하되, 그 사람이 있는 곳에 무변신(無邊身)의 몸을 나타내어서 지옥을 부수고 천상에 태어나도록 하여 뛰어난 즐거움과 승묘한 낙을 누리게 하라."

부처님께서 다시 게송으로 말씀하셨다.

"현재와 미래의 모든 중생을

내 이제 지장보살에게 부촉하노니

그대는 큰 신통과 큰 방편으로

중생들을 제도하여

악도에 떨어지지 않도록 하라."

이때 지장보살마하살이 무릎 꿇어 합장하고 부처님께 아뢰었다.

지장보살 : "부처님이시여, 염려하지 마시옵소서. 만약 미래세에 선남자 선여인이 불법에 대해 한 생각의 공경심만 일으켜도, 저는 백천 가지의 방편으로 이 사람을 제도하여 나고 죽음에서 속히 벗어나 해탈을 얻게 하겠습니다. 하물며 여러 가지 착한 일들을 듣고 생각 생각에 수행을 닦아 가는 사람들이야 말 할 나위가 있겠나이까. 이 사람은 자연히 바르고 원만한 깨달음에서 영원히 물러서지 않게 될 것이옵니다."

부처님께서 이 말씀을 하실 때 법회에 참석하였던 허공장(虛空藏)보살이 부처님께 아뢰었다.

허공장보살 : "세존이시여, 제가 이 도리천에 이르러 부처님께서 지장보살의 불가사의한 위신력을 찬탄하시는 것을 잘 들었나이다. 만약 미래세에 선남자 선여인과 모든 하늘 사람, 용신 등이 이 경전과 지장보살의 명호를 듣거나 지장보살의 존상을 보고 우러러 예배한다면 몇 가지의 복과 이익을 얻게 되나이까?

바라옵건대 부처님이시여, 현재와 미래의 모든 중생들을 위하여 이에 대해 간략히 말씀하여 주시옵소서."

부처님께서 허공장보살에게 말씀하셨다.

부처님 : "자세히 듣고 자세히 들어라. 내가 그대를 위하여 구분하여 설하리라. 만약 미래세의 선남자 선여인이 지장보살의 존상을 보거나 이 경전을 듣거나 나아가서는 독송하고, 향, 꽃, 음식, 의복, 보물 등을 보시하여 공양을 올리며 찬탄하고 우러러 예배하면 마땅히 스물여덟 가지의 이익을 얻게 되느니라.

1. 하늘과 용이 항상 지켜줄 것이요,

2. 좋은 과보가 날로 늘어남이요,

3. 거룩한 법과 성인들과 좋은 인연을 만날 것이요,

4. 깨달음을 얻으려는 마음, 보리도에서 물러서지 않을 것이요,

5. 먹고 입을 것이 풍족할 것이요,

6. 질병이 침범하지 못할 것이요,

7. 수재와 화재의 재앙을 만나지 않을 것이요,

8. 도적의 액난이 없을 것이요,

9. 사람들이 보고 흠모하여 공경할 것이요,

10. 귀신들이 돕고 지켜줄 것이요,

11. 여자는 다음 생에 남자로 태어날 것이요,

12. 여자라면 임금이나 대신의 딸이 될 것이요,

13. 용모가 단정하고 빼어날 것이요,

14. 천상에 많이 태어날 것이요,

15. 제왕으로 태어날 것이요,

16. 숙명통을 얻을 것이요,

17. 구하는 바를 뜻과 같이 이루게 될 것이요,

18. 가족 친척들이 모두 화목할 것이요,

19. 모든 횡액이 소멸될 것이요,

20. 나쁜 업의 길이 영원히 없어질 것이요,

21. 가는 곳마다 막힘이 없을 것이요,

22. 밤에는 꿈이 편안할 것이요,

23. 먼저 돌아가신 선망 부모 권속 등이 고통에서 벗어날 것이요,

24. 다시 태어날 때 복을 타고 태어날 것이요,

25. 모든 성현이 찬탄할 것이요,

26. 총명하고 근기가 수승할 것이요,

27. 인자하고 가엾이 여기는 마음이 넉넉하며, 대중에 대한 자비심이 충만할 것이요,

28. 필경에는 부처를 이루는 것이니라."

법보시의 마음과 역자의 영험가피

1. 중생들의 '부처님법 상속, 무량한 이익과 무량한 행복, 일체 영가께 지극한 마음으로 극락왕생 천도기도' 하옵겠다는 지장보살마하살님을 향한 간절한 마음이, '법보시의 一大事' 법연(法緣) 축복을 받게 되었습니다.

2. '지장경' · '부처님의 위대한 가르치심'은 '젊은 세대의 자기부처'들이 우리나라 불교를 꽃피워 갈 미래세의 주인공들로서, 시대적 흐름과 불교문화의 일상생활화를 통한 한글 이해가 무엇보다 선행되어야 하는 시대적 상황(자신들의 이름 외에는 한자를 잘 모르는 현실임)과 템플스테이수행(한글반야심경 등)과 큰 사찰에서의 예불 등, 한글화의 변화 추세에 따른 제반의 흐름들을 감안하여 꼭 필요한 한자는 별도로 표기하는 반면, 한글 전용을 원칙으로 누구라도 위대한 경전의 독송과 이해도를 높일 수 있도록 다함없는 마음으로 편역 · 손질하였습니다.

3. 지장왕보살마하살님, 덕 높으신 큰스님을 의지처로 살아오고 있던 2014년 지장보살마하살님께서는 제게 불자로 살라시는 '간암'이란 축복을 주시었고, 간암 수술은 지장보살님의 가호와 가피, 큰스님의 지켜 주심으로, 다시 태어나 새 생명으로 오늘을 살아갈 수 있도록 굽어 살펴 주셨으며, 또한 시련의 고비마다 살아가게 불가사의 가피 내리신 대원본존 지장보살님과 제불보살님 · 스승님 · 큰스님의 은혜로 부처님 곁을 한 발짝 더 다가갈 수 있도록 대자비로 인도해 주셨던 크고 깊으신 은공에 깊은 감사를 올리옵니다.

본 경전은 편역자 자신이 간암으로 수술을 받은 지 2019년 4월 15일이 되면 5년의 새 생명을 얻게 되며, 또한 간암수술을 시술한 대학병원 전문의(교수) 및 여태까지 6개월마다 정기검진을 맡아 오고 있는 간암 전문 교수(의사) 또한, 수술 전 30, 40여년을 같이 살았던 B형간염 보균(음성)이 수술 후 없어져 버렸다는 의사(교수)로서는 평생 보지도 듣지도 못한 있을 수 없는 기적이 발생했다는 감탄과 더불어, 간암 수술 후 항암 치료도 받지 않게 가피 내리시어, 오늘에까지 건강하게 새 생명을 얻어 살아오게 된 것은 오직 '거룩하고 위대하시며 불가사의하옵신 대원본존 지장왕보살마하살님, 제불보살님'의 가호와 가피, '스승님·큰스님'의 보살피심과 자비로의 지켜주심, 그리고 위대한 경전 '지장보살본원경'의 '지성독송'과 '위대한 명호정근', '지심참회기도' 등으로 오늘을 살고 있으면서도, 감사함과 더불어 가끔씩 죄스럽고, 부끄러운 마음입니다.

4. 자비롭고 은혜로우신 큰스님의 가르치심 '감로설법·자비와 방편·굽어 살펴주심으로 삶을 바꿔 주셨으며, 중생을 이익 되게 하는 길, 이치와 도리 그리고 대승불자로서의 지키고 행해야 할 계율과 덕목, 불가사의한 내면의 자성불(법신불·보신불·화신불)을 깨어나게 살라, 마음을 살피는 수행, 마음챙김'으로 '광대무변한 허공 같은 청정무구한 마음(心法)이 참 성품의 나(我)이므로 현상계 대상경계로부터 입류망소케 하라', '자유로 자기 마음을 잘 찾고 허공 같이 텅텅 비어 있는 불가사의의 자기마음을 잘 살피고 꼭 봐라'는 자각과 관법, 진정한 참회를 결정심의 인(因)으로 심어야만 한다는 위대한 가르치심 등···

'진정한 참회', '불가사의 자성불', '관심일법', '신수심법(身受心法)', '공성의 지혜와 자비의 실천', '일체중생의 무량 이익을 위한 회향', '입류망소'!

5. 큰스님·스승님을 만난 지난 십수 년들을 이제서야 살펴보게 되면서, 위대하신 가르침의 법문과 만중생의 불자들이 받아 지녀야 할 일심으로 행하시는 자비행들을 일부나마 보고 느끼면서 참으로 공경스러움이 마음속 깊은 곳에서 큰 울림으로 샘솟고 돋아나 행주좌와로 느껴질 때가 많아지면서, 제 자신도 모르게 두 손 모아지고 우러러 찬탄의 예경을 올리게 되옵니다.

6. 모든 보살님께서 상구보리·하화중생의 길을 가시는데,
나무 대원본존 지장왕보살마하살님께서는 오직 한 길 '하화중생'의 길로 지옥세계에 단 한 명의 중생까지도 구제하여 지옥이 텅텅 빈 후에서야 성불하시겠다는 대원을 세우시고, 고통 속을 헤매는 살아 있는 사람들과 일체 영가를 백천만억 분신으로 하나같이 변함없는 '대원본존의 마음'으로, '불가사의하시며 위대한 지장보살본원경'의 가르치심으로 일체 중생을 구제하옵시고, 지장원찬 23존 제위여래부처님·부처님·불보살님·큰스님·스승님의 감로설법은 전도[업(業)에 의해 내(我)가 만든 허상]된 제 자신 모두를 바꾸고자 자각(自覺)·다짐·참회(懺悔)하게 하시고, 모든 것에 감사(感謝)함과 대원력(大願力), 회향(廻向)의 '길'을 장엄으로 설(說)하시고, 모든 중생을 자비로 인도해 주시옵니다.

7. 큰스님을 만난 십 수 년 전부터, 오늘에 이르기까지 지장보살님·지장원찬 23존 제위여래부처님·불보살님께 올리는 지장경전의 사경, 독송기도와 지심참회기도, 지장경전을 비롯한 금강경사경, 반야심경, 대원본존지장보살마하살, 지장원찬 23존 제위여래부처님 위대한 명호 사경, 명호정근, 장엄진언, 장엄다라니, 지장보살님 10선계, 지장보살님 약찬게, 지장보살님 예찬문과 화엄경약찬게, 불설 대부모은중경 등의 '부처님의 위대하신 가르치심들'의 독송과 염불 등은 대승불자인 편역자 자신이 기도를 해 오면서 기도방식이 체험되고, 미흡하고 부족하나마 조금씩 체화되어져가는 수행으로서,

8. 오늘도 저는 공기와 바람과 햇빛 그리고 물(부처님께서 내리시는 마시고 씻는 감로의 모든 물)에 대한 감사함과, 살아 있음에 한량없는 감사로 '생명나눔실천본부'에 장기·안구·조직 일체를 수 년 전에 기증하여 조그만 죄라도 용서 받으며, 지장보살님의 불가사의하옵신 위신력으로 장기를 건강하게 기증하게 하시어, 밝음의 새 세상 새 생명들이 거룩하신 부처님의 광명으로 건강하게 탄생되기를 거룩하고 위대하시며 불가사의하옵신 대원본존 지장보살마하살님 전에 지성으로 발원하옵고,

9. 다겁생을 살면서 저로 인하여 고통 받았던 모든 사람들의 무량한 이익
   과 행복, 부처님법의 상속과 성불, 극락왕생을 위하여,
   이 한 몸(身)과 한 목숨 대원본존 지장보살마하살님 전에 바치옵나이다.

10. '조견오온개공
    원리전도몽상
    진정한 참회
    신수심법
    이익인천무량사
    서방정토 극락왕생
    천상천하 유아독존
    나무 남방화주 유명교주 대원본존 지장보살마하살
    나무 지장원찬 23존 제위여래불
    나무 시방삼세 일체 제불보살마하살
    나무 구문지본존 허공장보살마하살
    무량수 무량광 나무아미타불
    나무 석가모니불',

    '진정한 참회', '입류망소', '광대무변한 허공 같은 청정무구한 내 마음
    (心法)이 참된 성품의 나(我)임을 자각하라.', '자성의 삼신불을 깨어나
    게 하라.'는 위대하신 가르치심들은···
    ① 사람 몸(身)을 받은 금생에서 '진참회'로, 기필코 극락왕생을 해야만
       하겠다는 결정심의 대승불자···
    ② 광대무변한 나(我)의 진여성품 허공이 우주 허공과 같이, 고통으로
       부터 벗어나 걸림 없는 자유를 원하시는 대승불자···
    ③ 부처님과 부처님의 가르치심, 거룩하고 자비로우시며 은혜로우신
       큰스님·스승님의 가르치심 따라 진리와 깨달음을 향한 성불의 길
       로 인도받고자 하는 대승불자···
    ④ 일대사(一大事)의 거룩한 인연으로 인하여 필경에는 성불하고야 말

겠다는 다짐과 일심 서원의 보리심을 발하시는 대승불자···

⑤ 자신이 '말법시대·오탁악세·무불시대'에 어디로 가야 하는지 길을 잃은 분 등은···

'나를 찾는 위대한 경전 지장보살본원경'·'부처님의 위대한 가르침', 큰 깨달음을 이루신 큰스님·스승님의 감로설법들은 '일대사(一大事)의 성스러운 인연'으로, 전도[업(業)에 의해 내가 만든 허상에 속아 살아온 전도의 삶]된 잘못된 삶을 '광명(光明)'으로 대 전환케 구제하시어, 대승불자·수행자 모두가 매일 매일 마음속에 구하던 일 뜻과 같이 원만하게 성취되며, 상서로운 경사 늘 함께하게 하옵시고, 참회, 감사, 서원, 모든 공덕 법계 회향케 하옵소서.

11. 어떤 방법이 기도를 성취할 수 있는 바름의 기도법인가? 는 자신의 '진정한 참회', 광대무변한 허공 같은 청정무구한 마음(心法)을 어떻게 일으키느냐에 있다는 큰스님·스승님의 가르치심과, "삼보(불·법·승)께서는 중생의 생사(生死)를 요달하시는 '불가사의한 힘과 위신력'을 가지셨기에, 우리 모두의 대승불자들은 삼보전에 의지하고 목숨 바쳐 귀의하는 것이며, 지극한 마음으로 삼보님을 지성으로 공경"하게 되며, '참된 불성의 보리인'이 심어지기를 발원하고, 수행은 정진하는 근기에 맞게 체득되고 수승하게 됨으로써, 필경에는 성불로 인도되어진다는 가르치심이 '위대하신 부처님'과 '큰스님·스승님의 가르치심'이며, 그리하여 "위대하신 경전과, 위대하신 가르치심, 감로법문 등의 반복적 신심 수행을 통하여, 수행자(대승불자) 자신에 체화(體化)시켜라."

12. '거룩하고 불가사의하신 나를 찾는 부처님의 위대한 가르침·지장보살본원경'이 지장보살님의 가호와 가피·굽어 살펴주심으로 세상에 출판케 하시어, 대승불자 모두는 위대함과 불가사의하심을 널리 알리는 데 힘쓰며, 위대하신 가르치심 따라 '일체 중생을 이익과 행복'되게 하고, '부처님법의 상속', '성불과 극락왕생의 길'로, '참된 성품의 진여' 내면의 자성불을 깨어나게 하며, 반야지혜와 자비실천행으로 회향케 하시

어, 일체 중생 모두가 성불로 구제됨에, '법보시의 간절한 마음'을 담았
습니다.

이 위대한 가르침의 불이(不二)를 '귀의 자성삼신불' '참된 진여 성품'으
로 귀의 · 자각케 하옵소서.

① 내(我) 마음에 있는 청정법신에 귀의합니다.
② 내(我) 마음에 있는 원만보신불에 귀의합니다.
③ 내(我) 마음에 있는 천백억화신불에 귀의합니다.
④ 천지(天地) 진여 불성(佛性) 모두에 귀의합니다.

13. 또한, 이제는 한글만을 아는 한글세대의 '자기부처'들이 시대 흐름에 맞
게 독송의 편의성 · 독송의 이해도 등을 누구에게나 높일 수 있도록 기
존의 틀(불교)에서 벗어나 편역 · 보완 · 손질 등으로 오래 전부터 법보
시를 위한 '지장보살본원경'과' '부처님 · 불보살님 · 선지식스승님의 위대
하신 가르치심'을 인도해 주셨던 덕 높으신 큰 깨달음을 이루신 큰스
님 · 스승님의 말씀이 큰 용기와 대원력으로 책을 쓰게 된 동기가 되었
으며, 나무 대원본존 지장왕보살마하살님 · 부처님 · 불보살님의 가호 ·
가피로 '부처님의 가르침'을 한글세대들이 상속받아, 불교를 이어갈(사
찰에는 젊은 사람들이 사라지고 있는 현실임) '젊음의 자기부처'들이 이
제는 한글 경전을 보고, 읽고, 그 뜻을 깊이있게 이해할 수 있도록, 위
대한 경전 '지장보살본원경을 수지하는 이, 보는 이, 듣는 이, 독송하는
이, 위대한 명호를 정근하는 이, 경전을 공경히 수호신으로 모시는 이
등' · · · '한글세대'와 일체 중생을 부처님의 품으로, 참된 깨달음의
길 · 성불로 구제하시옵고, 불교가 현재 행하고 있는 수행과 교화가 세
계화에 걸맞는 바름의 길로 인도되어, 불교가 대신심으로 처처에 꽃을
피워, 대한민국이 세세생생 불국토 되길 지장보살님 · 지장원찬 23존 제
위여래부처님 · 시방삼세 부처님 · 불보살님 · 삼보님 전에 간절함으로 발
원하옵니다.

14. '지심참회' 기도는, '편역자 제 자신을 중심으로 체득'해 왔던 기도 수행
법이며, 위대하신 가르침들은 부처님의 가르침·선지식스승님들의 가르
침·참고문헌을 의지하여 편역, 기획, 편집하였으며, 출처를 밝힌 부문
과 최근까지 출간된 경전과 경문, 거룩하고 위대하신 가르치심의 존귀
하고 장엄한 자료들을 발췌 참고하였으며, '지장보살본원경'을 한글세대
누구에게나 이해, 그리고 알기 쉽게 독송할 수 있도록 지장경전의 위
대하신 특성을 살려 이해도를 높이는 다함없는 마음을 담았사오나, 부
족하고 미흡한 부문들을 애민으로 섭수하시어, 나무 대원본존 지장보살
마하살님의 가호와 가피로서 '나를 찾는 부처님의 위대한 가르침'이 세
상에 널리 알려지고 출간케 증명하여 주옵시고 허락하여 주시옵소서.

◉ 도서출판 운주사 김시열 대표를 비롯한 여러 관계자,
드러내지 아니하고, 자비와 대신심과 축복의 마음으로 지극한 정성과 지
극한 마음을 다하여 불사를 이루어 주신 소중한 인연·법연(法緣)과 인연
공덕, 고마우신 많은 분들께 시방삼세 부처님·지장원찬 23존 제위여래부
처님·대원본존 지장보살마하살님·삼세부처님·불보살님·삼보님의 가호
와 가피로 세세생생 부처님법 상속 받아 무량한 이익과 무량행복, 일체
영가의 서방정토 세세생생 극락왕생과, 생사(生死: 산 사람과 죽은 사람)
모두의 성불을 위하여 목숨 바쳐 일심(一心) 발원하옵나니, 대원만 성취
케 하시옵소서.

부처님을 향한 간절한 마음들을 행주좌와 자비로 모두를 감싸 안으시
며, 세심한 마음까지 베푸셨던 은혜로우심으로 이루어진, '나를 찾는 부
처님의 위대한 가르침의 세상 출간'에 덕 높으신 스승님·큰스님께 두
손 모아 깊은 감사의 마음을 올리옵니다.

부족한 부분들은 삼가 혜량하옵시고,

이 글귀를 대하는 이, 대승불자, 한글세대의 주인공인 '자신들의 부처'에게 부처님의 가호와 가피력으로 작은 도움이나마 되옵기를 지성으로 서원하오며,
'시방 삼세부처님 · 지장원찬 23존 제위여래부처님 · 대원본존 지장보살마하살님 · 불보살님 · 삼보님 · 스승님 · 큰스님' 전에 간절한 마음으로 대서원 발원 올리옵고,

위대한 가르침 !
진참회, 대신심, 대원력
모든 일과 삶에 우러러 감사의 예경 올리옵고,
두 손 지성으로 모읍니다.

불기 2563년 (서기 2019년)
기해년 대길상의 날에

度佑 합장 올리옵니다

지심참회 기도 부연설명

1. 자신이 '지장경전'을 처음으로 모시게 된 지 30여년이 되나, 십수 년 절에 다녔다는 아상·아집들만 남긴 채 바름의 수행을 못하고, 잘못된 전도의 삶을 살아온 채 나이만이 들어, 이제는 남은 여생이 짧기만 합니다.

2. '지장보살본원경'은 제1품~제13품의 위대하신 가르치심을 상편 부문에서는 '지장보살님의 본원을 밝히시고', 중편 부문에서는 '지장보살님이 행한 중생구제의 일을 밝히시고', 마지막 부문에서는 '지장보살님의 서원의 힘을 밝히신 불가사의하심'의 위대한 경전입니다.

3. 매일 기도시 촛불로 마음(心法)이 밝혀지기를 염원하면서, 향불(光明) 공양에 이어 미리 올려 놓은 신권 (수행자 수입금액의 일정 금액을 부처님 전에 수입 발생시 재물공양으로 올림) 1,000원의 재물 정성 공양과, 마음속 보물공양 등···

4. 마음으로 관상하는 세상에서 가장 진귀한 보배, 부처님의 위대한 명호 공양 등을 올리옵고, 무릎 꿇어 합장하고 '지장청'의 독송과 3배의 절을 올려, 1일 1품씩 '지장보살본원경'을 지극한 마음으로 독송을 하되, 매달 십재일마다 '지장경'을 한 편씩 독송하도록 '제6품 여래찬탄품 85쪽에서 석가모니부처님'께서 지장경 독송의 위대한 가르침과 불가사의한 공덕을 보광보살에게 자세히 설(說)하옵시고 찬탄하시며, '지장보살본원경'의 경전 이름을 세 가지로 말씀하시옵니다.

5. '지심참회기도'는 다겁생과 사람 되어 살아오면서 지은 크고 작은 죄업과 십악의 중죄 등, 일체의 모든 죄업들을 잘못하고 정말 잘못했음을 참회하고 진정한 참회를 함에 있어, 지극한 마음으로 진참회를 올리는 '장엄하고 간절한 기도'이기 때문에 이 육신과 이 한 목숨 지장보살마하살님 전에 바쳐 진참회의 기도를 지성으로 올릴 때, 때론 눈물과 부끄러움, 참회와 살아 있음과 모든 것에 감사함을 느끼게 하였습니다.

6. '지심참회기도'는 '진정한 참회'로부터 많은 소망과 서원들을 올리옵지만,

   ① 인연 중생들의 부처님법 상속 받아, 무량한 이익과 무량한 행복으로의 성불 구제와,

   ② 일체 영가는, 서방정토 극락세계 세세생생 상품상생의 성불을 위한 '천도기도'를 올리옵고,

   ③ '부처님의 위대한 가르침'·'지장청', '지장경전의 독송', 지심참회기도, 지장보살쯈부다라니 등의 '지심참회기도'를 독송하기 전,

7. 인연있는 사람, 일체 영가 각각은 무릎 끓어 거룩하신 부처님 존상에 합장 예경 올려서 부처님, 부처님의 가르치심, 덕 높으신 큰스님·스승님의 부처님 설법과 수행자 (법명 본명) 자신의 지성 기도(독송, 부처님의 위대한 명호정근, 사경 등)와 모든 공덕이 각각 일체 중생(산 자와 죽은 자)에게 받아 지니게 해 달라고 간절한 마음으로 부처님 전에 간청드리오며,

   이는, 영가께서는 우리의 말소리를 듣는 것이 아니라 마음(생각)을 읽는 존재로서, 독송하는 불자 자신이 대승경전 등의 내용을 이해하지 못한다면, 영가도 알아듣지 못할 뿐만 아니라 마음이 서로 통하지 않는다고 합니다.

8. '부처님의 위대한 가르침'·'지장보살본원경' 등의 위대하신 경전·경문을 독송할 때 한문의 해독능력이 충분하지 못한 불자에게는 반드시 뜻을 한글로 풀어 놓은 번역본을 읽는 것이 좋으며, 한자의 뜻도 모르는 채 내용도 이해하지 못하고 입으로만 남들 따라 '그냥 한 편을 읽기만 하면 된다'는 수행 자세나, 줄줄 읽거나 형식적으로 횟수만 세는 절이나 횟수만을 채우는 독송과 명호정근, '뜻 모르고 읽는 자세, 경전을 공경히 모시지 아니하는 잘못된 자세 등은 진정한 지심참회기도'의 올바른 기도수행이 되지 못합니다. 그리하여 위대한 지장경전의 사경, 독송, 위대한 명호정근, 진언 등의 깊고 깊은 뜻을 마음에 잘 새기고 바르고 깊은 이해를 하면서,

9. 반드시 무릎 꿇어 합장하고 지성으로 독송하는 마음(心法)과 대신심이 그 무엇보다도 중요하다고 생각하며, 또한 삼보님의 공경심과 경전을 모시는 거룩한 마음자세가 기도의 바탕이 됨으로서, 이러한 '지심참회기도'는 주파수가 일치하는 '살아 있는 인연들은 물론, 인연 있는 영가께도 지극한 정성의 마음과 천도 성취 기도'가 통하고 같은 주파수로 거룩한 마음이 장엄하게 전해진다고 합니다.

10. 위대한 다른 경전을 외우는 불자들은 있으나, '부처님의 위대한 가르침'·
'지장보살본원경'을 외우는 사람은 없다고 합니다. 그것은 중생계의 어떤
사람도 죄를 짓지 않은 업보가 없는 사람은 없기 때문이라고 '지장경전'에
서는 '죄'에 관하여 넓고 깊게 하나하나 가르침을 설하고 있으나, 자신에게
는 죄가 없다거나 '참회' 기도를 할 필요성조차도 없다거나, 지장보살님은
죽은 사람만 천도한다는 등, 살아 있는 자와 죽은 자의 일체 중생을 모두
구제하시는 대원력의 구제보살님·위대하신 부처님과 '지장보살본원경'의
불가사의하심을 왜곡 등으로 잘못 생각하거나 잘못 알리는 '대승'의 불자
등이 예상외로 많다고들 합니다.

그러한 잘못들과는 달리 위대한 경전 '지장보살본원경'의 '대원의 본존', '대
원력', '불가사의 하신 위신력' 등으로, 석가모니부처님의 부촉하심을 받아,
중생구제를 위한 '대원본존지장보살'의 불가사의하심을 석가모니부처님께옵
서 찬탄하고 찬탄한 위대한 경전임에, '말법시대·오탁악세·무불시대에 일
체 중생의 보물장(藏)으로 반드시 대승불자가 받아 지녀 수행(修行)'할 금생
에서 죽기 전 결정코 행해야 할 '진참회의 길'이며, 살아 있는 사람들의 마
지막 자산이며, 영혼의 거룩한 양식입니다.

11. '부처님의 위대한 가르침'·'지장보살본원경'의 거룩하고 위대하시며 불가사의
하옵신 '지장보살본원경'의 '지장청', '경전독송'과 '지심참회기도', 사경 등을
무릎 끊어 합장하고, 방해 받지 아니하는 조용한 저녁 시간 때를 정하여 수
행 도량(나의 기도방)에서 매일 2시간에서 3시간(의지·신심·참회·감사·서
원·수행 근기에 맞는 기도와 시간은 수행자의 특성에 따라 적합한 기도방
법을 선택)을 합장 올려 지성으로 기도하다 보면, 때론 눈물과 참회, 모든
잘못들이 '나'의 것이 되고, 지장보살마하살님과 덕 높으신 큰스님·은혜로우
신 스승님의 훌륭하신 성품을 닮아가기를 자연스럽게 서원하게 되고, 공경하
게 됨으로써 이 한 목숨 바쳐 의지하고 신심 속에서 귀의하게 되며, 그러한
대신심·참회·감사·원력·다짐으로 다함없는 모든 공덕을 법계회향으로,
오직 대원본존 지장보살마하살님만을 믿고 의지하고 귀의하며 살아오던 어느
날 기적적인 간암수술의 건강 성취와 삶과 일의 크고 작은 시련을 고비마다
굽어 살펴 구제하시어, 저는 오늘도 부자로 행복으로 건강함으로 살아 있음
에, 거룩하고 위대하시며 불가사의하옵신 대원본존 지장보살마하살님을 지극한
마음으로 목숨 바쳐 의지하며 귀의하옵고, 삼보님전··· 우러러 공경과, 한
량없는 찬탄과 예경, 정성과 상서로움의 경사에 깊은 감사를 올리옵니다.

12. '나무 석가모니부처님'·'나무 대원본존지장보살마하살님'의 위대한 부처님의 명호 정근 등은 도량(자신의 집 기도방)을 떠나서도 명호정근 또는 지장보살 츰부다라니, 참회진언, 지장보살멸정업진언, 광명진언, 십념, 불설소재길상다 라니, 법성게, 반야심경, '천상천하 유아독존' 등은 '행주좌와'로 지성 독송이 가능하므로, 명호정근 시는 '나무지장보살'이라고 시작 시와 마무리 시에는 '나무'를 반드시 지성으로 붙여 염불을 하여야 하며, 전철·버스를 타거나 어 느 곳 어디를 가거나 앉고 서는 그곳이 바로 자신의 '수행처'이자 '기도처'로 써, 위대한 명호를 정근하는 바른 성품의 훈습(나쁜 습관을 없애는 훌륭한 수행법)을 대신심의 선근(善根)으로 심어 가는 것도 바르고 좋은 기도법으로 생각되어, 행복한 심법(心法) 수행을 참회와 생활화로 다짐하고 서원(誓願) 하며 살아가고 있습니다.

13. 부연설명으로 몇 가지를 적은 것은 '편역자 자신만의 지심참회·독송·위대 한 부처님의 명호정근 등의 수행기도법'으로서, 기도와 수행법은 각기 자신 의 근기에 따라서 받아 지닌다 하므로, '부처님의 위대한 가르치심' 따라 수 행하는 근본이 작은 바탕과 토대가 되어 덕 높으신 큰스님의 감로설법에 찬 탄·공경심을 발하듯이, 저도 어느 날 조금씩 이해가 더해지는 것 같습니다.

14. 대승불자 모두의 특성상 생계 등의 삶을 무시할 수는 없는 현실이므로, 아 침은 출근 시간대를 감안하여 '칠정례', 퇴근 후 저녁시간 때에는 누구에게 도 방해 받지 않는 시간대를 편역자 자신만이 정해 놓고 '지심참회 기도수 행'을 해 왔음을 참고로 첨언 말씀드리면서,
'지심참회기도'의 부연설명을 마무리하고자 합니다.

고맙습니다.
그리고
도우 감사 올리옵니다.

대원본존 지장보살님 존상
(거룩하옵신 존상을 그려 모심 度佑 合掌)

지장보살은 염부제에 큰 인연이 있어 만약 모든 중생들이 지장보살의
존상을 보고 명호를 들으면 그들이 얻는 이익은
백천겁 농안 말하여도 다할 수 없느니라.
관세음보살은 그대의 신통력으로 이 지장보살본원경을
유포하여 사바세계의 중생으로 하여금
백천만겁토록 안락을 얻도록 하라.
(석가모니부처님께서 관세음보살님에게 지장경전을 유포토록 말씀하심)
- 제12품 견문이익품 (지장보살님을 보고 들어 얻는 이익) -

南無地藏菩薩

차 례

지 장 청 (地藏請)

보 례 진 언 (普禮眞言)

제가 이제 한 몸에서 다함없는 몸을 내어 시방세계 두루 계신
대원본존 지장보살마하살님 전에 한 분 한 분 무수한 예를 올리옵니다

(아금일신중 즉현무진신 변재지장전 일일무수례)

(我今一身中 卽現無盡身 遍在地藏前 一一無數禮)

옴 바아라 믹 (3번)

거불지장보살님 3정례 (擧佛地藏菩薩님 3頂禮)

지극한 마음으로

지장원찬 이십삼존 제위여래부처님께 지심귀명 하옵니다

(지심귀명례 지장원찬 이십삼존 제위여래불)

(至心歸命禮 地藏願讚 二十三尊 諸位如來佛)

지극한 마음으로

남방화주 유명교주 대원본존 지장보살마하살님께

지심귀명 하옵니다

(지심귀명례 남방화주 유명교주 대원본존 지장보살마하살)

(至心歸命禮 南方化主 幽冥敎主 大願本尊 地藏菩薩摩訶薩)

지극한 마음으로

좌보처 도명존자님 우보처 무독귀왕님께 지심귀명 하옵니다

(지심귀명례 좌보처 도명존자 우보처 무독귀왕)

(至心歸命禮 左補處 道明尊者 右補處 無毒鬼王)

지장보살님 탄백 (地藏菩薩님 嘆白)

(성스러운 지장보살님의 덕성과 위신력을 지극한 마음으로
공경 찬탄하옵고 우러러 아뢰옵나이다)

지장보살 대성인의 불가사의 위신력

항하사겁 찬탄해도 다 말하지 못하리

보고 듣고 찰나 동안 예배하여도

인간 천상 이익됨은 끝이 없어라

제가 이제 일심으로 공경 예배와 절 올리옵니다

(지장대성위신력 항하사겁설난진 견문첨례일념간 이익인천무량사)
(地藏大聖威神力 恒河沙劫說難盡 見聞瞻禮一念間 利益人天無量事)

(고아일심 귀명정례)
(故我一心 歸命頂禮)

지장원찬 23존 제위여래부처님 위대한 명호 정근

나무사자분신구족만행여래

나무각화정자재왕여래

나무무변신여래	나무다보여래
나무보승여래	나무보상여래
나무파두마승여래	나무가사당여래
나무사자후여래	나무대통산왕여래

나무구류손불 나무정월불 나무비바시불 나무산왕불

나무지승불 나무월면불 나무정명왕불 나무지성취불

나무무상불 나무묘성불 나무만월불

나무일체지성취여래 나무청정연화목여래

원이차공덕 보급어일체 아등여중생

당생극락국 동견무량수 개공성불도

십 념 (十念)

나무 시방불

나무 시방법

나무 시방승

나무 본사 석가모니부처님

나무 아미타부처님

나무 청정법신 비로자나부처님

나무 지장원찬 23존 제위여래부처님

나무 남방화주 유명교주 대원본존 지장왕보살마하살

나무 무변신 지장보살마하살

나무 나를 찾는 부처님의 위대한 가르침

나무 지장보살본원경

나무 지장보살본행경

나무 지장보살본서력경

나무 일광월광변조보살마하살

나무 대지문수사리보살마하살

나무 대행보현보살마하살

나무 대자대비 구고구난 관세음보살마하살

나무 대세지보살마하살

나무 구문지본존 허공장보살마하살

나무 마하반야바라밀

나를 찾는
부처님의 위대한 가르침

지장보살본원경
地藏菩薩本願經

度佑 法師 편역

지장보살본원경은 지장보살의 본원을 밝힌 경전이요,
지장보살본행경은 지장보살이 행한 중생 구제의 일을 밝힌 경이고,
지장보살본서력경은 지장보살의 서원의 힘을 밝힌 경전이니라.

-석가모니부처님께서 도리천궁 대법회에서의 말씀-

제1. 도리천궁 신통품
[忉利天宮 神通品]

- 부처님께서, 도리천궁에서 지장보살의 신통력을 찬탄하시다 -

이와 같이 나는 들었다.

한때 부처님께서는 도리천에 계시면서 어머님을 위하여 설법하셨다. 이때 시방의 한량없는 세계에서 이루 말할 수 없이 많은 부처님과 보살마하살들이 모두 법회에 와서 찬탄하셨다.

"석가모니 부처님께서는 오탁악세에서 불가사의한 큰 지혜와 신통력을 나타내시어 억세고 거친 중생들을 조복하시고, 고락법을 가르쳐 바른 길로 인도하신다." 그리고 각기 시자를 보내시어 부처님께 문안을 드렸다.

이때 여래께서 웃으시며 백천만억의 큰 광명의 구름을 놓으시니, 이른바

대원만 광명운이며, 대자비 광명운이며,
대지혜 광명운이며, 대반야 광명운이며,
대삼매 광명운이며, 대길상 광명운이며,
대복덕 광명운이며, 대공덕 광명운이며,
대귀의 광명운이며, 대찬탄 광명운이었다.

이루 헤아릴 수 없이 많은 광명의 구름을 놓으시고는 또 갖가지 미묘한 음성을 내시니, 이른바

> 보시 바라밀음이며, 지계 바라밀음이며,
>
> 인욕 바라밀음이며, 정진 바라밀음이며,
>
> 선정 바라밀음이며, 지혜 바라밀음이며,
>
> 자비의 음이며, 희사의 음이며,
>
> 해탈의 음이며, 무루의 음이며,
>
> 지혜의 음이며, 대지혜의 음이며,
>
> 사자후의 음이며, 대사자후의 음이며,
>
> 운뢰의 음이며, 대운뢰의 음이었다.

이와 같이 말로 다 설할 수 없는 찬탄의 음성을 내시니 사바세계와 타방국토에 있는 무량억 수의 천신과 용, 귀신들이 모두 도리천궁에 모여들었다.

그들은, 이른바

> 사천왕천이며, 도리천이며, 수염마천이며,
>
> 도솔타천이며, 화락천이며, 타화자재천이며,
>
> 범중천이며, 범보천이며, 대범천이며,
>
> 소광천이며, 무량광천이며, 광음천이며,
>
> 소정천이며, 무량정천이며, 변정천이며,
>
> 복생천이며, 복애천이며, 광과천이며,
>
> 엄식천이며, 무량엄식천이며, 엄식과실천이며,
>
> 무상천이며, 무번천이며, 무열천이며,

선견천이며, 선현천이며, 색구경천이며,

마혜수라천이며, 비상비비상처천의

모든 천신대중, 용의 대중, 귀신의 대중 등이 다 법회로 모여들었다.

또한 타방국토와 사바세계에 있는

바다신·강신·냇물신·물신·산신·땅신·못신·

곡식신·낮신·밤신·허공신·하늘신·음식신·

풀과 나무의 신 등 모든 신들도 법회에 모여들었다.

또한 타방국토와 사바세계의 여러 큰 귀왕들인 이른바

악목귀왕   (사나운 눈을 가진 귀왕),

담혈귀왕   (피를 먹는 귀왕),

담정기귀왕 (정기를 먹는 귀왕),

담태란귀왕 (태와 알을 먹는 귀왕),

행병귀왕   (병을 옮기는 귀왕),

섭독귀왕   (독기를 가진 귀왕),

자심귀왕   (자비심을 지닌 귀왕),

복리귀왕   (복과 이익을 주는 귀왕),

대애경귀왕 (크게 사랑하고 공경하는 귀왕)에 이르기까지 모두
다 법회에 모였다.

그때 부처님께서 문수사리법왕자보살마하살에게 말씀하셨다.

세존: "그대는 여기에 모인 부처님과 보살들과 하늘과 용과 귀신
　　　들의 이 세계와 저 세계, 이 국토와 다른 국토로부터 도리천
　　　법회에 참석한 자들의 수를 헤아려 알 수 있겠는가?"

문수사리보살이 말씀드렸다.

문수보살: "부처님이시여, 저의 신력으로는 천 겁을 헤아린다 해도
그 수를 알지 못하겠나이다."

부처님께서 문수사리보살에게 말씀하셨다.

세존: "내가 부처의 눈으로도 다 헤아리지 못하겠구나.
그들은 모두 지장보살이 오랜 세월 동안 이미 제도하였거나
지금 제도하고 있거나, 앞으로 제도할 대중들이며, 이미 불
법을 성취시켰거나 지금 성취하고 있거나, 미래에 성취시
킬 대중들이니라."

문수사리가 부처님께 말씀드렸다.

문수보살: "세존이시여, 저는 오랜 과거로부터 선근을 닦아 걸림
없는 지혜를 얻었기에 부처님의 가르침을 들으면 바로
받아 지닐 수가 있사옵니다. 그러나 경계가 약한 성문
이나 천룡팔부신중들과, 미래세의 모든 중생들은 비록
여래의 진실하신 말씀을 듣더라도 반드시 의심을 품을
것이며, 비록 받아들인다 하더라도 비방하게 될 것이
옵니다.
원하옵건대 세존이시여, 지장보살마하살께서 수행하실 때
어떤 수행을 하고 어떤 서원을 세웠기에 이처럼 불가
사의한 일을 성취할 수 있었는지 세존께서 자세히
말씀하여 주시옵소서."

부처님께서 문수사리보살에게 말씀하셨다.

세존: "비유하자면 삼천대천세계에 있는 수풀과 벼, 삼, 대나무, 갈대, 산, 돌, 티끌 등, 이 많은 것 가운데 한 물건을 하나로 세고, 그 하나를 한 개의 항하로 여겨서, 그 항하의 모래 한 알을 한 세계로 치고, 그 세계 안에 있는 한 개의 먼지를 일 겁으로 삼고, 그 겁에 쌓여 있는 먼지의 수를 모두 겁이라고 하더라도 지장보살이 십지과위를 증득한 세월은 위에서 비유한 수보다 천 배나 더 많았거늘 하물며 지장보살이 성문과 벽지불로 있을 때 행한 일들을 어찌 다 비유할 수 있겠는가?

문수사리여, 이 지장보살의 위신력과 서원은 생각할래야 생각할 수도 없이 불가사의하느니라.

만약 미래세에 선남자 선여인이 지장보살의 이름을 듣고 찬탄하거나, 우러러 예배하거나, 명호를 부르거나, 공양을 올리거나, 존상을 그리거나, 조각하여 만들거나, 보살존상에 칠을 올린다면, 이 사람은 마땅히 삼십삼천에 백 번이나 태어나고 영원히 나쁜 곳에 떨어지지 않으리라.

문수사리여, 이 지장보살마하살은 아주 오랜 겁 전에 어떤 큰 장자의 아들이었다. 그때 부처님이 계셨으니 명호는 '사자분신구족만행여래(獅子奮迅具足萬行如來: 사자처럼 용맹스런 지혜로 만행을 갖추신 여래)'였다."

그때 장자의 아들이 부처님의 상호가 천복으로 장엄하심을 보고 그 부처님께, '어떤 수행과 서원을 세워야 이런 훌륭한 상호를 얻게 되나이까?' 하고 여쭈었더니, '사자분신구족만행여래'께서 장자의 아들에게, '이와 같이 원만구족하게 꾸며진 몸을 얻고자 하면 마땅히 오랫동안 온갖 고통 받는 중생들을 제도하여 해탈시켜야 하느니라.'고 말씀하셨다.

문수사리여, 그때 장자의 아들이 이 말씀을 듣고 곧 큰 서원을 세우기를, '나는 미래세의 헤아릴 수 없는 겁이 다할 때까지 죄로 고통 받는 육도중생을 모두 해탈케 하고서야 내 자신이 불도를 이루겠나이다.'고 맹세하였다. 그 부처님 앞에서 이 대서원을 세우고 말로 다할 수 없는 백천만억 나유타 겁이 지난 지금까지도 보살로 있느니라.

또 아주 오랜 아승지 겁 전에 부처님이 계셨으니 명호는 '각화정자재왕여래(覺華定自在王如來: 꽃과 같이 아름다운 깨달음의 선정이 자유자재한 부처님)'라 하셨고, 수명은 사백천만억의 아승지 겁이었다. 그 부처님의 상법시대에 어떤 바라문의 딸이 있었는데, 숙세의 복이 두터워 모든 사람들의 흠모와 공경을 받았으며, 어느 곳을 가거나 머물거나, 앉거나 눕거나 행주좌와(行住坐臥) 간에 천신들이 보살펴 주었다. 그러나 그의 어머니는 삿된 것을 믿고 항상 불·법·승 삼보를 업신여겼으므로, 그 딸이 여러 가지 방편을 써서 어머니를 이끌어 바른 소견이 생기게 하였으나, 그 어머니는 온전한 믿음을 내지 못한 채 죽어 혼신은 무간지옥에 떨어졌느니라.

그때 바라문의 딸은 어머니가 살았을 때 인과를 믿지 않아 업에 따라 틀림없이 필경 악도에 떨어졌음을 알고 집을 팔아 마련한 향과 꽃과 여러 가지 공양물로 부처님의 탑사에 큰 공양을 올리고 그 절에 모셔진 '각화정자재왕여래'의 위용이 아주 장엄하고 원만 구족함을 보고,

바라문의 딸은 더욱 공경하는 마음이 우러나 예배 공경하면서, '부처님께서는 큰 깨달음을 이루신 대각이시라, 온갖 지혜를 갖추 셨으니 만약 세상에 계셨더라면, 제 어머니가 돌아가신 뒤에 부처님께 와서 여쭈어 보았다면 반드시 가신 곳을 알려 주셨을 것이다'라고 생각하고는,

오래도록 슬피 울면서 여래를 우러러 바라보니, 갑자기 공중에서, '울고 있는 성녀(바라문의 딸)여, 너무 슬퍼하지 마라. 내가 지금 그대의 어머니가 간 곳을 보여주겠다.'라는 소리가 들려왔다.

바라문녀가 합장하고 공중을 향하여, '어떠한 신덕이시기에 저의 근심을 풀어 주시옵니까? 저는 어머니가 돌아가신 뒤 밤낮으로 생각하고 생각하였으나 어머니가 다시 태어난 곳을 여쭈어 볼 곳이 없었나이다.'라고 하였다.

그때 공중에서 또, '나는 그대가 예배한 과거의 각화정자재왕여래 이니라. 그대가 어머니를 생각하는 정이 다른 보통 사람들보다 배 나 많으므로 그대에게 알려주는 것이니라.'라는 소리가 들렸다.

바라문의 딸은 이 소리를 듣고 너무 감동하여 몸부림쳐 스스로 팔과 다리를 성한 데 없이 다쳐 쓰러지자 좌우에서 부축하고 돌보

아 한참만에 깨어나 공중을 향하여, '원컨대 부처님께서는 저를 인자하신 마음으로 불쌍히 여기시어 제 어머니가 태어난 곳을 어서 말씀하여 주시옵소서. 저는 이제 몸과 마음을 가눌 길이 없어 곧 죽을 것만 같나이다.'라고 하였다.

그때 각화정자재왕여래께서는 바라문의 딸에게, '그대는 공양을 마친 뒤 곧바로 집에 돌아가 단정히 앉아 나의 명호를 생각하라. 그러면 곧 그대의 어머니가 태어난 곳을 알게 될 것이다.'라고 하셨다.

바라문의 딸은 예배를 마치고 부처님께 거듭 절하고는 곧 집으로 돌아와 단정히 앉아 어머니를 그리며 하루 낮과 밤이 지나도록 '각화정자재왕여래'의 명호를 부르다가 문득 보니, 자신이 어떤 바닷가에 와 있었다.

끓고 있는 바닷물 위로 몸이 쇠로 되어 있는 많은 험악한 짐승들이 동서로 날아다니고 있었고, 바다 속에는 백천만이나 되는 남녀들이 물에 빠져 허우적거리다가 그 험악한 짐승들에게 잡아먹히는 것이 보였다. 또 손과 눈이 여럿이고 다리와 머리도 여럿이며 입에서는 갈고리와 같이 날카로운 이가 밖으로 튀어나온 다른 야차들이 험악한 짐승들에게 죄인들을 몰아주기도 하고 거칠게 움켜잡아 발과 머리를 엮어서 묶어 놓은 형상이 천만 가지라 차마 볼 수가 없었으나, 바라문의 딸은 염불의 힘으로 아무런 두려움이 없었느니라.

그곳에 있는 무독이라는 귀왕이 다가와 머리를 숙여 바라문의 딸을 맞으며 말하기를,

무독귀왕: '장하십니다. 보살이시여, 어떤 인연으로 이곳에 오셨습니까?'라고 하였다.

바라문녀: '이곳은 어떤 곳입니까?' 하고 바라문의 딸이 귀왕에게 물으니,

무독귀왕: '이곳은 대철위산 서쪽 첫째 바다입니다.'라고 무독귀왕이 대답했다.

바라문녀: '철위산 안에 지옥이 있다던데 그것이 사실입니까?' 하고 바라문의 딸이 물으니,

무독귀왕: '참으로 지옥이 있습니다.'라고 무독귀왕이 대답했다.

바라문녀: '제가 어떻게 하면 그 지옥에 갈 수가 있습니까?' 하고 바라문의 딸이 물으니,

무독귀왕: '그곳은 부처님의 위신력이 아니면, 업력이 있어야 합니다. 이 두 가지가 아니면 도저히 지옥에 이르지 못합니다.'라고 무독귀왕이 대답하였다.

바라문녀: '저 물은 어떤 연유로 저렇게 끓어오르며 어찌하여 죄인들과 악한 짐승들이 많습니까?' 하고 바라문의 딸이 또 물으니,

무독귀왕이 답하기를,

무독귀왕: '이들은 남염부제에서 악업을 지은 중생들로서 살았을

때 착한 일을 한 적이 없고 죽은 지 49일이 지나도록 공덕을 지어주는 이가 없어 본업에 따라 지옥으로 가게 되어 자연히 이 바다를 먼저 건너게 됩니다.

이 바다 동쪽으로 십만 유순을 지나면 또 다른 바다가 있는데 그곳의 고통은 이곳의 배나 되며, 그 바다 동쪽에 또 다른 바다가 있는데 거기의 고통은 또 다시 그 배가 됩니다. 이 고통은 삼업으로 지은 악업 때문에 스스로 받는 것이므로, 모두가 업의 바다라고 부르는데 그곳이 바로 여기입니다.'

바라문녀: '그러면 지옥은 어디에 있습니까?' 하고 바라문의 딸이 다시 무독귀왕에게 물으니,

무독귀왕: '저 세 개의 바다 안이 대 지옥이며 그 수가 백천이지만 각각 차별이 있으며 큰 지옥이 열여덟 개이며, 그 다음이 오백 개, 그 다음이 천백 개로 그 지독한 고통은 이루 한량없습니다.'라고 무독귀왕이 대답하였다.

바라문녀: '제 어머니가 돌아가신 지 오래되지 않았는데 혼신이 어디에 갔는지 알고 싶습니다.'라고 바라문의 딸이 또 물으니,

무독귀왕: '보살의 어머니는 생전에 어떤 일을 하였습니까?'라고 무독귀왕이 물었다.

바라문녀: '제 어머니는 그릇된 소견으로 삼보를 헐뜯었고 간혹 잠깐 믿다가도 이내 또 금방 공경하지 않았습니다. 돌아

가신 지 오래되지 않았으나 태어난 곳을 알 수가 없습니다.'라고 바라문의 딸이 대답했다.

무독귀왕: '어머니의 성씨가 무엇입니까?' 하고 무독귀왕이 물으니,

바라문녀: '제 부모는 모두 바라문인데 아버지의 이름은 시라선견이며, 어머니는 열제리입니다.'라고 답하자

무독귀왕이 합장하며

무독귀왕: '성녀는 근심하거나 슬퍼하지 말고 돌아가십시오. 열제리 죄녀가 천상에 태어난 지 삼일이 되었습니다. 효순한 자식이 어머니를 위하여 공양을 올리고 복을 닦아 각화정자재왕여래의 탑사에 보시한 공덕으로 성녀의 어머니뿐만 아니라 그날 무간지옥에 있던 죄인들 모두가 함께 천상에 태어나는 즐거움을 얻게 되었습니다.'라고 답하였다.

무독귀왕이 말을 마치고 합장하며 물러가니, 바라문의 딸은 꿈과 같이 집으로 돌아와서 이 일을 깨닫고는 곧 각화정자재왕여래의 탑과 거룩하신 존상 앞에서 큰 서원을 세우기를, '바라옵건대 저는 미래 겁이 다하도록 죄업중생을 위하여 널리 방편을 베풀어서 그들을 해탈하도록 할 것입니다.'라고 하였다.

부처님께서 문수사리보살에게 말씀하셨다.

세존: "그때의 귀왕인 무독은 지금의 '재수보살'이고, 바라문의 딸은 바로 지금의 '지장보살'이니라."

거룩하고 위대하시며 불가사의하옵신

대원본존 지장보살님 존상

🪷 제2. 분신집회품
[分身集會品]

- 지장보살의 분신들이 모여 부처님께 수기를 받다 -

그때 이루 생각할 수도, 헤아릴 수도 없고, 말할 수도 없이 많은 백천만억 무량 아승지 지옥세계에 몸을 나투셨던 지장보살의 분신들이 모두 도리천궁에 모여들었다. 또한 여래의 위신력으로 각각 방면에서 해탈을 얻어 업도로부터 벗어난 천만억 나유타 수의 무리들이 다함께 향과 꽃으로 부처님께 공양을 올렸다.

이들은 모두가 지장보살의 교화로 인하여 아뇩다라삼먁삼보리에서 영원히 물러나지 않게 된 이들로서, 오랜 겁 전부터 생사의 물결에 빠져 육도를 떠돌면서 쉴 새 없이 갖은 고통을 받다가 지장보살의 크나큰 자비와 깊은 서원의 힘으로 깨달음을 얻은 이들이었다. 이들은 도리천에 이르렀기에 아주 기쁜 마음으로 하나같이 여래를 우러러 보며 잠시도 눈을 떼지 못하였다.

그때 세존께서 금빛 팔을 펴시어 이루 생각할 수도, 헤아릴 수도 없고, 말할 수도 없이 많은 백천만억 무량 아승지 세계의 분신 지장보살마하살의 이마를 어루만지시며 말씀하셨다.

세존: "내가 오탁악세에서 억세고 거치른 중생들을 교화하여 그들의 마음을 조복하여 삿된 것을 버리고 바른 길로 돌아오게

하였으나, 그중 열 가운데 하나 둘은 여전히 악습에 빠져 있으므로 나도 천백억 분신으로 널리 방편을 베푸느니라.

근기가 뛰어난 이는 법을 들으면 곧 믿고 받아 지니며, 좋은 과보가 있는 이는 부지런히 권하면 성취되고, 둔하고 어두운 이는 오래도록 교화해야 비로소 귀의하고, 업이 무거운 자는 우러러 공경치 아니하는 자도 있느니라.

이렇듯 중생들은 각각 차별이 있기에 분신을 나타내어 제도하여 해탈시키되 때로는 남자나 여인, 하늘과 용의 몸을 나타내고, 혹은 귀신, 산림, 하천, 냇물, 못, 샘이나 우물의 모습을 나타내어 사람들을 이롭게 하여 모두를 제도 해탈케 하고, 혹은 제석의 몸을, 혹 범왕의 몸을, 전륜왕의 몸을, 혹 거사, 국왕, 재상, 관속의 몸, 혹 비구·비구니·우바새· 우바이·몸 내지는 성문·아라한·벽지불·보살 등의 몸으로 나타내어 교화하고 제도하나니, 단지 부처의 몸으로만 나타내는 것은 아니니라.

내가 여러 겁을 두고 부지런히 애써서 이처럼 교화하기 어려운 억세고 거친 죄업중생을 해탈시켰으나, 아직도 조복을 받지 못한 자가 있어, 중생들이 죄업의 과보로 악도에 떨어져서 큰 고통을 받는 것을 보거든, 그대는 마땅히 내가 도리천궁에서 간곡히 부촉한 것을 생각하고 사바세계에 미륵불이 오실 때까지 중생으로 하여금 영원히 모든 고통에서 벗어나게 하고 해탈케 하여 부처님의 수기를 받도록 하라."

그때 모든 세계에서 나타나셨던 지장보살의 분신들이 다시 한 몸으로 되어 애절하게 눈물을 흘리면서 부처님께 말씀드렸다.

지장보살: "세존이시여, 제가 멀고 먼 겁 이래로 부처님의 인도를 받아 가히 생각할 수 없는 불가사의 신통력을 얻고 크나큰 지혜를 갖추게 되었나이다. 제가 저의 분신으로 하여금 백천만억 항하의 모래알처럼 많은 세계에 두루 하여서 한 세계마다 백천만억의 몸을 나타내고, 한 분신이 백천만억의 사람을 제도하여 삼보께 귀의토록 하며, 영원히 나고 죽는 것을 여의고 열반의 즐거움에 이르도록 하겠나이다.

그리고 불법 가운데서 한 터럭, 물 한 방울, 모래 한 알, 한 티끌과 털끝만한 착한 일이라도 한다면 제가 점차로 제도하고 해탈시켜 큰 이익을 얻도록 하겠나이다.

"바라옵건대
세존이시여, 후세의 악업중생들 때문에 염려하지 마시옵소서.
세존이시여, 후세의 악업중생들 때문에 염려하지 마시옵소서.
세존이시여, 후세의 악업중생들 때문에 염려하지 마시옵소서."
이와 같이 세 번을 석가모니부처님께 말씀드리니 그때 부처님께서 지장보살을 찬탄하셨다.

석가모니부처님: "훌륭하고도 장하도다. 내가 그대를 도와 기쁘게 하리라. 그대는 아득히 먼 겁으로 내려오면서 세운 큰 서원을 능히 성취하고 장차 널리 중생들을 제도한 연후에 곧 보리를 이루리라."

제3. 관중생업연품
[觀衆生業緣品]

- 지장보살님께서, 중생들의 업연을 살피시다 -

그때 부처님의 어머니이신 마야부인이 공경히 합장하고 지장보살에게 여쭈었다.

마야부인: "성자시여, 염부제 중생이 짓는 업의 차별과 받게 되는 과보는 어떠하옵니까?"

지장보살이 대답하셨다.

지장보살: "천만세계와 모든 국토에는 지옥이 있기도 하고 없기도 하며, 여인이 있기도 하고 없기도 하며, 불법이 있기도 하고 없기도 하며, 성문이나 벽지불도 역시 그러하옵니다. 지옥의 죄보도 모두가 같은 것만은 아니옵니다."

마야부인이 거듭 지장보살께 여쭈었다.

마야부인: "바라옵건대 염부제에서 지은 죄로 악도에 떨어져 받는 과보에 대하여 듣고자 하옵니다."

지장보살이 대답하셨다.

지장보살: "성모시여, 잘 들으소서. 제가 대강이나마 말씀을 드리겠나이다."

마야부인께서 말씀하셨다.

마야부인: "바라옵건대 성자시여, 말씀하여 주시옵소서."

그때 지장보살이 마야부인에게 대답하셨다.

지장보살: "남염부제에서의 죄업을 말하자면 이러합니다. 만약 어떤 중생이 부모에게 불효하고 혹 살생까지 하였다면 마땅히 무간지옥에 떨어져서 천만억 겁이 지나도 벗어날 기약이 없습니다.

만약 어떤 중생이 부처님의 몸에 피를 내거나 삼보를 비방하거나 경전을 공경하지 아니한다면 이 또한 무간지옥에 떨어져서 천만억 겁이 지나도 벗어날 기약이 없게 되나이다.

만약 어떤 중생이 절의 재산을 훔치거나, 손해를 끼치거나, 스님들을 더럽히거나 절 안에서 음욕을 자행하거나, 살생하거나 해친다면 이러한 무리들도 당연히 무간지옥에 떨어져서 천만억 겁이 지나도 벗어날 기약이 없습니다.

만약 어떤 중생이 마음은 사문이 아니면서 거짓 사문이 되어서, 절의 재산을 함부로 쓰거나 신도를 속이거나,

계율을 어겨 배반하거나 갖가지 나쁜 죄를 짓는다면, 이러한 무리들도 당연히 무간지옥에 떨어져 천만억 겁으로도 벗어날 기약이 없습니다.

만약 어떤 중생이 승가의 물건을 훔치거나, 재물·곡식·음식·의복 등을 단 한 가지라도 주지 않는 것을 갖는 중생도 당연히 무간지옥에 떨어져서 천만억 겁이 지나도 벗어날 기약이 없습니다.

성모시여, 만약 어떤 중생이라도 이러한 죄를 지으면 마땅히 오무간지옥에 떨어져서 잠깐만이라도 고통이 멈추어지기를 원하지만 그 뜻을 이룰 수 없습니다."

마야부인이 거듭 여쭈었다.

마야부인: "어떤 곳을 무간지옥이라고 이름하옵니까?"

지장보살이 말씀하셨다.

지장보살: "성모시여, 모든 지옥은 대철위산 안에 있는데 그중 대지옥이 열여덟 곳이 있으며, 그 다음의 지옥이 오백이 있어 이름이 각각 다르고, 또 그 다음이 천백인데 역시 이름이 각각 다릅니다.

무간지옥은 성(城) 둘레가 일만팔천여 리(里)가 되고, 그 성은 순전히 쇠로 만들어졌으며, 성의 높이는 일천 리이고, 성 위에는 불무더기가 빈틈없이 타오르고 있으며, 그 지옥의 성 안에는 또 여러 지옥이 서로 이어졌는데 그 이름이 각각 다릅니다. 거기서도 특별한 지옥이 있어서 무간지옥이라고 하는데, 그 지옥의 둘레는 일만 팔천 리요, 옥 담장의 높이는 일천 리이며, 위의 불은 밑으로 타 내려오고 밑의 불은 위로 치솟으며, 쇠로 된 뱀과 쇠로 된 개가 불을 뿜으면서 옥 담장 위를 동서로 쫓아다니며,

그 지옥 안에는 넓이가 일 만리나 되는 평상이 있습니다. 그곳은 한 사람이 죄를 받아도 그 몸이 그 평상 위에 가득 차고, 천만 사람이 죄를 받아도 역시 각자의 몸이 그 평상 위에 가득 차는 것을 보게 되니, 이것은 중생 스스로가 여러 죄업으로 인하여 이와 같은 죄보를 받게 되는 것입니다.

또 모든 죄인은 온갖 고통을 골고루 다 받는데, 백천의 야차와 악귀들의 어금니는 칼날과 같고 눈빛은 번개와 같으며, 손은 구리쇠 손으로 죄인의 창자를 끄집어 내어 토막 쳐 자르며, 어떤 야차는 큰 쇠창으로 죄인의 몸을 찌르거나 입과 코를 찌르며, 혹은 배와 등을 찔러서 공중에 던졌다가 도로 받아서 평상 위에 놓기도 합니다.

또 쇠 독수리는 죄인의 눈을 파먹으며, 쇠 뱀은 죄인의 목을 감아 조이며, 온몸 마디마디에 긴 못을 내리 박고, 혀를 뽑아서 보습으로 갈게 하고, 뜨거운 구리 쇳물을 입에 붓고, 뜨거운 철사로 몸을 감아서 만 번

죽였다가 만 번 살렸다가 하나니, 죄업으로 받는 것이 이와 같아서 억겁을 지내도 벗어날 기약이 없습니다.

그러다가 이 세계가 무너질 때는 다른 세계로 옮겨가서 나고, 그 세계가 무너지면 또 다른 세계로 옮겨나기를 반복하다가, 이 세계가 다시 이루어지면 또 돌아옵니다. 무간지옥의 죄보는 이러합니다.

또한 다섯 가지 업으로 느끼는 것이 있어 '오무간'이라 이름하는데

그 다섯 가지란,
첫째, 밤낮으로 고초를 받는데 여러 겁을 거듭 한다 해도 잠깐 동안이라도 쉴 틈이 없으므로 '무간'이라 하며,

둘째, 한 사람만으로도 평상이 가득 차고 많은 사람이 있어도 역시 가득하므로 '무간'이라고 하며,

셋째, 형벌을 다루는 기구에 쇠방망이·몽둥이·독수리·뱀·이리·개·맷돌·톱·도끼·가마솥에 끓는 물·쇠그물·쇠사슬·쇠나귀·쇠말 등의 형벌기구가 있으며, 생가죽으로 목을 조르고, 뜨거운 쇳물을 몸에 붓고, 주리면 쇠구슬을 삼키게 하고, 목마르면 쇳물을 마시게 하기를, 해를 넘기고 겁을 보내는데 그 수가 한량없는 겁에 이르더라도 고통이 끊일 사이가 없으므로 '무간'이라고 하며,

넷째, 남자나 여인, 오랑캐, 늙은이나 어린이, 귀한 이나 천한 이, 용이나 신, 하늘사람이나 귀신이라도 죄를 지은 죄업에 따라 받는 것이 모두 똑같으므로 '무간'이라 하며,

다섯째, 만약 이 지옥에 떨어지면 처음 들어갈 때부터 백천 겁에 이르도록 하루 낮과 밤 사이에 만 번을 죽었다가 만 번을 살았다가 하는 그 사이에 한 순간만 쉬고자 하여도 쉴 수 없고, 오직 업이 다하여 비로소 다른 곳에 태어나는 것을 제외하고는 끊이지 않고 이어지므로 '무간'이라 합니다.

성모시여, 무간지옥에 대한 것을 대강 말씀한 것이 이러하오나, 만약 지옥의 형벌 받는 기구 등의 이름과 그 온갖 고통 받는 일을 자세히 말씀드리자면 한 겁 동안이라도 다 말할 수 없습니다."

마야부인이 이 말을 듣고 나서 근심 깊은 얼굴로 합장 정례하고 물러가셨다.

제4. 염부중생업감품
[閻浮衆生業感品]

- 사바세계의 중생들이 지은 업에 따라 과보를 받는 모습 -

그때 지장보살마하살이 석가모니부처님께 말씀드렸다.

지장보살: "세존이시여, 저는 부처님의 위신력을 받았기 때문에 백천만억 세계에 두루 이 몸을 나타내어 모든 업보 중생을 구원하고 있습니다. 만약 부처님의 크신 자비의 힘이 아니라면 이러한 변화를 부리지 못할 것입니다. 제가 이제 또한 석가모니부처님의 부촉하심을 받았사오니 미륵부처님께서 성불하실 때까지 육도의 중생을 모두 해탈케 하오리니 원하옵건대 부처님이시여, 염려하지 마시옵소서."

석가모니부처님께서 지장보살에게 말씀하셨다.

세존: "모든 중생이 해탈하지 못하는 것은 성품과 의식이 일정치 못하여, 악한 습관으로 업을 맺고 착한 습관으로 과를 맺기 때문이니라. 그리하여 선을 짓고 악을 지으면서 경계에 따라 태어나서 오도(五道)를 윤회하며, 잠시도 쉴 사이가 없으며, 티끌 수와 같이 많은 겁을 지나도록 미혹에서 벗어나지

못하여, 마치 고기가 그물 안에 있으면서 흐르는 물속에 있는 줄로 아는 것과 같이 장애와 액난의 그물에서 잠시 벗어났다가 또다시 그물에 걸리는 것과 같으니라. 이러한 무리들을 내가 안타까워하였는데, 그대가 이미 과거 여러 겁에 거듭 서원을 세워서 죄 많은 무리들을 널리 제도하겠다고 하니, 내가 다시 무엇을 염려하리오."

부처님께서 이 말씀을 하실 때 법회 가운데에 있던 정자재왕보살이 부처님께 말씀드렸다.

정자재왕보살: "세존이시여, 지장보살이 여러 겁 동안 어떠한 서원(誓願)을 세웠기에 이렇게 세존의 은근하신 찬탄을 받게 되었나이까? 세존께서는 간략하게 말씀하여 주시옵소서."

그때 석가모니부처님께서 정자재왕보살에게 말씀하셨다.

세존: "자세히 듣고 잘 생각하여라. 내가 그대를 위하여 분별하여 설명하리라.

과거 한량없는 아승지 나유타의 말로 다 할 수도 없이 오랜 겁 전에 부처님이 계셨으니 명호는 '일체지성취여래(一切智成就如來: 일체 지혜를 성취하신 여래)·응공(應供)·정변지(正遍知)·명행족(明行足)·선서(善逝)·세간해(世間解)·무상사(無上師)·조어장부(調御丈夫)·천인사(天人師)·불세존(佛世尊)'이셨고, 그 부처님의 수명은 6만 겁이었느니라.

이 부처님께서 출가하시기 전에는 작은 나라의 왕으로서, 이웃나라의 왕과 벗이 되어 함께 열 가지 선을 행하여 중생들을 이롭게 하였느니라. 그런데 이웃나라의 백성들이 여러 가지 악을 많이 지었기에 두 왕은 의논하여 여러 가지로 방편을 베풀었는데, 한 왕은 서원을 세우기를 '어서 불도를 이루어서 널리 이 중생들을 남김없이 제도하리라.' 하였고,

다른 왕은 서원을 세우기를 '만약 이 죄 많은 중생들을 제도하여 그들을 안락하게 하고 보리를 이루게 하지 못한다면, 나는 언제까지나 부처가 되기를 바라지 않으리라.'고 하였느니라."

부처님께서는 정자재왕보살에게 계속 말씀하셨다.

세존: "두 왕 중 어서 성불해야겠다고 발원한 왕은 곧 '일체지성취여래'이시고, 영원히 죄업중생을 제도하지 아니하면 성불하기를 원하지 않는다고 발원한 왕은 '지장보살'이니라.

또 과거 한량없는 아승지 겁 전에 부처님께서 세상에 출현하셨으니 명호는 '청정연화목여래'(눈이 연꽃처럼 깨끗한 여래)이셨고, 그 부처님의 수명은 40겁이었느니라. 그 부처님의 상법시대에 한 나한이 있어 중생을 복되게 하였는데, 차례로 교화하다가 어떤 여인을 만나니 이름은 광목이었다. 광목이 음식을 공양 올리니, 나한은 소원이 무엇이냐고 물었고,

광목이 대답하였느니라.

광목: '저는 어머니가 돌아가신 날에 복을 지어 천도해 드리고자
하오나 어느 곳에 나신 줄을 모르겠습니다.'

나한이 이를 가엾이 여기고 선정에 들어서 살펴보니, 광목의
어머니가 악도에 떨어져 큰 고통을 받는 것이 보였다.
나한이 광목에게,

나한: '그대의 어머니가 지금 악도에서 아주 큰 고통을 겪고 있는데
생전에 어떤 죄업을 지었는가?'라고 하니,

광목: '저의 어머니는 물고기와 자라 같은 것을 즐겨 드셨는데
그중에서도 자라 새끼를 많이 먹었으며, 볶고 지지고 하여
마음껏 드셨으니 그 수가 아마 천이나 만보다 배나 더 될까
하옵니다. 존자께서는 가엾이 여기시어 어떻게든 저희
어머니를 구하여 주시옵소서.'라고 하였다.

나한이 가엾이 여기고 방편을 지어 광목에게 권하기를,

나한: '그대는 지극한 정성으로 청정연화목여래를 생각하고, 그
부처님 형상을 그리거나 조성하여 모시도록 하시오. 그렇게
하면 산 사람도 죽은 사람도 모두 좋은 과보를 얻을 것이오.'

광목이 이 말을 듣고는 곧 아끼던 재물을 팔아 청정연화목여래의
존상을 그려 모시고 공양을 올리며 공경하는 마음으로 우러러
예배하였다. 그러다 문득 새벽꿈에 부처님을 뵈오니 금빛이 찬란

히 빛나는 것이 마치 수미산과 같았다.

부처님께서는 큰 광명을 놓으시며 광목에게,

세존: '그대의 어머니는 오래지 않아 그대의 집에 태어날 것이다. 그리고 배고프고 추운 것을 알 때쯤이면 곧 말을 하게 될 것이다.'라고 하셨다.

그 뒤 광목의 집에 있는 여종이 자식을 낳았는데 태어난 지 사흘도 되지 않아 머리 숙여 슬피 울며 광목에게 말하였다.

어머니: '생사의 업연과 과보는 스스로 받게 마련이라 어둠 속에서 오랫동안 있었으며, 나는 그대의 어미이다. 그대와 헤어진 뒤 큰 지옥에 떨어졌다가 이제야 그대의 복력을 입어 생을 받았지만 하천한 사람이 되었고, 게다가 열세 살이 되면 단명하여 다시 악도에 떨어질 것이다. 나의 이 업보를 벗겨 줄 무슨 방법이 없으리오?' 하고 말하였다.

광목은 이 말을 듣자, 자기 어머니인 것을 의심치 않고 목메어 슬피 울면서 그 종의 자식에게 말하기를,

광목: '우리 어머니가 맞다면 본래 지은 죄업을 아실 것입니다. 어떠한 업을 지었기에 악도에 떨어졌습니까?' 종의 자식은,

어머니: '살생과 불법을 헐뜯고 비방하는 등의 죄업으로 과보(果報)를 받았는데, 그대가 복을 지어 나를 구제하지 않았다면 이 업에서 도저히 벗어날 수 없었을 것이다.'라고 대답했다.

광목이,

광목: '지옥에서 받은 죄보는 어떠합니까?'

하고 물으니, 종의 자식은,

어머니: '그 고통은 백년 천년을 두고 말하더라도 다 말하기가
　　　　어려울 것이다.'라고 대답했다.

광목이 이 말을 듣고는 더욱 슬피 울면서 허공을 향하여 아뢰기를

광목: '원하옵나니, 저의 어머니를 지옥에서 영원히 벗어나게 하
　　　여 주시옵소서. 열세 살에 수명을 마치고 나서도 무거운
　　　죄보로 다시 악도에 떨어지지 않게 하여 주시옵소서.

　　　시방의 모든 부처님이시여,
　　　저를 가엾게 여기시어 제가 어머니를 위하여 세운 이 광대한
　　　서원을 들어 주시옵소서.

　　　만약 제 어머니가 삼악도와 하천한 신분과 여인의 몸을 영원히
　　　여의고 영겁토록 그러한 업보를 다시 받지 않게 된다면,
　　　저는 오늘부터 백천만억 겁 동안 모든 세계의 모든 지옥과
　　　삼악도의 한량없는 죄업중생들을 구제하여 그 모든 죄보의
　　　무리들까지도 다 성불하게 한 후에야 정각을 이루겠나이다.'

이렇게 서원을 마치자 청정연화목여래의 말씀이 들려왔다.

청정연화목여래: '광목아, 그대는 어머니를 위하여 큰 자비로 광대한

서원을 세웠구나. 내가 살펴보니 그 공덕으로 그대의 어머니는 열세 살이 지나면 지금의 업보를 벗고 바라문으로 태어나서 백 살까지 살 것이며, 그 보가 지난 뒤에는 무우국토에 태어나서 헤아릴 수 없는 겁을 살다가 불과를 이루고 널리 항하의 모래알처럼 많은 인간과 하늘을 제도할 것이다.' 라고 일러 주셨다."

부처님께서 다시 정자재왕보살에게 말씀하셨다.

세존: "그때 광목으로 하여금 복을 짓게 한 나한이 '무진의보살' 이고, 광목의 어머니는 '해탈보살'이며, 광목이라는 여인은 바로 '지장보살'이니라.

이처럼 지장보살은 과거 까마득하게 먼 겁 동안에 이와 같은 자비로 항하의 모래알처럼 많은 원을 세우고 널리 중생을 제도하여 왔느니라.

미래의 세상에 남자나 여자 중에 선행을 하지 않는 자,
악을 행하는 자,
인과를 믿지 않는 자,
사음과 거짓말을 하는 자,
이간질과 나쁜 말을 하는 자,

대승을 비방하는 자와 같은 모든 죄업중생들은 반드시 악도에 떨어질 것이지만, 선지식을 만나 그의 권유로 손가락을

한 번 튕길 동안만이라도 지장보살에게 귀의한다면 이 모든 중생들은 삼악도의 죄보에서 벗어나게 될 것이니라.

지극한 마음으로 부처님께 귀의하여 예배하고 찬탄하며 향, 꽃, 의복 등 갖가지 진귀한 보물이나 음식으로 공양을 올리는 자는 미래의 백천만억 겁 동안에 항상 하늘에서 뛰어난 즐거움을 받을 것이며, 천복이 다해 인간으로 내려오더라도 백천 겁 동안 제왕이 되어서 숙명과 인과의 전후를 알게 되리라.

정자재왕보살이여, 이와 같이 지장보살에게는 불가사의한 큰 위신력이 있어서 널리 중생을 이롭게 하나니, 그대들 모든 보살들은 마땅히 이 경전을 쓰고 널리 선전하고 펴서 유포하도록 하여라."

정자재왕보살이 부처님께 말씀드렸다.

정자재왕보살: "세존이시여, 염려하지 마시옵소서.
　　　　　　　저희들 천만억 보살마하살이 반드시 부처님의 위신력을 받들어 널리 이 경을 펴서 염부제 중생들을 이롭게 하겠나이다."

정자재왕보살이 이렇게 말씀드린 후 공경스런 마음으로 합장하며 절하고 물러갔다.

그때 사천왕이 함께 자리에서 일어나 합장하고 공경스럽게 부처님께 말씀드렸다.

사천왕: "세존이시여, 지장보살은 오랜 겁을 지내 오면서 그와 같은 큰 원을 세웠는데, 어찌하여 지금까지도 중생들을 다 제도하지 못하고, 또 다시 광대한 서원을 세워야 하나이까? 원컨대 세존께서는 저희들을 위하여 말씀하여 주시옵소서."

부처님께서 사천왕에게 말씀하시길,

세존: "훌륭하도다 착하도다. 내 이제 그대들과 현재, 미래의 하늘과 인간들에게 널리 이익을 주기 위해 지장보살이 저 사바세계 염부제 안의 생사의 길 가운데, 자비로써 모든 죄업 중생을 제도하여 해탈케 하는 방편에 대하여 말하리라."

사천왕이 말씀드렸다.

사천왕: "세존이시여, 바라옵건대 기꺼이 듣고자 하옵니다."

부처님께서 사천왕에게 말씀하셨다.

세존: "지장보살이 오랜 겁 전부터 지금까지 중생을 제도하되 아직도 원을 다하지 못하고 거듭 원을 세우고 있는 것은 이 세계의 죄업중생들이 미래의 한량없는 겁으로 업의 인연이 이어져 끊이지 않는 죄 많은 중생들이 있기 때문이니라. 그러므로 죄 많은 중생을 사랑 · 연민 · 자비로 가여워하며 제도하여 해탈시켜 왔지만, 또 거듭 서원을 세우게 되느니라. 이와 같이 지장보살은 사바세계의 염부제 중생들을 백천만억 방편으로 제도하느니라.

사천왕이여, 지장보살은

- 살생하는 자를 만나면 그 재앙으로 단명하게 되는 업보를 말해 주고,

- 도둑질하는 자를 만나면 빈궁의 고초를 겪는 업보를 말해 주고,

- 사음하는 자를 만나면 비둘기, 원앙새의 업보를 말해 주고,

- 악담하는 자를 만나면 권속과 다투는 업보를 말해 주며,

- 남을 헐뜯는 자를 만나면 혀가 없거나 입에 창이 생기는 업보를 말해 주고,

- 성내는 자를 만나면 얼굴이 추악하게 찌그러지는 업보를 말해 주며,

- 탐욕하거나 인색한 자를 만나면 구하는 바가 뜻대로 구해지지 않는 업보를 말해 주고,

- 음식을 절도없이 먹는 자를 만나면 배고프고 목마르고 목에 병이 나는 업보를 말해 주며,

- 함부로 사냥하는 자를 만나면 놀라고 미쳐서 목숨을 잃는 업보를 말해 주고,

- 부모에게 행패를 부리는 자를 만나면 천재지변으로 죽는 업보를 말해 주며,

- 산이나 숲에 불을 지르는 자를 만나면 미쳐 헤매다가 죽는 업보를 말해 주고,

- 부모에게 악독한 짓을 하는 자를 만나면 내생에 바꿔나서 매 맞는 업보를 말해 주며,

- 그물로 새들을 사로잡는 자를 만나면 가족들이 흩어지고 이별하는 업보를 말해 주고,

- 삼보를 헐뜯고 비방하는 자를 만나면 눈멀고 귀먹고 벙어리 되는 업보를 말해 주며,

- 불법을 가벼이 여기고 불교를 업신여기는 자를 만나면 영원히 악도에 떨어지는 업보를 말해 주고,

- 절의 물건을 파괴하거나 함부로 쓰는 자를 만나면 억겁 동안 지옥에서 윤회하는 업보를 말해 주며,

- 스님들의 청정한 행을 더럽히거나 속이는 자를 만나면 축생이 되는 업보를 말해 주고,

- 끓는 물, 불, 흉기로 남을 해치거나 다치게 하는 자를 만나면 윤회하면서 서로 갚게 되는 업보를 말해 주며,

- 계율을 파하고 재(齋)를 범하는 자를 만나면 짐승이나 새가 되어 굶주리는 업보를 말해 주고,

- 재물을 옳지 않게 쓰는 자를 만나면 구하는 바가 막히고 끊어지는 업보를 말해 주며,

- 아만심이 높은 자를 만나면 하천한 종이 되는 업보를 말해 주고,

- 이간질로 서로 다투게 하는 자를 만나면 혀가 없거나 혀가 여럿이 되는 업보를 말해 주고,

- 소견이 삿된 자를 만나면 야만족으로 태어나는 업보를 말해 주느니라.

이는 염부제 중생이 몸과 입과 뜻으로 짓는 악습의 결과로 받는 백천 가지의 업보를 이제 대강 말하였거니와, 이러한 염부제 중생들이 짓는 죄업에 따라 차별이 있음을 지장보살이 백천 가지 방편으로 교화하건만 중생들은 먼저 지은 업보로 지옥에 떨어져 여러 겁이 지나도록 벗어날 기약이 없느니라. 그러므로 그대들은 사람들을 보호하고 나라를 잘 지켜서 지장보살을 도와 여러 가지 업으로 인해 중생들이 미혹에 빠지는 일이 없도록 하라."

사천왕이 부처님의 말씀을 듣고 눈물을 흘리며 슬피 탄식하면서 합장하고 물러갔다.

제5. 지옥명호품
[地獄名號品]

- 지옥들의 이름과 그 고통들도 백천 가지로 끝이 없다 -

그때 보현보살마하살이 지장보살에게 말씀하셨다.

보현보살: "어진 분이시여, 원컨대 천룡팔부와 사부대중과 현재, 미래의 모든 중생을 위해 사바세계 염부제의 죄업중생이 업보로 받는 지옥의 이름과 괴로운 과보를 말씀하여 미래세의 말법 중생으로 하여금 이 과보를 알게 하여 주시옵소서."

지장보살이 대답하셨다.

지장보살: "어진 분이시여, 내가 이제 부처님의 위신력과 보현보살의 힘을 받들어 지옥의 이름과 죄업으로 받은 과보에 대해 간략히 말씀을 드리겠습니다.

어진 분이시여, 염부제의 동쪽에 산이 있는데 이름은 철위산이며, 그 산은 매우 깊고 험하여 해와 달의 빛이 닿지 못하므로 어둡고 캄캄합니다. 거기에 큰 지옥이 있으니 이름은 극무간입니다.
그리고 대아비지옥이 있고 사각지옥이 있습니다.

또 비도지옥, 화전지옥, 협산지옥,

통창지옥, 철거지옥, 철상지옥,

철우지옥, 철의지옥, 천인지옥,

철려지옥, 양동지옥, 포주지옥,

유화지옥, 경설지옥, 좌수지옥,

소각지옥, 담안지옥, 철환지옥,

쟁론지옥, 철수지옥, 다진지옥이 있습니다."

지장보살이 또 말씀하셨다.

지장보살: "어진 분이시여, 철위산 안에는 이와 같은 지옥들이
수없이 많습니다.

또 규환지옥, 발설지옥, 분뇨지옥,

동쇄지옥, 화상지옥, 화구지옥,

화마지옥, 화우지옥, 화산지옥,

화석지옥, 화상지옥, 화량지옥,

화응지옥, 거아지옥, 박피지옥,

음혈지옥, 소수지옥, 소각지옥,

도자지옥, 화옥지옥, 철옥지옥, 화량지옥 등이 있습니다.
이 지옥들 속에는 각각 또 작은 지옥들이 있는데 하나나
둘, 셋이나 넷, 백이나 천까지 있으니 지옥들의 이름이
모두 다릅니다."

지장보살이 또 보현보살에게 말씀하셨다.

지장보살: "어진 분이시여, 이 여러 가지 지옥들은 염부제에서 악을

행한 중생들이 업에 따라 과보를 받는 곳입니다. 업의 힘이란 참으로 엄청나서 능히 수미산을 대적하고, 큰 바다보다 깊어서 거룩한 깨달음의 길을 가로막으므로,

중생들은 아무리 작은 악이라도 가볍게 여기지 말아야 할 것입니다. 죽은 뒤에는 털끝만한 것도 과보가 있어서 어버이와 자식같이 지극히 가까운 사이라도 가는 길이 각각 다르고, 비록 서로 만나더라도 그 죄업을 대신 받을 수가 없습니다.

내가 이제 부처님의 위신력을 입어서 지옥에서 죄지어 고통 받는 일을 대략 말씀드리오니, 바라옵건대 어진 분께서는 잠깐 이 말을 들어 주시기 바랍니다."

보현보살이 대답하셨다.

보현보살: "나는 비록 옛날부터 삼악도의 죄보를 알고 있지만, 지장보살님께서 말씀하시기를 원하는 이유는 후세 말법시대의 죄 많은 모든 중생들로 하여금 지장보살님의 말씀을 듣고 불법에 귀의토록 하려는 것입니다."

지장보살이 말씀하셨다.

지장보살: "어진 분이시여, 지옥에서 받는 죄보는 이러합니다.
어떤 지옥은 죄인의 혀를 뽑아서 소로 하여금 갈게 하고,
어떤 지옥은 죄인의 심장을 꺼내어 야차가 먹으며,
어떤 지옥은 가마솥의 끓는 물로 죄인의 몸을 삶고,

어떤 지옥은 죄인으로 하여금 벌겋게 달궈진 구리쇠 기둥을 안게 하며,

어떤 지옥은 맹렬한 불길이 죄인을 덮치며,

어떤 지옥은 언제나 차디찬 얼음뿐이며,

어떤 지옥은 한없는 똥·오줌뿐이며,

어떤 지옥은 쇠뭉치가 날아들며,

어떤 지옥은 불창이 가득히 모여 찌르며,

어떤 지옥은 몽둥이로 가슴과 등을 치며,

어떤 지옥은 손과 발을 태우며,

어떤 지옥은 쇠 뱀이 몸을 감으며,

어떤 지옥은 무쇠 개에게 물려 쫓기며,

어떤 지옥은 무쇠 나귀에게 끌려 다니게 합니다.

어진 분이시여, 이러한 업보를 받는 지옥마다 또 백천 가지 형벌을 가하는 기구가 있는데 그것은 모두 구리요, 쇠요, 돌이요, 불입니다. 이 네 가지 물건은 여러 가지 죄업의 과보로 생긴 것입니다.

만약 지옥에서 고통 받는 일들을 자세히 말씀드린다면, 한 지옥 가운데서도 다시 백천 가지의 고초를 받으니, 그 많은 지옥의 고통을 어찌 말로 다 할 수 있겠습니까?

내가 이제 부처님의 위신력을 받들고, 보현보살님의 물으심을 받들어 대략 말씀드린 것이 이와 같사오니, 만약 더 자세히 설명하자면 겁이 다하도록 말하여도 마치지 못할 것입니다."

🪷 제6. 여래찬탄품
[如來讚歎品]

- 부처님께서, 지장보살의 복덕과 위신력을 찬탄하시다 -

그때 석가모니부처님께서 온몸으로 큰 광명을 내시어 백천억 항하의 모래알처럼 많은 모든 부처님 세계를 두루 비추시며 큰 음성으로 모든 부처님 세계의 보살마하살과 하늘, 용, 귀신, 사람과 사람이 아닌 온갖 무리들에게 말씀하셨다.

세존: "모두 들으라.

내가 이제 지장보살마하살이 시방세계에서 가히 생각할 수 없는 불가사의한 위신력과 대자비의 힘으로 나투어 죄지어 고통 받는 모든 중생들을 구제하는 일에 대하여 더 높이 찬탄하리라. 내가 멸도한 뒤에 그대들 모든 보살마하살과 하늘, 용, 귀신들은 널리 방편을 지어서 이 경을 지킬 것이며, 모든 중생으로 하여금 온갖 괴로움에서 벗어나 열반의 기쁨을 얻게 하라."

이렇게 말씀하시니, 법회 중에 있던 보광보살이 합장 공경하고 부처님께 아뢰었다.

보광보살: "지금 부처님께서는 지장보살에게 불가사의한 큰 위신력이 있음을 찬탄하셨나이다.

부처님께서는, 미래세의 말법시대 중생들을 위하여 지장보살께서 인간과 천상을 이익 되게 하는 인과(因果)를 말씀하시어, 모든 천룡팔부와 미래세의 중생으로 하여금 부처님의 말씀을 결정심의 인(因)으로 받아 지니게 하시옵소서."

그때 부처님께서 보광보살과 사부대중들에게 말씀하셨다.

세존: "자세히 듣고 자세히 들으라. 내 그대들을 위하여 지장보살이 인간과 천상에 이익을 주는 복덕에 대하여 간략히 말하리라."

보광보살이 아뢰었다.

보광보살: "세존이시여, 즐거이 듣겠나이다."

부처님께서 보광보살에게 말씀하셨다.

세존: "미래의 세상에 선남자 선여인이 지장보살의 명호를 듣는 자, 존상에 합장하는 자, 찬탄하는 자, 예배하는 자, 생각하고 사모하는 자 등 이러한 사람들은 삼십 겁 동안 지은 죄에서 벗어나게 되니라.

보광보살이여, 만약 어떤 선남자 선여인이 지장보살의 존상을 그리거나, 흙이나 돌, 아교, 칠, 금, 은, 구리, 철 등으로 지장보살의 존상을 조성하여 한 번이라도 우러러 예배하는 자는 백 번을 거듭 삼십삼천에 태어나서 영원히 악도에 떨어지지 아니하리라.

설령 천상의 복이 다하여 인간으로 다시 태어나더라도 오히려 국왕이 되어서 큰 이익을 얻을 것이니라.

만약 어떤 여인이 여자 몸을 싫어한다면,
정성을 다하여 지장보살의 존상을 그리거나 흙, 돌, 아교, 칠, 구리, 철 등으로 존상을 만들어 정성을 다하여 공양하되 날마다 열심히 하여 물러남이 없이 항상 꽃, 향, 음식, 의복, 비단, 당번, 돈, 보물 등으로 공양을 올리면 이 선여인은 한 번 받은 여인의 몸을 마친 뒤에는 백천만 겁이 지나도록 다시는 여인이 있는 세계에 태어나지 않을 것인데 하물며 다시 여자의 몸을 받겠는가.

다만 자비원력으로 중생을 제도하기 위해 스스로 여자의 몸을 받는 경우를 제외하고는 지장보살께 공양한 힘과 지장보살의 공덕을 입은 까닭으로 이 사람은 백천만 겁토록 다시는 여자의 몸을 받지 않을 것이니라.

보광보살이여, 만약 추하고 병이 많은 어떤 여인이 자신의 모습을 싫어하여 지장보살 존상 앞에서 밥 한 끼를 먹는 동안만이라도 지극한 마음으로 우러러 예배한다면 이 사람은 천만 겁 동안 원만한 몸으로 태어나며 모든 질병이 없느니라. 그리고 이 여인이 만약 여자의 몸을 싫어하지 않는다면 백천만억 겁 동안 항상 왕녀나 왕비가 되거나 재상이나 명문 집안이나 큰 장자의 딸이 되어 단정하게 태어나고 모든 모양새가 아름답고 원만하리라. 지장보살께 지극한 마음으로 우러러 예배한 공덕으로 이와 같은 복덕을 받는 것이니라.

보광보살이여, 만약 어떤 선남자 선여인이 지장보살의 형상 앞에서 여러 가지 악기로 연주하고 노래하여 찬탄하고, 향과 꽃으로 공양하고, 또 다른 사람들에게 이를 권하면 이들은 현세나 미래세에서 항상 백천의 여러 신들이 밤, 낮으로 보호하여서 나쁜 일은 귀에도 들리지 않게 하나니, 하물며 어찌 여러 횡액을 직접 받는 일이 있겠는가.

보광보살이여, 미래 세상에 어떤 선남자 선여인이 지장보살 존상에 귀의하며 공경하여 공양하고 찬탄하며 우러러 예배하는 것을 보고 악인이나 악신, 악귀가 망령되어 꾸짖고 헐뜯거나, 공덕이나 이익이 없다고 비방하거나, 이를 드러내고 비웃거나, 또는 돌아서서 그르다 하거나, 비난하거나, 혹은 다른 사람에게 말하기를 그르다고 하거나, 여러 사람들과 같이 그르나고 하거나, 비난하고 헐뜯는 자 등 만약 한 생각만이라도 꾸짖고 훼방하는 마음을 낸다면, 이러한 사람은 현겁의 천 분의 부처님께서 그 훼방한 죄보로 아비지옥에 빠져 매우 중한 죄보를 받을 것이며, 이 겁을 지나고 나서야 겨우 아귀가 되고 또 천 겁이 지나서야 축생이 되고 또 다

시 천 겁이 지나서야 비로소 사람의 몸을 받게 되는데,

비록 사람의 몸을 얻더라도 빈궁하고 하천하여 눈, 귀, 코, 혀, 몸, 의지의 온전한 육근(六根)을 갖추지 못하고, 많은 악업이 그 몸에 맺혀서 또 다시 악도에 떨어지게 되느니라.

그러므로 보광보살이여, 다른 사람이 공양 올리는 것을 비방하고 헐뜯기만 하여도 이러한 죄보를 받거늘, 하물며 악한 마음을 내어서 불법을 직접 훼방하고 파괴함이야 말해 무엇 하겠는가.

보광보살이여, 만약 미래 세상에 어떤 남자나 여인이 오랫동안 병상에 누워 있어 살고자 하여도 죽고자 하여도 마음대로 되지 않고, 꿈에 악귀가 나타나 자신과 집안 친족과 험한 길을 헤매기도 하며, 혹 도깨비에 홀리거나 귀신과 함께 놀기도 하다가 이와 같은 날이 가고 달이 가고 세월이 지날수록 점점 몸이 쇠약해져 잠자다가도 괴로워 처참하게 소리치며 괴로워하는 자는, 모두 다 업장으로 지은 죄업의 가볍고 무거움을 정하지 못하여 죽기도 어렵고 병이 나을 수도 없게 된 것이니, 보통 사람들의 평범하고 속된 눈으로는 도저히 알 수가 없느니라.

이러한 때는 마땅히 모든 불보살의 존상 앞에서 지장경을 큰 소리로 한 번이라도 읽고, 혹은 의복, 보배, 장원(莊園),

집 등 무엇이든 그 병자가 아끼는 것을 놓고 병자 앞에서 높은 소리로 분명히 말하기를,

'저희들이 병자를 위하여 경전과 불상 앞에 이 재물을 공양합니다. 이것으로 불보살님의 존상을 조성하거나, 탑이나 절을 짓거나, 등을 밝히거나, 상주대중에 보시하겠습니다.' 라고 이렇게 세 번을 병자가 분명히 알아듣도록 말하라.

만약 병자의 모든 의식이 흩어지고 숨기운이 다하였더라도 하루, 이틀, 사흘에서 칠일 동안 큰 소리로 이 일을 말해주고 큰 소리로 이 경을 읽으면, 이 사람은 목숨을 마친 뒤에 숙세의 허물과 무거운 죄로 오무간지옥에 떨어질 죄라도 영원히 해탈을 얻어서 태어나는 곳마다 항상 숙명을 알게 될 것이니, 하물며 선남자 선여인이 스스로 이 경을 쓰거나, 다른 사람으로 하여금 쓰게 하거나, 스스로 보살의 존상을 조성하고 그리거나 남에게 권유하여 조성하고 그리게 한다면 그 공덕으로 반드시 큰 이익을 얻게 될 것이니라.

그러므로 보광보살이여, 어떤 사람이 지장경을 독송하거나 한 생각만이라도 지장경을 찬탄하고 공경하는 사람을 보거든, 그대는 마땅히 백천 방편으로 이들에게 권하여서 정근하는 마음이 물러나지 않도록 하라. 그리하면 능히 현재와 미래에 백천만억의 불가사의한 공덕을 얻게 되리라.

보광보살이여, 미래 세상에 모든 중생들이 꿈이나 잠결에

귀신들이 슬퍼하거나 울거나 근심하고 탄식하거나 두려워하고 겁내는 모습이 보이면, 이는 일 생이나 십 생, 백 생, 천 생의 과거세의 부모, 형제, 자매, 남편, 아내 등 가족들이 악도에서 벗어나지 못하고, 구원해 줄 사람이 아무데도 없으므로 숙세의 혈육들에게 호소하여 도움을 받아 악도에서 벗어나기를 원하는 것이니라.

보광보살이여, 그대는 신력으로 이런 권속들로 하여금 모든 불보살 존상 앞에서 지극한 마음으로 지장경을 읽게 하거나, 혹은 다른 사람을 시켜서 세 번이나 일곱 번을 읽게 하여라. 그러면 악도에 떨어진 권속들이 해탈을 얻고, 꿈이나 잠결 중에 다시는 나타나지 않으리라.

또 보광보살이여, 미래 세상에서 미천한 사람이거나 또는 노비나 자유를 잃은 사람들이 숙세의 업보를 깨닫고 참회를 하고자 하거든, 지극한 마음으로 지장보살의 존상에 우러러 예배하면서 칠일 동안 지장보살의 위대한 명호를 생각하고 불러서 만 번을 채운다면, 이렇게 하는 사람은 지금의 과보가 다한 후에는 천만 생 동안을 항상 존귀한 몸으로 태어나며, 다시는 삼악도의 고통을 겪지 않게 되느니라.

보광보살이여, 미래세의 염부제에서 찰제리, 바라문, 장자, 거사 등 그 밖의 모든 사람들과 다른 신분으로 태어난 종족이든 간에, 새로 태어나는 아이가 남자든 여자든지 간에 칠일 안에 이 불가사의한 경전을 읽어주고, 다시 지장보살의 위대한 명호를 만 번 불러주면, 이 아기에게 숙세의 죄보가 있더라도 해탈을 얻게 되고, 안락하게 잘 자라고 수명이 늘어나게 되리라. 만약 그가 복을 타고난 자라면 더욱 잘 자라게 될 것이며, 안락과 수명이 더 늘어나게 될 것이니라.

보광보살이여, 미래세의 중생들은 매달 1일, 8일, 14일, 15일, 18일, 23일, 24일, 28일, 29일, 30일의 십재일에는 모든 죄를 모아서 죄업의 가볍고 무거움을 결정한다.

대개 남염부제 중생으로서 몸을 움직이고 생각하는 것이 업 아닌 것이 없고 죄 아닌 것이 없는데, 하물며 방자한 마음으로 살아 있는 목숨을 죽이거나 해치며, 도둑질하고 사음을 하며, 거짓말을 하는 백천 가지의 죄를 일부러 지어서야 되겠느냐.

만약 십재일에 부처님과 보살님과 모든 성현의 존상 앞에서 지장경을 한 번 읽으면 동, 서, 남, 북의 백 유순 안에서는 모든 재앙과 고난이 없어지고, 그가 사는 집안의 어른이나 아이들이 현재와 미래 백천 세에 영원히 악도에서 벗어날 것이며, 매달 십재일마다 이 지장경을 한 편씩 읽으면 현재 그 집안에 있는 모든 횡액과 질병이 없어지고 의복과 먹을 것이 풍족해지느니라.

그러므로 보광보살이여, 마땅히 알라. 지장보살에게는 이와 같이 말로 다 할 수 없는 백천만억의 큰 위신력과 이익 주는 일이 있음을 마땅히 알아야 하느니라.

염부제의 중생들은 모두가 지장보살과 큰 인연이 있으니, 이 모든 중생들이 지장보살의 명호를 듣거나, 지장보살의 존상을 보거나, 또는 이 경을 석자나 다섯 자 혹은 한 게송, 한 글귀라도 듣는 자는 현재에 아주 특별한 안락함을 얻을 것이며, 미래세의 백천만 생 동안을 항상 단정한 몸으로 존귀한 가문에 태어나게 되리라."

그때 보광보살이 부처님께서 지장보살을 칭찬하고, 찬탄하시는 것을 듣고는 무릎 꿇어 합장한 후 다시 부처님께 여쭈었다.

보광보살: "세존이시여,

저는 오래 전부터 이 지장보살이 지닌 불가사의한 위신력과 큰 서원력을 알고 있었으나, 미래의 중생들에게 알려서 이익을 주기 위하여 짐짓 부처님께 여쭈었나이다.

세존이시여, 이 경전의 이름은 무엇이라 하오며, 저희가 어떻게 널리 펴 나가야 하겠습니까? 말씀하여 주시옵소서."

부처님께서 보광보살에게 이르시었다.

세존: "이 경전에는 세 가지의 이름이 있느니라.

하나는 '지장보살본원경' 지장보살의 본원을 밝힌 경전이고,
또 하나는 '지장보살본행경' 지장보살이 행한 중생 구제의
일을 밝힌 경이며,
또 다른 하나는 '지장보살본서력경' 지장보살의 서원의 힘
을 밝힌 경이니라. 이는 지장보살이 오랜 겁으로부터 내려
오면서 큰 서원을 거듭 세워서 중생들에게 이익을 주어 왔
으니 그대 보살들은 이 서원에 의지하여 이 경전을 세상에
널리 펴 나가도록 하여라."

보광보살이 부처님의 말씀을 깊이 새겨듣고는 합장하고 공경스
럽게 예배한 다음 물러갔다.

💮 제7. 이익존망품
[利益存亡品]

- 공덕을 베풀면 산 사람과 죽은 사람 모두에게 이익이 되는 길 -

그때 지장보살마하살이 부처님께 말씀드렸다.

지장보살: "세존이시여, 제가 이 염부제의 중생들을 살펴보니 발을 내딛고 생각하는 모든 것이 죄 아닌 것이 없나이다. 간혹 착한 마음을 냈다가도 그 좋은 마음은 곧 사라지고, 혹 나쁜 인연을 만나면 생각 생각에 점점 나쁜 짓을 더 하게 되니,

이러한 사람들은 마치 무거운 짐을 지고 진흙길을 걷는 것과 같아서 갈수록 지치고 짐은 무거워져 발은 더욱 깊숙한 구렁으로 빠져 들어 가는 것과 같나이다.
다행히 선지식을 만나면, 선지식이 그 무거운 짐을 대신 덜어서 지거나 전부를 대신 져다 주나니, 이는 선지식에게 큰 힘이 있기 때문이옵니다.

그리하여 다시 그를 부축하여 힘을 내게 도와주고 인도하여 평지에 도달하면 지나온 나쁜 길을 살펴보고 두 번 다시 그런 곳을 지나가지 않도록 하나이다.

세존이시여, 악을 익힌 중생들은 잠깐 사이라도 한량없는 악을 짓게 되고, 모든 중생들은 이와 같은 습성이 있으므로 목숨을 마칠 때 가족들이 마땅히 그를 위하여 복을 베풀어서 앞길을 열어 주어야 하나이다. 이 때에는 깃발과 일산을 달고 등을 밝히거나, 존귀한 경전을 읽어주고, 부처님과 모든 성상(보살상)의 존상 앞에 공양을 올리며, 부처님과 보살님과 벽지불을 생각하면서 한 분 한 분의 명호를 분명히 불러서 임종하는 사람의 귀에 들려주어 마음 깊이 새겨지도록 하면, 그 중생이 지은 악업으로 악도에 떨어지게 되었더라도, 가족들이 그를 위하여 짓는 성스러운 인연 공덕으로 그가 지은 갖가지의 죄가 모두 소멸될 것입니다.

만약 그가 죽은 뒤 49일 안에 가족들이 다시 여러 가지 좋은 공덕을 지어주면 그 사람은 영원히 악도를 여의고 인간과 천상에 태어나서 수승하고 묘한 즐거움을 받게 되며, 현재의 가족들도 한량없는 이익을 받을 것입니다.

그러므로 제가 부처님을 모신 지금, 천룡팔부와 사람, 인간 아닌 모든 무리들이 모인 자리에서, 저 염부제 중생에게 임종하는 날에는 산목숨을 죽이거나 악한 인연을 짓지 말며, 귀신이나 도깨비들에게 제사하여 절하고 구하지 말라고 권하나이다.

왜냐하면, 산목숨을 죽이거나 귀신에게 제사지내는 것은 털끝만큼도 죽은 사람에게 이익이 되지 않을 뿐만 아니라 죄만 더욱 더 깊고 무겁게 할 뿐이기 때문입니다.

설사 전생(前生)이나 현생(現生)에 좋은 업을 지어서 인간이나 천상에 태어나게 되었더라도, 임종할 때에 가족들이 악한 일을 지으면 죽은 사람에게 재앙이 되어서 목숨을 마친 사람이 여러 가지 일을 변론하느라고, 좋은 곳에 태어나는 것이 늦어집니다. 하물며 임종하는 사람 자신이 생전(生前)에 작은 선근(善根)도 짓지 않았다면 자신이 지은 업에 의하여 스스로 악도에 떨어지게 될 것인데, 어찌 살아 있는 가족들이 다시 업을 더 무겁게 해서야 되겠나이까?

그것은 마치 어떤 사람이 먼 길을 가는데 굶은 지 사흘이 되고 짊어진 짐은 백 근이 넘거늘 문득 이웃 사람을 만나서 다시 작은 짐 보따리를 더 얹게 된 형상과 같아 더욱 더 지쳐 어려움이 가중되는 것과 같나이다.

세존이시여, 제가 염부제의 중생들을 보니 모든 부처님의 가르치심에 따라 착한 일을 한 터럭, 한 물방울, 한 모래알, 한 먼지티끌, 털끝 하나만큼이라도 하게 되면, 이와 같은 이익을 모두 자신이 얻을 수 있나이다."

이와 같은 말씀을 하실 때, 법회에 참석한 이들 가운데 말 잘하는 장자가 있었다. 이 장자는 오래 전부터 무생법(無生法 : 남이 없는 법)의 진리를 깨달아 시방세계의 중생들을 교화 제도하였으며, 지금은 장자의 몸으로 나타난 분이었다. 그가 합장 공경하고 지장보살께 여쭈었다.

대변장자: "지장보살이시여, 이 남염부제의 중생이 목숨을 마친 뒤에 그의 가족들이 그를 위하여 공덕을 닦고 재(齋)를 베풀어 여러 가지 선한 일을 하게 되면, 목숨을 마친 그 사람은 큰 이익을 얻고 해탈을 하게 되나이까?"

지장보살이 대답하셨다.

지장보살: "장자여, 내가 지금 부처님의 위신력을 받들어 현재와 미래의 모든 중생들을 위하여 간략히 설명해 주겠습니다.

장자여, 현재와 미래의 모든 중생들이 임종할 때, 한 부처님의 명호나, 한 보살님의 명호나, 한 벽지불의 명호만 들어도 죄가 있고 없고를 가릴 것 없이 모두 다 해탈을 얻게 되나이다.

만약 어떤 남자나 여인이 살아서 착한 일을 하지 않고 여러 가지 죄만 지었더라도 사람이 죽은 뒤, 가족들이 그를 위하여 훌륭한 공덕을 지어서 복을 닦아 주게 되면, 그 공덕의 7분의 1은 죽은 사람에게 돌아가고

나머지 6분의 공덕은 산 사람에게 이익이 되어 돌아
갑니다.

그러므로 현재와 미래의 선남자 선여인들이 이 말씀을
잘 듣고 명심하여 스스로 복을 닦으면 그 공덕의
전부를 얻게 되나이다.

죽음의 귀신이 기약 없이 닥쳐오면, 어둠 속을 헤매는
혼신은 자신의 죄와 복을 알지 못하고 49일 동안 어리
석고, 귀머거리처럼 방황하다가, 염라대왕 앞에서 모든
업과의 옳고 그름을 따져 판정을 받은 뒤에야, 업에
따라서 다시 태어나게 되나니, 앞길을 예측할 수 없는
사이에 근심과 고통이 천만 가지인데, 더구나 악도에
떨어진다면 어떠하겠습니까?

목숨을 마친 사람이 아직 다시 태어남을 얻지 못하는
49일 동안에는 모든 가족과 친척들이 복을 지어 고통
에서 구원해 주기만을 간절히 바라다가 이날 49일이
지나면 자신이 지은 업에 따라 과보를 받게 되니, 그가
만약 죄 많은 중생이라면 천년만년을 지나도 해탈할
날이 없을 것이며, 만약 그가 오무간지옥에 떨어질 큰
죄를 지어 대 지옥에 떨어지게 되면 천겁만겁토록 온갖
고통이 끊일 새가 없습니다.

장자여, 이런 죄업중생이 목숨을 마친 뒤에 가족과 친척

이 그를 위하여 재를 베풀어 선업의 길을 도와 줄 때, 재 의식을 마치기 전이나 재를 지내는 동안에 쌀뜨물이나 나물잎사귀 등을 함부로 땅에 버리지 말며, 모든 음식은 청정하고 지극한 마음으로 부처님과 스님들께 올리기 전에는 먼저 먹지 말아야 합니다.

만약에 이를 어겨 먼저 먹거나 깨끗하게 만들지 않으면 이 망자는 결국 복력을 얻지 못하게 됩니다.

그러나, 정성을 다하여 청정하게 만든 음식을 부처님과 스님들께 올리면 죽은 사람은 그 공덕의 7분의 1을 얻게 됩니다.

그러므로 장자여, 염부제의 중생이 목숨을 마친 부모나 가족들을 위하여 지극하고 간절한 마음으로 재를 베풀어 공양을 올리면, 산 사람과 죽은 사람 모두가 이익을 얻는 것입니다."

지장보살님께서, 이와 같이 설하실 때 도리천궁에 있던 천만억 나유타 염부제의 귀신들이 모두 한량없는 보리심을 발하였고, 대변장자는 환희심으로 가르침을 받들고 기뻐하며 예배하고 물러갔느니라.

✿ 제8. 염라왕중찬탄품
[閻羅王衆讚歎品]

- 부처님께서, 지장보살처럼 중생들을 이익되게 하는
염라대왕과 대귀왕들을 찬탄하다 -

그때 철위산에 있는 한량없는 귀왕들이 염라천자와 함께 부처님께서 계신 도리천으로 모두 모였다.

　이른바,

　악독귀왕 　(惡毒鬼王 : 악독한 귀왕) ·

　다악귀왕 　(多惡鬼王 : 악이 많은 귀왕) ·

　대쟁귀왕 　(大爭鬼王 : 잘 싸우는 귀왕) ·

　백호귀왕 　(白虎鬼王 : 흰 호랑이 귀왕) ·

　혈호귀왕 　(血虎鬼王 : 피 호랑이 귀왕) ·

　적호귀왕 　(赤虎鬼王 : 붉은 호랑이 귀왕) ·

　산앙귀왕 　(散殃鬼王 : 재앙을 퍼뜨리는 귀왕) ·

　비신귀왕 　(飛身鬼王 : 날아다니는 귀왕) ·

　전광귀왕 　(電光鬼王 : 번갯불 귀왕) ·

　낭아귀왕 　(狼牙鬼王 : 이리 어금니 귀왕) ·

　천안귀왕 　(千眼鬼王 : 천 눈 귀왕) ·

　담수귀왕 　(啖獸鬼王 : 짐승 잡아먹는 귀왕) ·

부석귀왕 (負石鬼王 : 돌을 가진 귀왕)·

주모귀왕 (主耗鬼王 : 농사 맡은 귀왕)·

주화귀왕 (主禍鬼王 : 재앙 맡은 귀왕)·

주복귀왕 (主福鬼王 : 복 맡은 귀왕)·

주식귀왕 (主食鬼王 : 음식 맡은 귀왕)·

주재귀왕 (主財鬼王 : 재물 맡은 귀왕)·

주축귀왕 (主畜鬼王 : 가축 맡은 귀왕)·

주금귀왕 (主禽鬼王 : 새 맡은 귀왕)·

주수귀왕 (主獸鬼王 : 짐승 맡은 귀왕)·

주매귀왕 (主魅鬼王 : 도깨비 맡은 귀왕)·

주산귀왕 (主産鬼王 : 출산을 맡은 귀왕)·

주명귀왕 (主命鬼王 : 수명을 맡은 귀왕)·

주질귀왕 (主疾鬼王 : 질병을 맡은 귀왕)·

주험귀왕 (主險鬼王 : 험한 길을 맡은 귀왕)·

삼목귀왕 (三目鬼王 : 세 눈 귀왕)·

사목귀왕 (四目鬼王 : 네 눈 귀왕)·

오목귀왕 (五目鬼王 : 다섯 눈 귀왕)·

기리실왕 (祁利失王)·

대기리실왕 (大祁利失王)·

기리차왕 (祁利叉王)·

대기리차왕 (大祁利叉王)·

아나타왕 (阿那吒王)

대아나타왕 (大阿那吒王) 등 대귀왕이었다.

이들 대귀왕들은 각각 백천의 여러 소 귀왕들을 데리고 모두 염부제에 있으면서 각각 맡은 바 소임이 있었고, 머무는 곳이 따로 있었다.

이 모든 귀왕들은 염라천자와 함께 부처님의 위신력과 지장보살마하살의 거룩한 힘을 받들어 도리천에 이르러 한쪽에 공손히 서 있었다.

그때 염라천자가 무릎 꿇어 합장하며 부처님께 말씀드렸다.

염라천자: "세존이시여,

저희들이 지금 여기 모인 모든 제왕들과 함께 부처님의 위신력과 지장보살마하살의 힘을 받들어 이 도리천의 큰 법회에 오게 된 것은 좋은 이익을 얻기 때문이옵니다.

제가 조금 의심되는 일이 있어서 감히 세존께 여쭈옵나니,

세존이시여, 저희를 위해 자비로써 말씀하여 주시옵소서."

부처님께서 염라천자에게 말씀하셨다.

세존: "그대는 궁금한 것을 무엇이든 물어 보아라. 내가 그대를 위하여 말해주리라."

이때 염라천자가 부처님께 우러러 절을 하고, 지장보살을 돌아보고는 부처님께 말씀드렸다.

염라천자: "세존이시여,

　제가 지장보살을 생각하건대 육도(六道) 중에 계시면서 백천 가지 방편으로 죄 지어 고통 받는 중생들을 끊임 없이 건지시면서도 피로함도 괴로움도 마다하지 않으 십니다.

　이 대보살이신 지장보살께서 이와 같은 불가사의한 신 통력이 있사오나, 모든 중생들은 죄보에서 잠시 벗어 났다가도 오래지 않아 또 다시 악도에 떨어지고 있나 이다.

　세존이시여,

　이 지장보살께서는 이미 이와 같은 불가사의한 신통력 을 지니고 계신데, 어찌하여 중생들은 거룩하고 불가 사의한 가르침에 의지하여 영원한 해탈을 얻지 못하나 이까?

　부처님이시여, 저희들을 위하여 말씀하여 주시옵소서."

부처님께서 염라천자에게 말씀하셨다.

세존: "남염부제의 중생들은 성품이 억세고 거칠어서 길들이기 어렵고 조복하기가 어려운데도 지장보살은 백천 겁 동안 그러한 중생들을 하나하나 구해 내어 일찍이 해탈토록 인 도하고 있느니라.

　이러한 죄인들과 큰 악도에 떨어진 중생들까지도 지장보

살은 방편의 힘으로 그들로 하여금 숙세의 일을 깨닫게 하여 근본 업연(根本業緣)에서 구제하건만, 염부제의 중생들은 나쁜 업에 깊이 물들어 있어 금방 구제되었다가는 다시 악도에 들어가 지장보살을 수고롭게 하고 오랜 겁을 지내면서 제도하여야 비로소 해탈하게 되느니라.

비유하자면, 어떤 사람이 미혹하여 자기 본래 집을 잃고 방황하다가 험한 길로 잘못 들어섰는데, 그 길에는 수많은 야차와 호랑이, 사자, 구렁이, 독사 따위가 있어서 길을 잃은 사람이 이 험한 길에 들어서자마자 잠깐 사이에 여러 악독한 짐승들과 곧 마주치게 되었다.

그때 방편과 큰 술법으로 모든 악독한 것들을 잘 막아낼 수 있는 선지식이 있어서 갑자기 그 험한 길로 들어서려는 길 잃은 사람을 보고 말하기를,

선지식: '이 딱한 사람아, 어쩌자고 이런 길로 들어왔는가? 그대가 무슨 기이한 술법이라도 있어서 저 모든 사나운 것들을 물리칠 수 있다는 말인가?'

길 잃은 사람은 그 말을 듣고 비로소 험한 길에 들어선 것을 깨닫고 곧 물러나서 그 길에서 벗어나고자 하였다.

그때 이 선지식은 손을 잡고 이끌어서 여러 악독한 것으로부터 벗어나게 하고 다시 좋은 길로 인도하여 안전한 곳으로 이끈 후에 그에게 말하였느니라.

선지식: '딱한 사람아, 다음부터는 절대로 저 길로 가지 마라. 저 길로 들어가면 좀처럼 벗어날 수 없고, 더구나 목숨까지도 잃게 된다네.'

이 말을 듣고 길 잃은 사람은 깊은 감동을 받았느니라.

헤어질 때 선지식은 또 일러 주었느니라.

선지식: '만약 길가는 사람을 보거든 그가 친지이거나 아니거나, 또 남자거나 여자거나 간에 저 길에는 여러 가지 사납고 독한 것들이 많아서 목숨을 잃게 된다고 말해 주어 그들로 하여금 죽음의 길로 들어서지 않도록 하라.'고 말한 것과 같으니라.

이와 같이 지장보살은 대자비를 갖추어 죄고에 빠진 중생을 구제하여 천상이나 인간으로 태어나게 하고 안락을 누리고 즐거움을 받도록 해주며, 이 모든 죄지어 고통받는 중생들이 업보의 괴로움을 알고 악도에서 벗어나 다시는 그 길로 들어서지 않게 하느니라. 이것은 저 길 잃은 사람이 험한 길로 잘못 들어갔을 때에 선지식을 만나 구출되어 다시는 악도에 빠져들지 않는 것과 같고, 또 그가 다른 사람을 만나서 들어가지 말도록 권한다면, 자연히 이로 인하여 어리석음으로부터 벗어나 해탈을 얻게 되고 다시는 악도에 들어가지 않는 것과 같으니라.

만약 또 다시 그 길을 밟는다면 아직도 미혹한 가운데 있는 것이어서, 예전에 빠졌던 험한 길을 깨닫지 못하고서 다시 빠져 목숨을 잃기도 하느니라. 이처럼 지장보살은 악도에 떨어진 중생들을 방편의 힘으로 구해 내어서 인간이나 천상에 태어나게 하지만, 저들은 다시 돌고 돌아 또 악도로 들어가나니, 만약 이와 같이 업이 무거우면 영원히 지옥에 빠지게 되어 해탈하기가 어려우니라."

그때 악독귀왕이 합장 공경하고 부처님께 아뢰었다.

악독귀왕: "세존이시여,

저희들 여러 귀왕들은 그 수가 한량없나이다. 염부제에 있으면서 사람들에게 이익을 주기도 하고 혹 사람들에게 손해를 끼치기도 하는 것이 각각 서로 같지가 않은 것은 업보가 다르기 때문에 그러하옵니다.

제가 권속들로 하여금 여러 세계를 돌아다니게 해 보니 악한 것은 많고 선한 것은 적사옵니다. 사람의 가정이나 혹은 도시, 마을, 장원, 주택을 지나다가 어떤 남자나 여인이 한 티끌만큼이라도 착한 일을 하거나, 삼보를 찬양하는 깃발이나 일산을 하나라도 달거나, 약간의 향과 꽃을 부처님이나 보살님의 거룩하신 존상 앞에 공양을 올리거나, 존귀하신 경전을 독송하거나, 향을 사루어 부처님 가르침의 한 구절이나 한 게송이라도 공양하면, 저희들 귀왕은 이 사람에게 예배 공경하기를 과거, 현재, 미래의 모든 부처님을 섬기듯 하겠나이다.

또한 큰 힘이 있고 토지를 맡은 작은 귀신들로 하여금 이들을 보호하게 하여 사나운 횡액과 몹쓸 병과 뜻에 맞지 않은 일들이 이 사람의 집 근처에서는 일어나지 않게 하겠거늘 하물며 그런 것이 그 집안으로 들어가게 하겠나이까."

부처님께서는 악독귀왕을 칭찬하시며 말씀하셨다.

세존: "착하고 참으로 훌륭하도다. 그대들과 염라천자가 함께 그토록 선남자 선여인을 보호하니 나 또한 범왕과 제석천에 일러 그대들을 지키고 돕게 하겠노라."

이 말씀을 하실 때 법회 중에 있던 주명귀왕이 부처님께 말씀 드렸다.

주명귀왕: "세존이시여,

저는 본래 업연이 염부제 사람들의 수명을 맡아 저들의 태어남과 죽음을 모두 관장하옵니다. 저의 본원은 중생을 크게 이롭게 하려는 것이오나, 중생들은 제 뜻을 알지 못하고 나고 죽음에 모두 편안함을 얻지 못하나이다.

만약 이 염부제에 아기가 태어날 때, 남자거나 여자거나 집안사람들이 착한 일을 하게 되면 집안이 더 이롭게 되고 토지신도 한없이 기뻐하면서 아기와 어머니를 보호하여 큰 안락을 얻게 하고 가족들도 이롭게 하나이다.

그러므로 아기를 낳은 뒤에는 조심하여 살생을 하지 말아야 하는데도 여러 가지 비린 것들을 가져다가 산모에게 먹이며, 또한 가족 친척들이 모여 술을 마시고 고기를 먹으며, 노래를 부르고 풍악을 울리고 즐긴다면, 산모와 아기가 함께 편안함과 즐거움을 얻지 못하게 되나이다.

왜냐하면, 해산할 때면 수없이 많은 악귀와 도깨비들이 비린내 나는 피를 먹으려 하기 때문입니다. 그러므로 제가 미리 집안의 토지신들로 하여금 산모와 아기를 잘 보호하여서 편안하게 하나이다.

그런데 사람들이 안락함을 얻었으면 마땅히 이에 감사하고 복을 베풀어 모든 토지신들에게 보답해야 함에도 도리어 산목숨을 죽여서 잔치를 벌이니, 이는 스스로 재앙을 불러 아기와 산모에게 함께 해를 입히는 것이 되나이다.

그리고 또 염부제 사람들이 목숨을 마치게 되면 저는 그 사람의 선악(善惡)을 묻지 않고 그들을 모두 악도에 떨어지지 않게 하는데, 더구나 스스로 선근(善根)을 닦는다면 저의 힘을 더하여 주는 것이 되오니 어찌 다행이 아니겠나이까.

그러나 이 염부제에서 선을 행한 사람들도 임종할 때

에는 역시 백천이나 되는 악도의 귀신들이 부모나 가족의 형상으로 둔갑하고 나타나 망인을 이끌어 악도에 빠지게 하거늘, 하물며 본래부터 악(惡)을 지은 자들은 말해 무엇 하겠나이까?

세존이시여,
이와 같이 염부제의 남자나 여인이 임종할 때에는 정신이 흐리고 혼미하여 선악을 분간하지 못하고, 눈과 귀로는 아무것도 보고 들을 수 없나이다. 이때 망인의 가족들이 큰 공양을 베풀고 존귀한 경전을 읽으며 부처님과 보살님의 위대한 명호를 생각하고 부르는 염불을 하면, 이러한 좋은 인연으로 망인은 모든 악도에서 벗어나게 되고, 모든 마군과 귀신들도 흩어지고 물러가게 되나이다.

부처님이시여,
어떠한 중생이든지 임종할 때에 만약 한 부처님의 명호나 한 보살님의 명호라도 듣거나 혹 대승경전의 한 구절 한 게송이라도 듣는다면, 제가 이러한 사람들을 살펴 오무간지옥에 떨어질 살생죄를 제외한 조그만 악업으로 인하여 악도에 떨어질 자들은 모두 해탈을 얻게 하겠나이다."

부처님께서 주명귀왕에게 말씀하셨다.

부처님: "그대가 대자비로 그러한 큰 서원을 세워, 태어나고 죽는 곳에서 모든 중생들을 보호하는구나. 미래세에도 남녀 중생들이 나고 죽을 때 그대는 이 원력에서 결코 물러서지 말고 모두를 해탈시켜 영원히 안락함을 얻도록 하라."

주명귀왕이 다시 부처님께 말씀드리기를,

주명귀왕: "바라옵건대 부처님이시여, 염려하지 마시옵소서. 제가 이 몸이 다하도록 생각 생각마다 염부제의 중생들을 보호하여 태어날 때나 죽을 때나 모두 안락을 얻게 하고, 모든 중생들이 나고 죽을 때에 저의 말을 믿고 받아들여 모두가 해탈하여 큰 이익을 얻게 되기를 바라겠나이다."

그때 부처님께서 지장보살에게 말씀하셨다.

부처님: "이 수명을 맡은 주명귀왕은 이미 과거 백천 생을 지내오면서 대귀왕이 되어서 나고 죽는 가운데서 중생을 보호하고 있나니, 이는 보살이 자비원력으로 대귀왕의 몸을 나타낸 것이지 실은 귀왕이 아니니라.

앞으로 일백칠십 겁을 지나서 주명대귀왕은 마땅히 성불할 것이니, 명호는 '무상여래(無相如來)'이고, 겁의 이름은 '안락(安樂)'이며, 세계의 이름은 '정주(淨住)'이고, 그 부처님의 수명은 가히 헤아릴 수 없는 겁이 되리라.

지장보살이여, 이 대귀왕의 일은 이와 같이 불가사의 하여서 그가 제도하는 천상 사람과 세상 사람들의 수는 헤아릴 수 없이 많으니라."

제9. 칭불명호품
[稱佛名號品]

- 불·보살님의 거룩하고 위대하시며 불가사의하신 명호를 부르면
무간지옥에 떨어질 죄도 없어진다 -

그때 지장보살마하살이 부처님께 아뢰었다.

지장보살: "부처님이시여, 제가 지금 미래세의 중생들을 위하여 '이익이 되는 일'을 말하여 그들이 나고 죽는 가운데서 큰 이익을 얻도록 할까 하오니 부처님께서는 허락하여 주시옵소서."

부처님께서 지장보살에게 이르셨다.

부처님: "그대가 지금 자비심을 일으켜서 육도(六道)의 모든 고통받는 중생들을 구해 내려고 불가사의한 일을 말하려 하는구나.

지금이 바로 그 때이니라. 어서 말하라. 나는 곧 열반에 들 것이니 그대가 서원을 일찍 이루게 된다면 나도 또한 현재와 미래의 모든 중생들에 대하여 근심이 없으리라."

지장보살이 부처님께 말씀드리기를,

지장보살: "부처님이시여, 과거 한량없는 아승지 겁 전에 부처님

께서 세상에 출현하셨으니, 명호는 '무변신여래(無邊身如來: 몸이 끝이 없는 여래)'이셨나이다. 만약 어떤 남자나 여인이 이 부처님의 명호를 듣고 잠깐이라도 공경하는 마음을 낸다면, 곧 사십 겁 동안 나고 죽는 무거운 죄를 벗어나게 될 것인데, 하물며 부처님의 존상을 조성하거나 그려서 모시고 공양하고 찬탄하면, 그 사람이 얻는 복은 한량없고 끝이 없을 것이옵니다.

또 과거 항하의 모래알처럼 많은 겁 전에 부처님께서 세상에 출현 하셨으니, 명호는 '보승여래(寶勝如來)'이셨나이다. 만약 어떤 남자나 여인이 이 부처님의 명호를 듣고 손가락 한 번 튕길 동안만이라도 발심하여 귀의하는 마음을 낸다면 이 사람은 위없는 진리의 길(무상도: 無上道)에서 물러남이 없게 될 것이옵니다.

또 과거에 부처님이 세상에 출현하셨으니, 명호는 '파두마승여래(波頭摩勝如來)'이셨나이다. 만약 어떤 남자나 여인이 이 부처님의 명호를 들어 귀를 스치기만 하여도 이 사람은 마땅히 천 번을 육욕천 가운데에 태어나거늘 하물며 지극한 마음으로 부처님의 명호를 생각하고 부르면 어떠하겠나이까?

또 말로는 다할 수 없는 아승지 겁 전에 부처님이 세상에 출현하셨으니, 명호는 '사자후여래(獅子吼如來)'이셨나이다. 만약 어떤 남자나 여인이 이 부처님의 명호를 듣고 일념으로 귀의하면 이 사람은 한량없는 모든 부처님을 만나 뵙고 마정수기(摩頂受記)를 받을 것이옵니다.

또 과거에 부처님이 출현하셨으니, 명호는 '구류손불(拘留孫佛)'이셨나이다. 만약 어떤 남자나 여인이 이 부처님의 명호를 듣고 지극한 마음으로 우러러 예배하거나 찬탄하면, 이 사람은 현겁의 천 부처님의 회중에서 대범왕이 되어서 으뜸가는 수기(受記)를 받을 것이옵니다.

또 과거에 부처님이 세상에 출현하셨으니 명호는 '비바시불(毗婆尸佛)'이셨나이다. 만약 어떤 남자나 여인이 이 부처님의 명호를 들으면, 영원히 악도에 떨어지지 않고 항상 인간이나 천상에 태어나서 성스러운 즐거움을 받을 것이옵니다.

또 과거 한량없고 셀 수 없는 항하의 모래알처럼 많은 겁 전에 부처님이 세상에 출현하셨으니, 명호는 '다보여래(多寶如來)'이셨나이다. 만약 어떤 남자나 여인이 이 부처님의 명호를 들으면, 끝내 악도에 떨어지지 않고 항상 천상에 있으면서 뛰어나고 묘한 즐거움을 받을 것이옵니다.

또 과거세에 부처님이 세상에 출현하셨으니, 명호는

'보상여래(寶相如來)'이셨나이다. 만약 어떤 남자나 여인이 이 부처님의 명호를 듣고 공경심을 낸다면 이 사람은 오래지 않아서 아라한의 과보를 얻게 되나이다.

또 무량 아승지 겁의 과거에 '가사당여래(袈裟幢如來)'라는 명호의 부처님께서 세상에 출현하셨으니, 만약 어떤 남자나 여인이 이 부처님의 명호를 들으면 일백의 큰 겁 동안 나고 죽는 죄에서 벗어날 것이옵니다.

또 과거에 '대통산왕여래(大通山王如來)'라는 명호의 부처님께서 세상에 출현하셨으니, 만약 어떤 남자나 여인이 이 부처님의 명호를 들으면, 이 사람은 항하의 모래알 같이 많은 부처님을 만나서 널리 설법하시는 가르침을 듣고 반드시 깨달음의 길을 성취할 것이나이다.

또 과거에

'정월불(淨月佛)', '산왕불(山王佛)', '지승불(智勝佛)',

'정명왕불(淨名王佛)', '지성취불(智成就佛)', '무상불(無上佛)',

'묘성불(妙聲佛)', '만월불(滿月佛)', '월면불(月面佛)' 등

이루 헤아릴 수 없이 많은 부처님께서 계셨나이다.

부처님이시여, 현재나 미래의 천인, 혹은 남자이거나 여인이거나 모든 일체 중생들이 단 한 부처님의 위대한 명호를 생각하여도 그 공덕이 한량없거늘, 하물며 많은 부처님의 명호를 생각하고 부른다면 크고 높으신

그 공덕을 무엇으로 비할 수가 있겠사옵니까? 이 중생들은 살아 있을 때나 죽었을 때나 스스로 큰 이익을 얻어 끝내 악도에 떨어지지 않을 것입니다.

만약 어떤 사람이 목숨을 마칠 때, 그 집안의 가족들 중에 한 사람만이라도 병든 사람을 위하여 높은 목소리로 한 부처님의 명호만 불러도 명을 마치는 그 사람은, 오무간지옥에 떨어질 큰 죄만 제외하고 나머지 업보는 모두 다 소멸되옵니다. 그러나 오무간지옥의 대죄가 비록 지극히 무거워서 억겁을 지나도 도저히 벗어날 수 없는 것이지만, 그 사람이 목숨을 마칠 때에 다른 사람이 그를 위하여 부처님의 명호를 생각하고 부른다면 그 공덕으로 무거운 죄가 점점 소멸될 것입니다.

그런데 하물며 그 중생 스스로가 생각하고 부른다면 어떠하겠나이까? 한량없는 복을 얻고 한량없는 죄가 소멸되나이다."

🪷 제10. 교량보시공덕품
[校量布施功德品]

- 부처님께서, 보시한 공덕을 헤아리시다 -

그때 지장보살마하살이 부처님의 위신력을 받들어 자리에서 일어나 무릎을 꿇어 합장하고 부처님께 말씀드렸다.

지장보살: "세존이시여, 제가 업도 중생의 보시 공덕을 헤아려보니 가벼운 것이 있고 무거운 것도 있어서, 한 생만 복을 받는 이도 있고 십 생 동안 복을 받는 이도 있으며, 백 생·천 생토록 큰 복을 받는 이도 있사오니 이 일은 어떤 까닭이옵니까? 바라옵건대 세존이시여, 저를 위하여 말씀하여 주시옵소서."

부처님께서 지장보살에게 말씀하셨다.

세존: "내가 지금 도리천궁의 일체 대중이 모인 이 법회에서 염부제에서 보시한 공덕의 가볍고 무거움을 헤아려 그대에게 설하노니, 그대는 자세히 들으라. 내가 그대를 위하여 말하리라."

지장보살이 부처님께 아뢰기를,

지장보살: "저는 그 일이 궁금하오니 즐거이 듣고자 하옵니다."

부처님께서 말씀하셨다.

세존: "남염부제에 있는 모든 국왕이나 재상, 대신, 큰 장자, 큰 찰제리, 큰 바라문 등이 매우 빈궁한 자나 꼽추, 벙어리, 귀머거리, 장님과 같은 여러 장애인들을 만나 보시하고자 할 때, 능히 대자비심을 갖추어 겸손한 마음으로 웃음을 머금고 손수 보시하거나, 혹은 사람을 시켜서 베풀더라도 부드러운 말로 위로한다면, 이들이 얻는 복과 이익은 백 항하의 모래알만큼 많은 부처님께 보시한 공덕과 같으니라. 왜냐하면 이는 높고 귀한 자리에 있는 이들이 가장 빈궁한 자들이나 여러 장애인들에게 큰 자비심을 낸 까닭이니, 이들이 얻는 복과 이익은 백천 생 동안 항상 칠보가 가득할 것인데 어찌 먹고 입을 것이 부족하겠는가.

지장보살이여, 미래세에 모든 국왕이나 바라문 등이 부처님의 탑이나 부처님의 존상이나 보살, 성문, 벽지불 등의 존상을 만나 스스로 마련하여 공양을 올리고 보시하면 이들은 세 겁 동안 제석천왕이 되어서 뛰어나고 묘한 즐거움을 받으리라. 만약 이 보시한 복과 이익을 법계에 회향한다면, 이들은 열 겁 동안 항상 대범천왕이 되느니라.

또 지장보살이여, 만약 미래세에 모든 국왕이나 바라문 등이 허물어지고 파괴된 옛 부처님의 탑묘나 절 또는 불상이나 경전을 보고 발심하여 보수하되, 스스로 힘써 마련하거나, 다른 사람에게 권하여 수많은 사람들에게 보시 인연을 맺어주면, 이들은 백천 생 동안 항상 전륜성왕이 될 것이고,

함께 보시한 다른 사람들도 백천 생 동안 항상 작은 나라의 왕이 될 것이니라. 더구나 다시 탑묘 앞에서 회향하는 마음을 낸다면 이들은 모두 다 불도를 이루리니, 이로 인한 과보는 한량없고 끝이 없으리라.

또 지장보살이여, 미래세에 모든 국왕이나 바라문 등이 늙고 병든 이나 해산하는 여인을 보고 한 생각 잠깐 동안이라도 큰 자비심을 내어서 의약, 음식, 침구 등을 보시하여 편안하게 해주면 이로 인한 복과 이익은 불가사의하여 아주 크기에, 일백 겁 동안은 항상 정거천의 주인이 될 것이며, 다시 이백 겁 동안은 항상 육욕천의 천주가 되리라. 그리하여 영원히 악도에 떨어지지 않고 백천 생 동안 괴로운 소리가 귀에 들리지 않을 것이며, 마침내는 불도를 성취하리니라.

또 지장보살이여, 만약 미래세에 모든 국왕이나 바라문 등이 이와 같이 보시하면 한량없는 복을 얻고, 다시 법계에 회향한다면 보시가 많고 적음을 가리지 않고 필경에는 부처를 이루거늘, 하물며 제석천, 범천왕, 전륜왕이 되는 과보뿐이겠는가.

그러므로 지장보살이여, 그대는 널리 중생들에게 권하여 마땅히 이와 같은 보시를 배우도록 하라.

또 지장보살이여, 미래세에 만약 선남자 선여인이 불법 중에서 털끝이나 먼지만큼의 작은 선근을 심어도 받는 복과 이익은 무엇에도 비유할 수 없이 많으니라.

또 지장보살이여, 미래세에 만약 선남자 선여인이 부처님의 존상이나 보살, 벽지불, 전륜왕의 존상을 보고 보시하고 공양을 올린다면 한량없는 복을 얻을 것이며, 항상 인간과 천상에서 태어나 뛰어나고 묘한 즐거움을 받을 것이며, 만약 이 공덕을 법계에 회향한다면 이 사람의 복과 이익은 무엇에도 비유할 수 없이 많을 것이니라.

또 지장보살이여, 미래세에 만약 선남자 선여인이 대승경전을 한 게송이나 한 구절이라도 듣고 소중한 마음을 내어 찬탄하고 공경하며 보시하고 공양을 올린다면 이 사람은 한량없고 끝이 없는 큰 복을 얻을 것이며, 만약 법계에 회향한다면 그 복은 비유할 수 없이 많으니라.

또 지장보살이여, 만약 미래세에 선남자 선여인이 부처님의 탑이나 사찰, 대승경전을 만나서 새것이면 지극한 마음으로 보시 공양 올려 우러러 예배하고 찬탄, 공경, 합장하며, 오래 되어 헐고 무너진 것을 만나거든 보수하고 관리하되 혼자서 마음을 내거나 남에게 권하여 함께 마음을 내어 한다면, 이러한 사람들은 삼십 생 동안을 항상 작은 나라의 왕이 될 것이며, 절이나 승려에게 물건을 베푸는 단월(檀越 : 시주·보시를 행하는 사람) 사람들은 항상 전륜왕이 되어 좋은 법으로써 작은 나라의 왕들을 교화하리라.

또 지장보살이여, 만약 미래세에 선남자 선여인이 불법 중에서 선근을 심는 바 공양을 올려 보시하거나, 탑이나 절을 보수하거나, 경전을 잘 엮어 관리하는 등 털 하나, 티끌 한 톨, 모래 한 알, 물 한 방울만큼의 착한 일의 공덕을 법계에 회향한다면, 이 사람은 지은 공덕으로 백천 생 동안 으뜸가는 묘한 즐거움을 받으리라. 다만 자기 집의 가족이나 자신만의 이익으로만 회향한다면 이와 같은 과보는 곧 삼생(과거세, 현재세, 미래세) 동안만의 즐거움을 누리게 되나니, 이는 만 가지에서 하나만을 얻는 것이 되느니라.

지장보살이여, 보시의 인연 공덕은 그 일이 이와 같은 것이니라."

🪷 제11. 지신호법품
[地神護法品]

- 땅의 신들이 불법을 옹호하리라 -

그때 견뢰지신이 부처님께 아뢰었다.

견뢰지신: "세존이시여, 저는 옛부터 한량없는 많은 보살마하살을 우러러 뵈옵고 예배하였사온데, 모든 보살마하살께서는 불가사의한 큰 신통력과 지혜로써 널리 중생을 제도하시지만, 지장보살마하살은 모든 보살들보다도 서원이 더욱 깊고 무겁나이다.

세존이시여, 이 지장보살은 염부제에 큰 인연이 있으니 저 문수보살, 보현보살, 관세음보살, 미륵보살 또한 백천 가지 형상으로 나타나 육도(六道)의 중생을 제도하시지만 그 서원은 끝이 있사오나, 지장보살마하살은 육도(六道)의 모든 중생을 끝없이 교화하시며 서원(誓願)을 세운 겁의 수는 천 백억 항하의 모래알 수와 같나이다.

세존이시여, 제가 살펴보니 미래와 현재의 중생이 살고 있는 곳에서 남쪽으로 정결한 땅에 흙이나 돌,

대나무, 나무로 집을 지어 거기에 지장보살의 존상을 그리거나 또는 금이나 은, 동, 철 등으로 지장보살의 존상을 조성하여 모시고 향을 피워 공양 올리며 우러러 예배하고 찬탄한다면, 이 사람은 사는 곳에서 곧 열 가지의 이익을 얻게 될 것입니다.

어떤 것이 그 열 가지인가 하면,

1. 토지에 풍년이 들 것이며,

2. 집안이 언제나 평안하며,

3. 먼저 작고한 가족들이 천상에 태어나고,

4. 살아 있는 가족들의 수명이 더 늘어나며,

5. 구하는 것이 뜻대로 이루어지고,

6. 물이나 불로 인한 재앙이 없으며,

7. 재물을 헛되이 잃는 일이 없으며,

8. 나쁜 꿈이 없어지며,

9. 출입할 때 신장(神將)들이 보호하며,

10. 거룩하고 성스러운 인연을 많이 만나게 되나이다.

세존이시여,

미래세나 현세의 중생이 머물러 사는 적당한 장소에서도 그와 같은 공양을 지장보살님께 올리면 이와 같은 이익을 얻게 되나이다."

견뢰지신이 다시 부처님께 아뢰었다.

견뢰지신: "세존이시여,

　　　　미래세에 만약 어떤 선남자 선여인이 살고 있는 곳에서
　　　　이 경전과 보살의 존상을 모시고 이 경전을 독송하며
　　　　보살님께 공양을 올리면, 제가 항상 밤낮으로 저의
　　　　신통력(本神力)을 다해 이 사람을 보호하여서 물, 불,
　　　　도둑과 크고 작은 횡액과 온갖 나쁜 일들은 모두 다
　　　　소멸시키도록 하겠나이다."

부처님께서 견뢰지신에게 말씀하셨다.

세존: "견뢰여, 그대의 큰 신력을 모든 신들은 따르기 어렵구나.
　　　왜냐하면 그대는 염부제의 토지를 모두 지키고 있고, 풀과
　　　나무, 모래와 돌, 대와 갈대, 곡식과 쌀, 보배 등도 다 이
　　　땅에 있으니, 이 모두는 다 그대의 힘을 입고 있는 것이니라.
　　　또 그대가 지장보살의 이익에 대하여 그렇게 찬탄하고
　　　있으니, 그대의 공덕과 신통력은 저 보통의 지신들보다도
　　　백천 배가 되느니라.

　　　만약 미래세에 선남자 선여인이 지장보살에게 공양을 올리고
　　　이 경전을 독송하되, '지장보살본원경(地藏菩薩本願經)'에 따
　　　라 단 한 가지 일이라도 실천한다면, 그대는 마땅히 근본
　　　신통력으로 그를 보호하여 온갖 재해와 뜻대로 되지 않은
　　　일이 귀에 들리지도 못하게 할 것인데, 하물며 그들이
　　　피해를 입는 일이 있게 하겠느냐.

또한 그대 혼자만이 이 사람들을 보호하는 것이 아니라 제석천과 범천의 권속들과 제천의 권속들도 이 사람들을 보호하리라.

어찌하여 이와 같은 성현들의 보호를 받게 되는가 하면, 이는 다 지장보살의 존상에 우러러 예경하고 이 '지장보살본원경'을 독송한 공덕 때문이니라.

이 사람은 마침내 고통의 바다를 건너 열반의 평안과 즐거움을 얻게 되므로 큰 보호를 받는 것이니라."

대원본존 지장보살님 존상

미래세에 선남자 선여인이 현재와 미래세에서
백천만억의 여러 가지 소원과 백천만억의 여러 가지 일들을 이루고자 하여,
지장보살의 존상 앞에서 귀의하고 우러러 예배하며 공양하고 찬탄하면
이와 같은 소원이나 구하는 것이
모두 다 이루어질 것이다.

(석가모니부처님께서 관세음보살님에게 지장보살의 대위신력과
불가사의하심을 찬탄과 게송으로 설하신 말씀)
- 제12품 견문이익품 (지장보살님을 보고 들어 얻는 이익) -

제12. 견문이익품
[見聞利益品]

- 지장보살과 지장경을 보고 들어서 얻는 무량한 이익 -

그때 부처님께서 정수리와 미간백호로부터 백천만억의 크고 거룩한 불가사의 광명(光明)을 놓으셨으니, 그 광명은 이른바,

백호상광이요, 대백호상광이며,
서호상광이요, 대서호상광이며,
옥호상광이요, 대옥호상광이며,
자호상광이요, 대자호상광이며,
청호상광이요, 대청호상광이며,
벽호상광이요, 대벽호상광이며,
홍호상광이요, 대홍호상광이며,
녹호상광이요, 대녹호상광이며
금호상광이요, 대금호상광이며,
경운호상광이요, 대경운호상광이며,
천륜호광이요, 대천륜호광이며,
보륜호광이요, 대보륜호광이며,
일륜호광이요, 대일륜호광이며,
월륜호광이요, 대월륜호광이며,

궁전호광이요, 대궁전호광이며,

해운호광이요, 대해운호광이었다.

부처님께서는 정수리와 미간백호에서 이와 같은 광명을 놓으시고는, 미묘한 음성으로 천룡팔부, 사람, 사람 아닌 모든 대중에게 이르시었다.

부처님: "들으라. 내가 오늘 이 도리천궁에서 지장보살이 인간과 천상을 이익 되게 하는 불가사의한 일과 성스러운 인연의 일들, 십지를 증득하게 하는 일과, 마침내는 아뇩다라삼먁삼보리에서 물러나지 않는 일들을 크고 높게 찬탄하겠노라."

이 말씀을 하실 때 법회 중에 있던 관세음보살마하살이 자리에서 일어나 무릎 꿇어 합장하고 부처님께 아뢰었다.

관세음보살: "세존이시여, 이 지장보살마하살은 대자비를 갖추시고 죄 지어 고통 받는 중생들을 불쌍히 여겨, 천만억 세계에 천만억의 몸을 나타내시며 그 지니신 공덕과 불가사의한 위신력을 저는 이미 들었나이다. 세존께서는 시방의 한량없는 모든 부처님과 더불어 한 목소리로, 지장보살을 찬탄하시며 이르시기를, 과거, 현재, 미래의 모든 부처님께서 그 공덕을 말씀하셔도 오히려 다 할 수 없다고 하시었나이다. 또한 지난번에도 세존께서 대중에게 지장보살이 갖춘 이익

과 공덕 등에 대하여 높고 높은 찬탄을 아끼지 않으셨나이다. 세존이시여, 바라옵건대 현재와 미래의 모든 중생들을 위하여 지장보살의 불가사의한 일을 말씀하셔서, 천·용 등의 팔부신중들로 하여금 우러러 예배하고 복을 얻을 수 있게 하시옵소서."

부처님께서 관세음보살에게 이르셨다.

부처님: "그대는 사바세계에 큰 인연이 있어서 하늘이나 용, 남자, 여자, 신, 귀신들과 육도의 죄 지어 고통 받은 중생까지도 그대의 명호를 듣거나 그대의 존상을 보거나 그대를 생각하고 따르거나 그대를 찬탄하는 이러한 중생들을 모두 위없이 높은 진리의 길에서 물러서지 않게 하고, 항상 인간이나 천상에 태어나 뛰어난 즐거움을 누리게 하며, 인과(因果)를 점차 성숙시켜 마침내는 부처님의 수기(受記)를 받게 하느니라.

그대가 이제 대자비로써 중생들과 천룡팔부 등을 불쌍히 여기고 내게서 지장보살이 천상과 인간들에게 한량없이 베푸는 불가사의한 이익에 대한 말을 듣고자 하는구나. 그대는 마땅히 잘 들어라. 내 이제 그대를 위하여 말하리라."

관세음보살이 부처님께 말씀드리기를,

관세음보살: "그러하옵니다. 세존이시여, 즐거이 듣고자 하옵니다."

부처님께서 관세음보살에게 말씀하셨다.

부처님: "현재와 미래 세계 가운데에서 천인(天人)이 천상에서의 복이 다하여 오쇠상(다섯 가지 쇠퇴하는 모양)을 나타내거나, 장차 악도에 떨어지게 되었더라도 천인들이 남자든 여자든 간에 지장보살의 존상을 보거나, 명호를 듣고 단 한 번만 우러러 절하여도 다시 천상의 복이 더하여 큰 즐거움을 받게 되고 길이 삼악도의 과보에 떨어지지 않게 되느니라. 그러하거늘 하물며 이 지장보살의 존상을 보거나 명호를 듣고 여러 가지 향, 꽃, 의복, 음식, 보배, 영락 등으로 보시하고 공양한다면 어떠하겠는가. 이들이 얻는 공덕과 복과 이익은 한량없고 끝이 없느니라.

관세음보살이여, 현재나 미래의 모든 세계에서 육도중생이 목숨을 마치려 할 때 지장보살의 명호를 들려주어 그 한 소리만이라도 귀에 스치게 하면, 이 모든 중생들은 영원히 삼악도의 타는 듯한 괴로움을 겪지 않게 되느니라.

하물며 부모나 가족들이 목숨을 마치는 사람의 집, 재물, 보배, 의복 등을 팔아 지장보살의 존상을 그리거나 조성하여 그의 눈으로 보게 하면 어떠하겠느냐.

또 병든 사람이 목숨을 마치기 전에 지장보살의 존상을 눈으로 보고 명호를 귀로 듣게 하고,
바른 길을 아는 가족들이 집과 보배 등을 팔아 그를

위하여 지장보살존상을 그리거나 조성하여 그로 하여금 직접 눈으로 보고 귀로 듣게 하면, 그 사람이 지은 업보(業報)로 중병을 앓는 것이 당연하다 할지라도, 그 공덕을 받아서 병이 완쾌되고 수명이 더 길어지느니라.

또한 이 사람의 목숨이 다하여 그동안의 죄업으로 마땅히 악도에 떨어져야 할 사람이라도, 그 공덕으로 죽은 뒤에 모든 죄와 업장이 소멸되어, 곧 인간이나 천상에 태어나 뛰어난 즐거움을 받으리라.

관세음보살이여, 미래세에 어느 남자나 여인이 젖먹이 때나 세 살이나 다섯 살, 열 살이 되기 전에 부모를 잃었거나 형제·자매와 이별하였다면 그 사람은 자라서 어른이 된 뒤에도 부모와 가족을 생각하고 그리워하느니라. '나의 부모 형제가 나쁜 길에 떨어지지는 않았을까? 어느 세계에 태어났을까? 어느 하늘에 태어났을까?' 하고 생각하나 알 수가 없느니라. 그런데 만약 이 사람이 지장보살의 존상을 그리거나 조성하여 모시고, 명호를 부르면서 한 번 우러러 보고 한 번 절하면서, 하루에서 7일이 되도록 처음 일으킨 마음을 잃지 않고 우러러 보고 명호를 부르며 예배하고 공양한다면, 이 사람의 가족들은 스스로 지은 업으로 악도에 떨어져서 여러 겁을 지내야 할지라도, 이 자녀와 남녀 형제·자매가 지장보살의 존상을 그려 모시고 조성하여 지장보살에게 정성을 바친 공덕으로 곧 해탈을 얻어 인간이나 천상에 태어나서 뛰어난 즐거움을 누리게 되느니라.

그리고 이 사람의 가족들에게 복된 힘이 있어서 이미 인간이나 천상에 태어나서 뛰어난 즐거움을 누리는 이라면 이 공덕으로 더욱더 성스러운 인연이 더하여 한량없는 즐거움을 받게 되리라.

이 사람이 다시 21일 동안 지극한 마음으로 지장보살의 존상에 우러러 예배하고 명호를 불러 만 번을 채우면, 지장보살께서 무변신(無邊身)의 몸을 나타내어 이 사람에게 그 가족이 태어난 곳을 알려주거나 꿈에 보살이 큰 신통력을 나타내시어 친히 이 사람을 데리고 여러 세계로 가서 가족들을 보여줄 것이니라.

또 날마다 지장보살의 명호를 천 번씩 불러 천 일에 이르게 되면 지장보살은 그가 사는 곳의 토지신을 시켜 평생토록 보호케 하나니, 현세에서 먹고 입는 것이 풍족하고 여러 질병이나 고통을 없게 하여 어떠한 횡액도 그 집 문안에 들지 못하게 하거늘, 하물며 그 사람의 몸에 미치게 하겠는가. 이 사람은 마침내 지장보살로부터 마정수기를 받게 되느니라.

관세음보살이여, 만약 미래세에 선남자 선여인이 넓고 크나큰 자비심을 내어 모든 중생들을 제도하고자 하는 사람이나, 위없는 보리심을 닦고자 하거나, 삼계의 고통에서 벗어나고자 하는 모든 사람들이 지장보살의 존상을 보거나 명호를 듣고 지극한 마음으로 귀의하며 향, 꽃, 의복, 보배, 음식 등으로 공양을 올리고 우러러 예배하면, 이 선남자 선여인들이 원하는 일들은 속히 성취되고 영원히 장애가 없어지게 되느니라.

관세음보살이여, 만약 미래세에 선남자 선여인이 현재와 미래의 세상에서 백천만억의 여러 소원과 백천만억의 여러 일들을 이루고자 하거든, 지장보살의 존상 앞에서 귀의하고 우러러 예배하며 공양을 올리고 찬탄하면, 이러한 모든 소원과 구하는 것이 모두 다 성취되느니라.

또 지장보살이 큰 자비로써 영원히 자신을 지켜주기를 원한다면, 이 사람은 꿈속에서 지장보살의 마정수기를 곧 받게 되리라.

관세음보살이여, 만약 미래세에 선남자 선여인이 대승경전에 대하여 깊이 존중하는 마음과 지극한 믿음을 내어 읽고 외우고자 하지만, 비록 밝은 스승을 만나서 가르침을 잘 받아도 읽은 것을 금방 잊어버리고 달이 가고 해가 지나는 긴 세월이 흘러도 능히 독송하지 못하는 것은, 이 선남자 선여인의 묵은 업장이 아직도 소멸되지 않아 대승경전을 독송할 만한 성품이 없기 때문이니라.

이러한 사람은 지장보살의 명호를 듣고 지장보살의 존상을 보고 지극한 마음으로 공경스럽게 그 사실을 아뢰고, 다시 향, 꽃, 의복, 음식과 여러 가지 진귀한 것 등으로 지장보살께 공양을 올리고, 깨끗한 물 한 그릇을 지장보살 존상 앞에 올려, 하루 낮과 하루 밤을 지내고 난 뒤에 합장하고 지장보살님께 물을 마시겠다고 청한 다음, 머리를 남쪽으로 향하고 지극히 정성스런 마음으로 입을 대고 마실지니라. 물을 마시고 나서는 오신채(파·마늘·부추·달래·흥거)와 술, 고기를 먹지 않고, 그릇되고 삿된 음행과 거짓말과 모든 살생을 7일 또는 21일 동안 삼가 하면, 이 선남자 선여인의 꿈속에 지장보살이 끝없는 몸을 나타내시어 이 사람이 있는 곳에 이르러서 이마에 물을 부어 주느니라. 이 꿈을 깨고 나면 곧 총명을 얻어서 경전을 한 번만 읽고 들어도 길이 기억하여 한 글귀 한 게송까지도 오랫동안 잊어버리지 않게 되느니라.

관세음보살이여, 만약 미래세에 어떤 사람이 의복과 음식이 부족하여 구하려 해도 뜻대로 되지 않거나, 질병이 많고, 흉하고 쇠퇴한 일이 많아서 집안이 불안하고 평화롭지 못하고, 가족이 흩어지며, 혹 어긋나는 일들이 많이 닥쳐서 몸을 괴롭히고, 무서운 꿈을 꾸며 자주 놀라는 이러한 사람들은 지장보살의 명호를 듣고, 지장보살의 존상을 보고 지극한 마음으로 공경하며 명호를 만 번 부르면, 이 모든 좋지 않은 일들이 점점 없어지고 안락함을 얻게 되며 먹고 입을 것도 풍족해지고 잠 잘 때 꿈속에서도 안락함을 얻느니라.

관세음보살이여, 만약 미래세에 선남자 선여인이 생계에 필요한 일이거나, 혹은 공적인 일이거나, 사적인 일이거나, 태어나고 죽는 일이거나, 급한 일 때문에 산이나 숲속에 들어가거나, 강이나 바다 같은 큰물을 건너거나, 험한 길을 지나게 될 때, 이 사람이 먼저 지장보살의 명호를 만 번 부르면, 그가 지나는 곳마다 토지신이 보호하여, 가거나 머물거나 앉거나 누울 때에 모든 일이 언제나 안락하게 되고, 또 호랑이, 늑대, 사자와 같은 온갖 악독한 짐승들을 만나더라도 해를 입지 않게 되느니라."

부처님께서 관세음보살에게 계속하여 말씀하셨다.

부처님: "이 지장보살은 염부제에 큰 인연이 있으니 모든 중생들이 지장보살의 존상을 보고 명호를 들으면 그들이 얻는 이익은 백천 겁 동안 말하여도 다 할 수 없느니라. 그러므로 관세음보살이여, 그대는 신통력으로 이 경전을 유포하여 사바세계의 중생으로 하여금 백천만 겁토록 영원한 안락을 누리게 하라."

그때 부처님께옵서 게송으로 설하여 말씀하셨다.

부처님: "내가 이제 지장보살의 위신력을 보니

항하사 겁을 설하여도 다 말할 수 없네.

잠깐 동안 보고 듣고 공경 예배하여도
인간이나 천상에서 얻는 이익 한량없어라.

남자거나 여자거나 용이거나 신이거나
지은 복이 다하면 악도에 떨어지지만,
지극한 마음으로 지장존상께 귀의하면
수명은 늘어나고 모든 죄장은 남김없이 소멸되리라.

어려서 부모를 잃은 사람
부모님이 태어난 곳 어디인지 알 수 없고,
형제·자매 여러 친족 모두 흩어져
성장한 후에도 알지 못하네.

지장보살 거룩한 존상을 그리거나 조성하여
간절한 마음으로 쉬지 않고 우러러 절하면서
21일 동안 지장보살 명호를 지성으로 부르면,
지장보살 가없는 몸을 그의 앞에 나투시네.

그의 가족 태어난 곳 고루고루 보여주며
악도에 떨어진 자 모두모두 건져주며
만약 처음 마음(初心) 물러남 없이 정진하면
마땅히 성스러운 마정수기 받게 되리라.

어떤 사람 뜻을 세워 깨달음을 구하거나
삼계 속의 모든 고통 벗어나기 원하거든

마땅히 대비심을 내어서

먼저 거룩한 지장보살존상에 예배하라.

일체의 모든 소원 속히 성취되고

가로 막는 모든 업장들이 모두모두 사라지리라.

발심한 사람이 경전을 통달하여

모든 중생들을 피안의 언덕에 인도하려는

불가사의한 거룩한 원 세웠건만

경전을 읽고 또 읽어도 금방 잊어버리는 것은

자신 스스로 지은 업장과 미혹 때문에

거룩하고 위대하신 대승경전을 지송할 성품이 없는 것이

니라.

향과 꽃, 의복과 음식 등 모든 장엄구를

지장존상께 지극한 정성으로 공양 올리고

깨끗한 물 한 그릇 지장보살 전에 올려서

하루 낮과 하루 밤이 지난 뒤에 마실 때

깊은 믿음 일으켜서

오신채와 술과 고기 먹지 말고

사음과 거짓말과 살생을 하지 말며

21일간 동안 지장보살의 명호를 지성으로 염하라.

꿈속에서 대보살의 거룩하신 모습 보고 나면

눈과 귀가 모두 모두 밝아져서

이 경전의 가르침 귓전에만 지나가도

천만 생을 두고두고 길이길이 기억하니

이 모두는 지장보살의 불가사의한 위신력으로

이 사람을 일깨워서 지혜와 총명을 내려주기 때문이네.

가난하고 병이 많아 고생하는 중생

집안이 기울어져 가족들이 흩어지며

잠을 자면 꿈자리가 불안하고

구하는 것과 뜻하는 일 이루지 못하네.

지극한 마음으로

지장존상께 우러러 절하면

세상살이 나쁜 일은 모두 다 없어지고

꿈속에서도 모든 안락을 얻게 되며

옷과 음식 풍요롭고

착한 선신(善神)들이 보호하리라.

어쩌다가 험한 산과 험한 바다를 지나갈 때

사나운 짐승과 나쁜 사람들

나쁜 신과 나쁜 귀신, 또 사나운 바람

온갖 고통과 고난이 닥쳐와도

거룩하고 안온하신 지장보살 존상 앞에

일심으로 예배하고 지성으로 공양하면

어떤 산이나 바다에서도

모든 재난이 영원히 사라지리라.

관세음보살이여,

지극한 마음으로 내 말을 들어라.

지장보살의 무량한 위신력과 불가사의한 공덕

백천만 겁에도 다 말할 수 없나니

그대는 이 같은 지장보살의 위신력과 공덕을

널리널리 유포하여 알려라.

누구든지 지장보살의 명호를 듣거나

거룩한 존상에 우러러 절 올려

향과 꽃, 옷과 음식을 공양 올리면

백천 생에 뛰어난 즐거움을 누리리라.

만약 이 공덕을 법계에 회향하면,

끝내는 성불(成佛) 이뤄 생사(生死)에서 벗어나리라.

그러므로 관세음보살이여,

이러한 법을 잘 알아서

항하사 모든 국토에 이 경전을 널리 알려 펼지어다."

제13. 촉루인천품
[囑累人天品]

- 석가모니부처님께서, 사람과 하늘을 지장보살에게 부촉하시다 -

그때, 석가모니부처님께서 금빛 팔을 들어 지장보살마하살의 이마를 어루만지시며 이렇게 말씀하셨다.

석가모니부처님: "지장, 지장보살이여,

그대의 신력(神力)은 불가사의하도다.

그대의 자비(慈悲)는 불가사의하도다.

그대의 지혜(智慧)는 불가사의하도다.

그대의 변재(辯才)는 불가사의하도다.

시방의 모든 부처님이 그대의 그 불가사의한 공덕을 천만 겁 동안 찬탄하여도 다 말할 수 없느니라.

지장보살이여, 내가 오늘 이 도리천궁에서 백천만억의 말로는 다 표현할 수 없는 모든 부처님과 보살, 천신과 인간과 용, 팔부신중이 모인 크나큰 도리천궁의 이 법회에서 인간세상과 하늘의 모든 중생들 모두를 또 다시 그대에게 부촉하노라.

그대는 삼계의 불타는 집(三界火宅)에서 벗어나지 못하는 모든 중생들, 사람과 하늘 모든 중생들이 하루 낮 하루 밤이라도 악도에 떨어지지 않게 할 것인데, 하물며 오무간지옥이나 아비지옥에 떨어져 천만억 겁을 지내도 벗어날 기약이 없게 하겠느냐.

지장보살이여, 이 남염부제 중생들은 뜻과 성품이 정한 바가 없기에 악한 짓을 익히는 자가 많고, 비록 착한 마음을 내었다가도 곧 사라지며, 만약 악한 인연을 만난다면 생각 생각에 악이 더 늘어나니 이런 까닭에 나는 이 몸을 백천만억으로 나투어 중생의 근기와 성품에 따라 그들을 교화하고 제도하여 해탈을 얻게 하였느니라.

지장보살이여, 내가 이제 간곡히 인간과 천상의 무리들을 그대에게 부촉하노니, 만약 미래세의 인간세상과 천상의 선남자, 선여인이 불법 안에서 털끝 하나, 먼지 한 티끌, 모래 한 알, 물 한 방울만한 작은 선근(善根)이라도 심으면 그대는 도력(道力)으로써 이 사람을 보호하여 점점 위없는 도를 닦도록 하여 선근과 진리(眞理)에서 물러섬이 없도록 하라.

지장보살이여, 미래세에 하늘 사람이나 세상 사람이 지은 업에 따라 과보를 받아 악도에 떨어지는 자가 있거든, 그대는 그가 떨어진 곳에 나아가라. 그리고 모든 중생들이 지옥문에 이르러서 만약 한 부처님, 한 보살의 명호나 대승경전의 한 구절, 한 게송만이라도 외운다면, 이 모든 중생들을 신통력과 방편으로써 구출하여 고통에서 벗어나게 하되, 그 사람이 있는 곳에 무변신(無邊身)의 몸을 나타내어서 지옥을 부수고 천상에 태어나도록 하여 뛰어난 즐거움과 승묘한 낙을 누리게 하라."

부처님께서 다시 게송으로 말씀하셨다.

"현재와 미래의 모든 중생을
내 이제 지장보살에게 부촉하노니
그대는 큰 신통과 큰 방편으로
중생들을 제도하여
악도에 떨어지지 않도록 하라."

이때 지장보살마하살이 무릎 꿇어 합장하고 부처님께 아뢰었다.

지장보살: "부처님이시여, 염려하지 마시옵소서. 만약 미래세에 선남자 선여인이 불법에 대해 한 생각의 공경심만 일으켜도, 저는 백천 가지의 방편으로 이 사람을 제도

하여 나고 죽음에서 속히 벗어나 해탈을 얻게 하겠습니다. 하물며 여러 가지 착한 일들을 듣고 생각 생각에 수행(修行)을 닦아 가는 사람들이야 말할 나위가 있겠나이까. 이 사람은 자연히 바르고 원만한 깨달음에서 영원히 물러서지 않게 될 것이옵니다."

부처님께서 이 말씀을 하실 때 법회에 참석하였던 허공장(虛空藏)보살이 부처님께 아뢰었다.

허공장보살: "세존이시여, 제가 이 도리천에 이르러 부처님께서 지장보살의 불가사의한 위신력을 찬탄하시는 것을 잘 들었나이다. 만약 미래세에 선남자 선여인과 모든 하늘사람, 용신 등이 이 경전과 지장보살의 명호를 듣거나 지장보살의 존상을 보고 우러러 예배한다면 몇 가지의 복과 이익을 얻게 되나이까?

바라옵건대 부처님이시여, 현재와 미래의 모든 중생들을 위하여 이에 대해 간략히 말씀하여 주시옵소서."

부처님께서 허공장보살에게 말씀하셨다.

부처님: "자세히 듣고 자세히 들어라. 내가 그대를 위하여 구분하여 설(說)하리라. 만약 미래세의 선남자 선여인이 지장보살의 존상을 보거나 이 경전을 듣거나 나아가서는 독송하고, 향, 꽃, 음식, 의복, 보물 등을 보시하여 공양을 올리며 찬탄하고 우러러 예배하면 마땅히 스물여덟 가

지의 이익(利益)을 얻게 되느니라.

1. 하늘과 용이 항상 지켜줄 것이요,

2. 좋은 과보가 날로 늘어남이요,

3. 거룩한 법과 성인들과 좋은 인연을 만날 것이요,

4. 깨달음을 얻으려는 마음, 보리도에서 물러서지 않을
   것이요,

5. 먹고 입을 것이 풍족할 것이요,

6. 질병이 침범하지 못할 것이요,

7. 수재와 화재의 재앙을 만나지 않을 것이요,

8. 도적의 액난이 없을 것이요,

9. 사람들이 보고 흠모하여 공경할 것이요,

10. 귀신들이 돕고 지켜줄 것이요,

11. 여자는 다음 생에 남자로 태어날 것이요,

12. 여자라면 임금이나 대신의 딸이 될 것이요,

13. 용모가 단정하고 빼어날 것이요,

14. 천상에 많이 태어날 것이요,

15. 제왕으로 태어날 것이요,

16. 숙명통을 얻을 것이요,

17. 구하는 바를 뜻과 같이 이루게 될 것이요,

18. 가족 친척들이 모두 화목할 것이요,

19. 모든 횡액이 소멸될 것이요,

20. 나쁜 업의 길이 영원히 없어질 것이요,

21. 가는 곳마다 막힘이 없을 것이요,

22. 밤에는 꿈이 편안할 것이요,

23. 먼저 돌아가신 선망 부모 권속 등이 고통에서 벗어날 것이요,

24. 다시 태어날 때 복을 타고 태어날 것이요,

25. 모든 성현이 찬탄할 것이요,

26. 총명하고 근기가 수승할 것이요,

27. 인자하고 가엾이 여기는 마음이 넉넉하며, 대중에 대한 자비심이 충만할 것이요,

28. 필경에는 부처를 이루는 것이니라.

허공장보살이여, 또한 현재와 미래에 하늘, 용, 귀신 등이 지장보살의 명호를 듣거나 지장보살의 존상에 예배하거나, 혹 지장보살의 본원(本願)에 대한 일을 듣고 수행(修行)하며 찬탄(贊嘆)하고 예배(禮拜)하면 다음 일곱 가지의 이익(利益)을 얻게 되느니라.

1. 속히 성현의 지위에 오르며,

2. 악업이 소멸되며,

3. 모든 부처님이 지켜주시며,

4. 깨달음의 길에서 물러서지 아니하며,

5. 본원력이 더욱 커지며,

6. 숙명통을 얻을 것이며,

7. 필경에는 부처를 이루는 것이니라.”

그때 시방 여러 곳에서 오신, 말로는 이루 다할 수 없는 모든 부처님들과, 대보살들과 하늘사람, 용신 등의 팔부신중이 석가모니 부처님께서 지장보살의 불가사의한 큰 위신력을 더 높이높이 찬탄하시는 것을 듣고, 모두가 일찍이 없었던 일이라며 찬탄과 감탄을 금치 못하였다.

이때 도리천에 한량없는 향과 꽃과 하늘 옷과 보배 구슬이 비 오듯 내려 석가모니 부처님과 대원본존지장보살께 공양하기를 마치고, 이 법회에 참석한 일체 대중들 모두가 다시 우러러 예경하고 합장하여 물러갔다.

- 끝 -

나를 찾는 부처님의 위대한 가르침

대자대비 대원본존 지장보살마하살　나무아미타불　대자대비 구고구난 관세음보살마하살

칠성님　　나반존자·독성님　　염라대왕님　　신중단

지장보살 멸정업진언

(지장보살님의 가피력으로 죄업을 소멸하고 정화시키는 장엄하고
불가사의한 지장보살님의 진언)

옴 바라 마니 다니 사바하 (3번)

"대개 남염부제 중생으로서 몸을 움직이고 생각하는 것이
업 아닌 것이 없고 죄 아닌 것이 없는데…"
(석가모니부처님께서 보광보살에게 죄와 관련한 설법편)
-제6품 여래찬탄품(부처님께서 지장보살의 복덕과 위신력을 찬탄)-

"세존이시여, 제가 염부제의 중생들을 보니, 그들이 발을 내딛고 생각을
일으키는 모든 것이 죄 아닌 것이 없나이다…"
(지장보살님께서 석가모니부처님께 일체 중생들의 죄가 많고 많음을 말씀드림)
- 제7품 이익존망품 (산 사람과 죽은 사람 모두에게 이익이 되는 가르치심) -

지장보살님 전 지심참회 기도문

- 모든 중생의 무량한 이익과 행복,

부처님법 상속과 극락왕생을 위하여 불가사의하옵신 지장보살님 전

지심참회 기도 지성으로 올리옵니다 -

저는 오늘도 모든 삶을, 중생들이 이익되는

행복한 심법(心法) 수행으로 살겠습니다.

정구업진언

(구업을 청정케 하는 진언)

수리 수리 마하수리 수수리 사바하 (3번)

오방내외안위제신진언

(오방내외 신중님을 편안하게 모시는 진언)

나무 사만다 못다남 옴 도로도로 지미 사바하 (3번)

개경게

(경전을 펴는 게송)

무상심심미묘법 백천만겁난조우

아금문견득수지 원해여래진실의

개법장진언

(법장을 여는 진언)

옴 아라남 아라다 (3번)

삼귀의 계 (세 의지처, 띠 사라나아)

거룩하고 위대하시며 불가사의하신 부처님께 지심귀의 하옵니다.
거룩하고 위대하시며 불가사의하신
부처님의 가르침에 지심귀의 하옵니다.
거룩하고 위대하신 부처님의 가르침을 따르는

거룩하신 스님들께 지심귀의 하옵니다.

기도 축원

나무 남방화주 유명교주 대원본존 지장보살마하살님이시여,
시방삼세부처님 · 불보살님이시여,
지성기도 · 재물정성공양 · 마음으로 관상한 보물공양 ·
보시 · 독송 · 사경 · 부처님의 위대한 명호정근 ·
거룩하신 지장보살님존상 그려모심 ·
저의 한 목숨과 육신 (身) 공양 ·
수행 등의 모든 공덕을

선망부모 · 가족 · 7대 선망조상,
인연 · 유주 무주 고혼 일체영가의 극락왕생 천도기도 성불성취와,
중생들의 부처님법 상속과 무량이익 · 무량한 행복,
성불을 위하여
대자대비 대원본존 지장보살님 전 지심참회기도 지성으로 바치옵니다.

대자대비 하옵신 대원본존 지장보살님이시여, 시방삼세 부처님이시여,
불가사의 하옵신 가호와 가피력을 내리시어
이 죄업 중생들의 업장을 녹여 주시옵고,
대 위신력과 큰 방편과 큰 신통력으로
중생들의 모든 소원과
거룩하고 위대하시며 불가사의하옵신
'지장보살본원경' · '나를 찾는 부처님의 위대한 가르침'

대불사 원만 성취케 하시옵소서.

나무 대원본존 지장왕보살님 · 제불보살님 · 무량수 무량광 나무아미타불

참 회 (懺悔)

지혜(智慧)로운 사람이라면
은혜(恩惠)로 보시(布施)하여 성현(聖賢)의 칭찬을 받나니
깨끗한 마음으로 교만(驕慢)하지 말라.

의사가 온갖 약을 써도 죽음을 막을 수 없고
친척(親戚)들이 몰려와, 재물(財物) 둔 곳을 물어도
듣지도 말할 수도 없느니라.

사람이 죽어 무덤으로 돌아갈 때는
재물(財物)과 친족(親族)은 흩어지고
자신(自身)이 살아서 닦은 업(業)만이 남나니
부디 선행(善行)을 쌓을지어다.

아무리 큰 죄를 지었더라도
참회(懺悔)하고 뉘우치면 허물은 엷어져서
악(惡)의 근본(根本)은 사라지느니라.

자신(自身)이 지은 악업(惡業)을 벗어나게 할 사람은
부모도 아니요, 형제도 아니며,
아내도 아니고, 남편도 아니며,
속세의 높은 권력이나 돈도 아니며,
금은보화나 수천 개의 다이아몬드 재물도 아니니라.

- 〈중일아함경〉 제51 -

지장보살님 10선계

(지장보살님 10선계의 위대하신 가르치심을 지성으로 발원하옵니다)

1. 저는 살생하지 않는 수행을 통해서
   그 공덕으로 사람들이 건강하게 오래 살기를 염원합니다.

2. 저는 도둑질을 하지 않는 수행을 통해서
   그 공덕으로 사람들이 필요로 하는 재물을 얻을 수 있기를 염원합니다.

3. 저는 음란한 짓을 하지 않는 수행을 통해서
   그 공덕으로 사람들의 몸과 마음에 기갈이 생기지 않기를 염원합니다.

4. 저는 속이지 않는 수행을 통해서
   그 공덕으로 사람들이 진실을 말하고 마음의 평정을 얻기를 염원합니다.

5. 저는 이간질을 하지 않는 수행을 통해서
   그 공덕으로 사람들이 항상 화합하여 기쁨을 나누기를 염원합니다.

6. 저는 나쁜 말을 하지 않는 수행을 통해서
   그 공덕으로 사람들의 마음이 평안하여 산란해지지 않기를 염원합니다.

7. 저는 잡담하지 않는 수행을 통해서
   그 공덕으로 사람들이 여러 가지 곤란을 당하는 일이 없기를 염원합니다.

8. 저는 탐내지 않는 수행을 통해서
   그 공덕으로 사람들이 마음의 방황을 멈추고 진실한 평안을 얻기를 염원합니다.

9. 저는 성내지 않는 수행을 통해서
   그 공덕으로 사람들이 서로 용서하고 자비를 베풀 것을 염원합니다.

10. 저는 어리석은 짓을 하지 않는 수행을 통해서
    그 공덕으로 사람들이 인과를 무시하는 그릇된 생각이 생기지 않기
    를 염원합니다.

저는 오늘도 대원본존 지장보살님 10선계의 위대하신 가르치심을

지장보살님의 가호와 가피력으로

청정무구한 자성(自性)의 마음밭에 보리의 인(因)으로 심어,

참 나(我)를 찾는 바름의 성품 수행,

불가사의한 자성 삼신불(自性三身佛)의 깨어남·귀의 수행,

참된 깨달음을 이루는 진리의 수행,

반야의 지혜,

자비의 실천수행으로,

현상계 대상경계 일체의 경계(所)로부터 입류망소케 하시옵소서.

대자비로 세세생생 모든 중생의 부처님법 상속,

무량한 이익과 무량 행복,

서방정토 극락왕생의 성불을 위하여

이 한 목숨 지장왕보살마하살님 전에 바쳐,

지성으로 대원력 발원하옵니다.

나무 남방화주 대원본존 지장보살마하살
나무 유명교주 대원본존 지장보살마하살
나무 대자대비 대원본존 지장보살마하살

십 악 참 회

(열 가지 악업과 모든 죄업을 진 참회 하옵니다)

나무 남방화주 유명교주 대원본존 지장왕보살마하살님 !

무릎 꿇어 눈물과 참회로 합장 예배 올려,

하나같이 탐·진·치로 말미암아 생기었고,

다겁생과 사람되어 몸(身業)과 입(口業)과 뜻(意業)을 따라

무명으로 지었던, 백천 가지의 죄를

지금 모두 진심으로 참회하여,

대자대비하옵신 대원본존 지장보살마하살님·삼세 제불보살님께,

잘못 살고, 잘못하고, 잘못했습니다.

간절한 마음으로

두 발 아래, 땅에 머리대고 절 올려 참회 하옵나이다.

삼보님께 지은 죄를 지금 모두 진 참회 하옵고,

스승님께 지은 죄를 지금 모두 진 참회 하옵고,

부모님께 지은 죄를 지금 모두 진 참회 하옵고,

형제간에 지은 죄를 지금 모두 진 참회 하옵고,

가족간에 지은 죄를 지금 모두 진 참회 하옵니다.

친척간에,

친구간에,

이웃간에,

나라에 지은 죄,

잡담과 마음으로 지은 죄를 지금 모두 진 참회 하옵고,

살생하여 지은 중죄를 지금 모두 진 참회 하옵니다.

도둑질로 지은 중죄를 지금 모두 진 참회 하옵고,

사음으로 지은 중죄를 지금 모두 진 참회 하옵고,

거짓말로 지은 중죄를 지금 모두 진 참회 하옵고,

꾸민말로 지은 중죄를 지금 모두 진 참회 하옵고,

이간질로 지은 중죄를 지금 모두 진 참회 하옵고,

악한말로 지은 중죄를 지금 모두 진 참회 하옵고,

탐욕으로 지은 중죄를 지금 모두 진 참회 하옵고,

성냄으로 지은 중죄를 지금 모두 진 참회 하옵고,

어리석어 지은 중죄와,

인연중생 방생 못한 중죄,

상(相), 자만(自慢)과 아집(我執),

잔소리의 말(言)과 다언(多言), 욕언(辱言)의 중죄,

죄가 죄인 줄도 알게 모르게 지은 중죄와

제가 이제까지 지은 모든 죄를

나무 지장원찬 23존 제위여래부처님, 대원본존 지장보살마하살님,

시방 삼세 일체 제불보살님 전에,

지극한 마음과 이 육신(身)과 한 목숨 부처님 전에 바쳐,

지금 모두 진 참회 하옵니다.

잘못 살고 잘못한 진 참회 대자비로 도와 주시옵고,

애민섭수 하옵시어, 용서하여 주시옵소서.

모진 악업 나쁜 번뇌 녹아버리고,

세세생생 보살도를 닦아지이다.

나무 천상천하 유아독존 (지극한 마음 염불)

나무 석가모니불

나무 석가모니불

나무 시아본사 석가모니불

참회진언

(모든 죄업을 진 참회하고 뉘우치는 진언)

옴 살바 못자 모지 사다야 사바하 (7번)

지장보살 멸정업진언

(지장보살님의 가피력으로 모든 죄업을 소멸시켜 주시는 장엄하고
불가사의한 진언)

옴 바라 마니 다니 사바하   (7번)

발보리심 진언

옴 보디지땀 우뜨 빠다야미 (3번)

지장보살 심주

(지장보살님의 마음을 나타내는 진언)

옴 염만타라 사바하 (3번)

지장보살 이익일체중생 진언

(지장보살님께서 모든 중생을 이롭게 하시는 진언)

옴 암마타 암마니 구필구필 사만다 사바하 (3번)

해 원결진언

(解 怨結眞言)

(풀어내지 못한 모든 원한을 풀어주는 진언)

옴 삼다라 가닥 사바하   (3번)

결정왕생 정토진언

(決定往生 淨土眞言)

(반드시 극락정토에 태어나겠다는 서원을 세우고 다짐하는 진언)

나무 사만다 못다남 옴 아마리 다바베 사바하   (3번)

용 서

저로 인하여 고통받은 모든 사람·인연 중생들에게,

부끄럽고 죄스러워,

무릎 꿇어 사죄하는 진 참회로,

잘못 살고 잘못한 모든 죄를,

땅에 엎드려 절 올려 간절한 마음으로

용서를 구하옵나니,

저로 인하여 받은 상처와 모든 고통 저에게 주시옵고,

이제, 대자비로 용서하시어,

모든 분들의 무량한 이익과 행복, 성불을 위하여

저, 한 목숨 바쳐 시방 법계 회향 하옵니다.

금강살타 백자왕진언

옴 벤자 사또 사마야 마누 빨라야 벤자 사또메노빠 띠챠 지죠 메바와
수또 카요 메바와 수뽀카요 메바와 아누락또 메바와 사르와
씨띠 메짜 야짜 사르와 까르마 수짜메 지땀 시리얌 꾸루훔
하하하하호
바가완 사르와 따타가따 벤자 마메 무짜 벤자 바와 마하사마야
사또 아   (21번)

금강살타는 참회보살님으로서, 백 자로 이루어진 주문의 왕 진언이며,
모든 제불여래(諸佛如來) 마음의 구극의 심수이기에 특히 깨달음의 길
을 가는 수행자가 서원이 퇴실되거나 분별의 장애나 나쁜 습기로 인
해 수행에 들어가지 못할 때, 이를 남김없이 정화할 수 있는 위대한
진언으로서, 이 진언을 보통 21번 염송하면, 그 날 하루 지은 죄업은
다 소멸된다고 함.

광 명 진 언 (光明眞言)

(다섯 부처님·불보살님께서 대광명을 발하시여 일체 중생의 모든 죄업을
소멸시켜 극락세계로 인도하시는 장엄진언)

옴 아모카 바이로차나 마하무드라 마니 파드마
즈바라 프라바를 타야
훔 (3번)

십악 오역의 중죄를 지은 사람이 두서너 번 듣기만 하여도
모든 죄업이 다 소멸 하나니라.

'옴' 은 모든 진언의 근본음이고, 귀의의 뜻이며,

'아모카'는 중생의 마음에 항상 계시는 부처님의 명호로 중생을 위하여
사바세계에 모습을 천백억화신으로 나타내시어 교화하시는 석
가모니불을 가리킨다.

'바이로차나'는 중생 마음의 중앙에 항상 계신 청정법신 비로자나불의
명호이다. 비로자나불은 법계체성지의 덕에 머무르며 일체 천지
만물 속에 내재하는 불심으로 사람을 포함한 온갖 삼라만상의
근원이다.

'마하무드라'는 중생 마음의 동방에 항상 계신 아촉불의 명호로, 아촉
불은 대원경지의 덕에 머무르며 우주법계의 만상을 명료하게
조견하고 중생의 번뇌를 퇴치하여 모든 중생이 본래 갖추고
있는 보리심을 발하여 해탈케 하시는 부처님이시다.

'마니'는 중생 마음의 남방에 항상 계신 보생불의 명호로, 보생불은
평등성지의 덕에 머무르며 마니보 복덕취 공덕으로 능히 일체
중생의 소원을 원만하게 성취해 주시는 부처님이시다.

'파드마'는 중생 마음의 서방에 항상 계신 아미타불의 명호로, 아미타불
은 묘관찰지의 덕에 머무르며 중생을 위하여 설법하여 의심을
끊게 하고, 대자비로 일체 중생을 섭수하여 극락정토로 이끄시
는 부처님이시다.

'즈바라 프라바를타야'는 '부처님의 광명이여! 그 빛을 발하소서'라는 뜻
이다.

'훔'은 진언을 마무리 짓는 근본음이며, 훔자를 외울 때는 다섯 부처
님의 지혜광명이 자신 안에서 완성된 모습을 마음에 그리면서
모든 부처님들께 지극한 감사와 귀의를 다짐한다.

"만일 중생이 이 진언을 두 번이나 세 번, 또는 일곱 번을 귀로 듣기만
하여도 모든 죄업이 없어지게 된다. 또 중생이 십악과 사역죄와 사중죄를
지어 죽은 다음 악도에 떨어질지라도 이 진언을 외우면 능히 해탈을 얻을
수 있다. 특히 그릇에 흙이나 모래를 담아 놓고 이 진언을 108번 외워 그
모래를 시신 위에 흩거나 묘지 또는 묘탑 위에 흩어주면 비로자나부처님의
광명이 망인에게 이르러 모든 죄업을 소멸시켜 줄 뿐 아니라, 서방 극락
세계의 연화대로 인도하게 된다." (원효/유심안락도)

실제로 원효대사는 항상 가지고 다니던 바가지에 강변의 깨끗한 모래를 담아 광
명진언을 108번 외운 다음, 모래를 묘지나 시신 위에 뿌려 영가를 천도했다고 한다.

광명진언 (光明眞言)

옴 아모카 바이로차나 마하무드라
마니 파드마 스바라 프라바를 타야 훔

옴 아모카 바이로차나 마하무드라
마니 파드마 스바라 프라바를 타야 훔

옴 아모카 바이로차나 마하무드라
마니 파드마 스바라 프라바를 타야 훔

옴 아모카 바이로차나 마하무드라
마니 파드마 스바라 프라바를 타야 훔

옴 아모카 바이로차나 마하무드라
마니 파드마 스바라 프라바를 타야 훔

옴 아모카 바이로차나 마하무드라
마니 파드마 스바라 프라바를 타야 훔

옴 아모카 바이로차나 마하무드라
마니 파드마 스바라 프라바를 타야 훔

옴 아모카 바이로차나 마하무드라
마니 파드마 스바라 프라바를 타야 훔

옴 아모카 바이로차나 마하무드라
마니 파드마 스바라 프라바를 타야 훔

옴 아모카 바이로차나 마하무드라
마니 파드마 스바라 프라바를 타야 훔

옴 아모카 바이로차나 마하무드라
마니 파드마 스바라 프라바를 타야 훔

옴 아모카 바이로차나 마하무드라
마니 파드마 스바라 프라바를 타야 훔

度佑 合掌

거룩하고 위대하시며 불가사의 하신
대원본존 지장보살님 존상 무술년 대련삼 여름 慶佑 合掌

지장보살 츰부다라니

"츰부다라니는 구족수화 길상 광명 대기명주 총지장구로서,
츰부다라니는,
모든 번뇌를 맑혀 주고,
싸움을 종식시키고,
나쁜 생각을 없애준다.
모든 희망을 이루어주고,
모든 곡식을 영글게 하며,
모든 부처님의 가호를 받게 해주며,
모든 보살님의 가호를 받게 해준다"고
지장보살님께서 츰부다라니를 설하신 연유를 지장십륜경 서품에서 밝히신,
장엄하고 위대하시며 불가사의한 다라니.

츰부 츰부 츰츰부 아가셔츰부 바결랍츰부 암발랍츰부 비라츰부
발절랍츰부 아루가츰부 담뭐츰부 살더뭐츰부 살더닐하뭐츰부 비
바루가찰붜츰부 우붜셤뭐츰부 내여나츰부 뷜랄여삼므디랄나츰부
찰나츰부 비실바리여츰부 셔살더랄바츰부 비어자수재 맘히리 담
미 셤미 잡결랍시 잡결랍뭐스리 치리시리 결랄붜뷜러발랄디 히리
벌랄비 뮐랄저러니달니 헐랄달니 붜러 져져져져 히리미리 이결타
탑기 탑규루 탈리 탈리 미리뭐대 더대구리 미리 앙규즈더비 얼
리기리 붜러기리 규차셤미리 징기 둔기 둔규리 후루 후루 후루
규루술두미리 미리디 미리대 붠자더 허러 히리 후루 후루루

지장보살 츰부다라니

공덕 다라니의 거룩한 힘 중생 고통 멸해주고, 다라니의 거룩한 힘 싸우는 곳 화합하며,
다라니의 거룩한 힘 악한 생각 고쳐주고, 다라니의 거룩한 힘 흐린 영육 밝혀주며,
다라니의 거룩한 힘 탁한 것을 맑혀주고,
다라니의 거룩한 힘 삿된 기운 바꿔주며,
다라니의 거룩한 힘 온갖 희망 채워주고,
다라니의 거룩한 힘 모든 사업 이뤄주며,
다라니의 거룩한 힘 부처님과 보살님의 신묘하신 가피력을 모두 입게 해주시네.

지장보살님 대다라니 펼쳐지고 베푸는 곳 가피 구름 몰려오고, 가릉빙가 범음 들로 가득하게 장엄되네.

우담바라 꽃비 오고 공덕 향기 넘쳐나니, 수만 중생들 기뻐하네.

높고 높은 부처님께서 지장보살 대원력을 찬탄하시네.

지장왕은 거룩한 대장부요 크나크신 스승이라.

허공들이 일체 것을 수용하듯 지장왕도 일체 중생 수용하네.

한량없는 모든 복덕 두루 갖추시어 중생에게 기쁜 낙을 베푸시고
모든 고통 없애주시네.

끝이 없는 자비광명 가지가지 꽃비 내리시어 내 앞이 바로 공양터라네.

천상의 제석천왕 부처님께 나아가 지장왕의 참 공덕을 찬탄하고 찬양하네.

"지장보살 대성인은 칠보들이 가득 담긴 창고이고, 걸림 없고 두려움 없는 부처님의 음성이며, 중생들을 인도하는 보살들의 으뜸이라. 겁 많은 자 위하여 의지처가 되고 밝은 달 같으셔서 길을 밝히며 모든 생명 갈무린 대지와 같고 미혹들을 깨뜨림은 금강과 같네. 공덕 가피 중생에게 능히 베풀고 온갖 갈등 물과 같이 흘려보내며 타는 번뇌 더위에는 얼음산 되고 중생의 병 고치기는 의사와 같네. 하루 동안 지장보살 명호 부르면 많은 세월 다른 보살 부름보다 공덕 뛰어나서 속히 성취되네. 중생들이 과거세 악업 때문에 전쟁 질병 어리석은 수레를 타고 서로서로 돌아가며 해치더라도 지장보살 공양하고 찬탄하는 자 인욕심과 자비심에 머물게 하네. 복된 공덕 닦는 것을 즐거워하고 옳고 바른 인생관을 구할 때에 그 소망들 모두 이루게 하네. 자식 얻고 의식주를 구할 때에 지장보살 공양하고 찬탄하면 구하는 바 모든 소망 이루어지리."

여러 가지 번뇌 망상과 탐·진·치로 덮히어 열 가지의 악업들을 행한 자라도 지장보살 공양하고 찬탄하면 번뇌 악업 모두 소멸되리라.

부처·보살·염라왕에 옥졸들까지 가지가지 모습으로 나타나시어 어리석은 모든 중생 성숙케 하네.

지장보살 참 공덕과 위신력들을 어찌 다 말로 표현할 수 있으랴.
그리하여 저희들 모두는
시방세계 항상 계신 거룩하신 지장불께 귀의하옵니다.
시방세계 항상 계신 거룩하신 지장법께 귀의하옵니다.
시방세계 항상 계신 거룩하신 지장승께 귀의하옵니다.
시방세계 항상 계신 덕 높으신 스승님께 귀의하옵니다.

※ 지장보살 다라니 수행은 수행자 각각의 인연과 근기 따라 택일하여, 108독 등을 지성으로 염송하시기 바랍니다.

지장보살 수풍마니궁다라니
(地藏菩薩 水風摩尼宮陀羅尼)

나모라 다나다라 야야 나막아리야 크시티카르바야 모지사다바야

마하사다바야 마하가로니가야 다냐타 소바라바라뎨 나야바라뎨톄

사타바라뎨 아나바라뎨 사바다갈라바라뎨 사나라바라뎨

구모니바라뎨 산디라바라뎨 톄타사라바라뎨 사라바라뎨

사라바리하리 사라바라다 바리하리나야바리하리 비비가바리하리

야야바리하리 소바라바리하리 빈두바리하리 자라바리하리

게다라바리하리 트사바리하리 산니마바리하리 소바바바디리

구마야바 미타소계 아나야바로서 미라발리 아라나쿠사카라 비자비

나라연나비심림비 우라사아니미사궁자라바 호미 하자임비

갈마비라리사라마나바리리 카가라가사미아시나미 아기니바뎨리

낭구탐비리 바야차바유니칸타임비리 석가라시야에아나치디뎨리

나야나니리 뎨리야두바몯아하디자슬치뎨 사바하(수행자 이름과 법명)

사바하 나라연나 니라니사바하 자가라발다가라미 사바하

◉ 이상은 한글대장경 발음

[출처] 무통(불교·철학박사), 지장보살신앙연구, 지장보살다라니수행법
박사논문, 2012년.

지장보살 마도대다라니
(地藏菩薩 磨刀大陀羅尼)

나모라 다나다라 야야 나막아리야 크시티카르바야 모지사다바야
마하사다바야 마하가로니가야 다냐타 나비마하나비 초하라비
아비구나비 싱수사나나비 비하자카비 아바라모니 다로나호로혜
나타 바데 리자바도미마라 바데 데미라바데 리건다네리아례
자초바사카나 비미기데도상 사바하 앙구라기 사바하 베소바야미
사바하 바라임비 사바하 살지야도혜 사바하 사리라
나바가라마비사사바하

◉ 이상은 한글대장경 발음

지장보살 당장대다라니
(地藏菩薩 幢杖大陀羅尼)

나모라 다나다라 야야 나막아리야 크시티카르바야 모지사다바야
마하사다바야 마하가로니가야 다냐타 붕가바마데아노바 마데기다라부
혁바나건디 구나마기례 마차노례 교하라나디 나사바미 반타하라수미
비가라기리미 로혜다하라비 녕가라소 바가나 자리니안타
자서리가바부서 계사로혜 사마디두바리 사바하
차 다라니구 (수행자 법명 본명) 옹호령이포외 사바하

◉ 이상은 한글대장경 발음

무량수여래근본다라니
(無量壽如來根本陀羅尼)

나모라트나트라야야 나맣아랴 미타바야 타타가타야 아르하테
사맣삼붇다야 타댜타 옴 아므르테 아므르토 드바베 아므
르타삼바볘 아므르타가르볘 아므르타싣데 아므르타테제
아므르타비흐림테 아므르타비흐림타가미네 아므르타가가
나키티카레 아므르타둠누비스바레 사르바르타사다네 사
르바카르마 크레 삭사얌카레 스바하

중덕구경기별주술다라니신주
(衆德究竟記莂呪術陀羅尼神呪)

나모라 다나다라 야야 나막아리야 크시티카르바야 모지사다바야
마하사다바야 마하가로니가야 다냐타
촉부 촉부 촉촉부 아함촉부 바타가라촉부 암라촉부 비라촉부 바사라촉부
아로가촉부 달마촉부 바타마촉부 바제야니리가라촉부 비바노가차마촉부
우바사마촉부 나야나촉부 사나사모치라나 촉부촉부촉부 비니리야나촉부
사다바촉부 사차수치 마혜리 타미 사미 자가라사 자가마사리차리 혜례
가라사라사제 가리바라볘 바자라바타네 나자타네 바라 자자자 혜리 마리
이가타타선 타구루 타리 사리미리 마차 다차구리 미리 앙구지다비
알리지리 바라지리 구타고바리 진지진 진구리 휴루휴루휴루
구류황미리미리차 바다바다 라규규리 노류노루류
바바사비 슈단녜 사바하 마하부다 루가사 비뉴녜사바하 가루사라사비
슈단녜사바하 가루사오사비 슈단녜사바하 살바아사파리 부라단녜사바하
살바사사 야삼바타니사바하 살바다타 가다아권디사바아 살바보리살타
아권디 아누무지디사바하

◉ 이상은 한글대장경 발음

대 보루각다라니
(大寶樓閣多羅尼)

나맣 사르바 타타가타남 옴 비푸라가르베 마니프라베

타타타 니다르사네 마니마니 수프라베 비마레 사가라 감비레

훔훔 즈바라즈바라 붇다비로키테 구햐디스티타 가르베 스바하

지장보살 위대한 명호 정근

(지극한 정성과 지극한 마음으로 행주좌와 지성 정근)

나무 남방화주 유명교주 대자대비 대원본존 지장보살마하살

나무 대원본존 지장보살

나무 지장보살

지장보살 · · · (수행자의 시간에 따라 정근함)

나무 지장보살

지장대성위신력 항하사겁설난진 견문첨례일념간

이익인천무량사 고아일심 귀명정례

원성취진언

(대원 성취를 발원하는 진언)

옴 아모카 살바다라 사다야 시베 훔 (3번)

보궐진언

(불공의 공덕을 더욱 확실히 성취 하도록 빠진 것을 채워 주는 진언)

옴 호로호로 사야모케 사바하 (3번)

정삼업진언

(삼업을 깨끗이 하는 진언)

옴 사바바바 수다살바 달마 사바바바 수도함 (3번)

보회향진언

(헌공의 공덕을 널리 회향하는 진언)

옴 삼마라 삼마라 미만나 사라마하 자거라 바 훔 (3번)

대원력 (大願力) 발원문

거룩하고 위대하시며 불가사의하옵신
나무 지장원찬 23존 제위여래부처님이시여 !

나무 대자대비 대원본존 지장왕보살마하살님이시여 !
나무 거룩하고 위대하시며 불가사의하옵신
시방삼세 부처님 · 제불보살님이시여 !

대위신력과 자비 광명으로 제가 지은
모든 죄와 업장이 진참회로 소멸케 하옵소서.

광대무변한 허공 같은 청정무구한 마음(心法)이
참된 성품의 나(我)임을 자각케 하옵소서.

불가사의 자성(自性)의 삼신불(三身佛)에 귀의,
깨어나게 하옵소서.

현상계 대상경계, 일체의 경계(所)로부터
입류망소(入流亡所)케 하옵소서.
시방삼세 부처님 · 일체 불보살님의 가호(加護)와 가피력(加被力)으로,
중생을 부처님법 상속, 무량한 이익과 무량행복,
일체 영가의 서방정토 극락왕생 성불을 더 큰 원력으로 지성발원 하옵나니,
인연중생 일체를 대원만 성취케 구제하옵소서.

나무 남방화주 유명교주 대원본존 지장보살마하살
나무 나를 찾는 부처님의 위대한 가르침
나무 지장보살본원경
나무 구문지본존 허공장보살마하살
나무 대방광불화엄경
나무 마하반야바라밀
무량수 무량광 나무아미타불

공덕 회향발원

대자대비 원력으로 일체 중생 구제와 천도에
무량한 몸을 나투시는
불가사의 권능자이신 대원본존 지장보살마하살님이시여,
대성인로왕보살마하살님, 삼세 일체 불보살님이시여,

향과 등불 공양 올리옵고,
정성어린 재물 공양,
육신(身) 공양,
마음속 보물 공양과 지성기도 등,
모든 공덕을
시방 삼세부처님 · 제불보살님, 부처님의 가르치심,
선지식스승님의 가르치심, 거룩하신 스님들께 올리어서,

본관 (   ) (   )씨 집안 효행자 (   )생 (수행자 법명 본명),
재가불자, 대승불자, 참회행자, 지장행자,
선망부모 (직계 가족들 이름) · 가족 · 7대선망조상,
인연 · 유주 무주 고혼 일체 영가의 서방정토 극락세계
상품상생 천도 지성기도의 성불 성취와
인연 중생의 무량 이익 · 무량한 행복과
부처님법의 상속 대 원만성취 회향되도록 참회와 발원 드리오며,
선근증장에 일념 정진하고자 하는
저희 예경 받으시고,
가피력을 내리시어 온 법계의 모든 중생
너도나도 모두 함께 무상불도 이뤄지길 간절히 원하옵고,
이 한 몸(身)과 한 목숨 바쳐 법계 회향 하옵니다.

원이차공덕 보급어일체 아등여중생
당생극락국 동견무량수 개공성불도

나무 나를 찾는 부처님의 위대한 가르침
나무 대방광불화엄경 나무 마하반야바라밀

나무석가모니불   나무석가모니불
나무시아본사 석가모니불

법 성 게 (法性偈)

법성원융무이상	法性圓融無二相
제법부동본래적	諸法不動本來寂
무명무상절일체	無名無相絶一切
증지소지비여경	證智所知非餘境
진성심심극미묘	眞性甚深極微妙
불수자성수연성	不守自性隨緣成
일중일체다중일	一中一切多中一
일즉일체다즉일	一卽一切多卽一
일미진중함시방	一微塵中含十方
일체진중역여시	一切塵中亦如是
무량원겁즉일념	無量遠劫卽一念
일념즉시무량겁	一念卽是無量劫
구세십세호상즉	九世十世互相卽
잉불잡란격별성	仍不雜亂隔別成
초발심시변정각	初發心是便正覺
생사열반상공화	生死涅槃常共和
이사명연무분별	理事冥然無分別
십불보현대인경	十佛普賢大人境
능인해인삼매중	能人海印三昧中
번출여의부사의	繁出如意不思議
우보익생만허공	雨寶益生滿虛空
중생수기득이익	衆生隨器得利益
시고행자환본제	是故行者還本際
파식망상필부득	叵息妄想必不得

무연선교착여의	無緣善巧捉如意
귀가수분득자량	歸家隨分得資糧
이다라니무진보	以陀羅尼無盡寶
장엄법계실보전	莊嚴法界實寶殿
궁좌실제중도상	窮坐實際中道床
구래부동명위불	舊來不動名爲佛

```
一─微─塵─中─含─十   初─發─心─時─便─正─覺─生─死
│                 │                          │
一   量─無─是─即   方   成   益─寶─雨─議─思─不─意   涅
│   │       │   │   │   │                  │
即   劫   遠─劫   念─一   別   生─佛─普─賢─大─人   如   槃
│   │   │       │   │   │               │   │
多   九   量─即─一─切   隔   滿─十─海─入─能─境   出   常
│   │               │   │                   │
切   世─十─是─如─亦─中   雜   空─別─印─三─昧─中   繁   共
│                 │   │                   │
一   十   是─如─亦─中   雜   空   分─無─然─冥─事   理   和
│   │           │   │   │               │   │
即   世   互─相─即─仍   不   衆─生─隨─器─得─利   益   是
│   │               │                   │   │
相─二─無─融─圓─性─法   叵─際─本─還─者─行   故
                              │                 │
一─諸─智─所─知─非─餘   佛─息─盡─寶─莊─嚴─法   界
│                 │                       │
中   法─證─甚─性─眞   境   爲─妄─無─隨─家─歸   意   實
│                 │                       │
多─不─切─深─極─微   妙   名─想─尼─分─得─資   如   寶
                  │                       │   │
切─動─一─絶─相─無   不   動─必─羅─陁─以─粮   捉   殿
                  │                       │   │
一─本─來─寂─無─名   守   不─不─得─無─緣─善   巧   窮
                  │                           │
中─一─一─成─緣─隨─性─自─來─舊─床─道─中─際─實─坐
```

진(陳)의 영정2년(558)에 출생한 계순(桂順)은 당태종으로부터 존경 받는 스승으로 신임을 받아 화엄종을 개설한 초조(初祖)이고,

지엄대사가 2조, 현수대사가 3조가 되는데, 신라 제30대 문무왕 6년(661)에 의상대사가 당나라에 들어가 종남산 지상사 지엄대사를 찾아가 화엄종취를 연구하였었다. 그때 지엄대사는 화엄법계 무량의품에 도취되어 화엄의 근본 이취를 72개의 도(圖)로 종합 정리해 놓고 있었다. 이것을 보고 의상대사는 1개의 법성도에다 30귀절의 게송으로 요약하여 법성게도를 완성하여 지엄대사에게 제출하였더니, 자신의 72개 화엄 촬요보다 수승하다는 칭인(稱印)을 내리므로 세상에 발표하게 된 것이며, 그 후로 수행과 공덕을 의지하게 된 것이다.

금 강 경 사구게
(金 剛 經 四句偈)

제1구게

범소유상 개시허망 약견제상비상 즉견여래

(凡所有相　皆是虛妄　若見諸相非相　即見如來)

- 무릇 형상이 있는 것은 모두가 다 허망하다. 만약 모든 형상을 형상 아닌
  것으로 보면, 곧 여래를 보리라. (제5 여리실견분 : 如理實見分)

제2구게

불응주색생심 불응주성향미촉법생심 응무소주 이생기심

(不應住色生心　不應住聲香味觸法生心　應無所住　而生其心)

- 마땅히 색에 머물러서 마음을 내지 말며, 마땅히 성·향·미·촉·법에 머물러
  서 마음을 내지 말 것이요, 마땅히 머무는 바 없이 그 마음을 낼 지니라.
  (제10 장엄정토분 : 莊嚴淨土分)

제3구게

약이색견아 이음성구아 시인행사도 불능견여래

(若以色見我　以音聲求我　是人行邪道　不能見如來)

- 만약 색신(우리몸·육신)으로써 나를 보거나 음성으로써 나를 구하면, 이
  사람은 삿된 도를 행함이라, 능히 여래를 보지 못하리라.
  (제26 법신비상분 : 法身非相分)

제4구게

일체유위법 여몽환포영 여로역여전 응작여시관

(一切有爲法　如夢幻泡影　如露亦如電　應作如是觀)

- 일체의 함이 있는 법(현상계의 모든 생멸법)은 꿈과 같고, 환상과 같고
  물거품과 같으며 그림자 같으며, 이슬과 같고 또한 번개와도 같으니, 마
  땅히 이와 같이 관할지니라. (제32 응화비진분 : 應化非眞分)

● 如理實見分 第五 (여리실견분 제오)

수보리 어의운하 가이신상 견여래부 불야
須菩提야 於意云何오 可以身相으로 見如來不아 不也니이다
세존 불가이신상 득견여래 하이고 여래소설신
世尊이시여 不可以身相으로 得見如來니 何以故오 如來所說身
상 즉비신상
相은 卽非身相이니이다
불고수보리 범소유상 개시허망 약견제상 비상
佛告須菩提하사대 凡所有相이 皆是虛妄이니 若見諸相이 非相
즉견여래
하면 卽見如來니라.

須	모름지기 수	須	須	須	須	須	須	須	須
菩	보살 보	菩	菩	菩	菩	菩	菩	菩	菩
提야	리	提	提	提	提	提	提	提	提
於	어조사 어	於	於	於	於	於	於	於	於
意	뜻 의	意	意	意	意	意	意	意	意
云	이를 운	云	云	云	云	云	云	云	云
何오	어찌 하	何	何	何	何	何	何	何	何
可	옳을 가	可	可	可	可	可	可	可	可
以	써 이	以	以	以	以	以	以	以	以
身	몸 신	身	身	身	身	身	身	身	身
相으로	서로 상	相	相	相	相	相	相	相	相
見	볼 견	見	見	見	見	見	見	見	見
如	같을 여	如	如	如	如	如	如	如	如
來	올 래	來	來	來	來	來	來	來	來
不아	아닐 부	不	不	不	不	不	不	不	不

不 아니 불	不	不	不	不	不	不	不	不	不
也 어조사 야 (니이다)	也	也	也	也	也	也	也	不	也
世 인간 세	世	世	世	世	世	世	世	世	世
尊 높을 존 (이시여)	尊	尊	尊	尊	尊	尊	尊	尊	尊
不 아니 불	不	不	不	不	不	不	不	不	不
可 옳을 가	可	可	可	可	可	可	可	可	可
以 써 이	以	以	以	以	以	以	以	以	以
身 몸 신	身	身	身	身	身	身	身	身	身
相 서로 상 (으로)	相	相	相	相	相	相	相	相	相
得 얻을 득	得	得	得	得	得	得	得	得	得
見 볼 견	見	見	見	見	見	見	見	見	見
如 같을 여	如	如	如	如	如	如	如	如	如
來 올 래 (니)	來	來	來	來	來	來	來	來	來
何 어찌 하	何	何	何	何	何	何	何	何	何
以 써 이	以	以	以	以	以	以	以	以	以
故 옛 고 (오)	故	故	故	故	故	故	故	故	故
如 같을 여	如	如	如	如	如	如	如	如	如
來 올 래	來	來	來	來	來	來	來	來	來
所 바 소	所	所	所	所	所	所	所	所	所
說 말씀 설	說	說	說	說	說	說	說	說	說
身 몸 신	身	身	身	身	身	身	身	身	身
相 서로 상 (은)	相	相	相	相	相	相	相	相	相
卽 곧 즉	卽	卽	卽	卽	卽	卽	卽	卽	卽
非 아닐 비	非	非	非	非	非	非	非	非	非
身 몸 신	身	身	身	身	身	身	身	身	身

• 4구게(四句偈) : 4구절로 된 게송

법화경 약찬게

일승묘법연화경 (一乘妙法蓮華經)	보장보살약찬게 (寶藏菩薩略纂偈)
나무화장세계해 (南無華藏世界海)	왕사성중기사굴 (王舍城中耆闍窟)
상주불멸석가존 (常住不滅釋迦尊)	시방삼세일체불 (十方三世一切佛)
종종인연방편도 (種種因緣方便道)	항전일승묘법륜 (恒轉一乘妙法輪)
여비구중만이천 (與比丘衆萬二千)	누진자재아라한 (漏盡自在阿羅漢)
아야교진대가섭 (阿若교陳大迦葉)	우루빈나급가야 (優樓頻那及伽耶)
나제가섭사리불 (那提迦葉舍利弗)	대목건련가전연 (大目犍連迦旃延)
아로누다겁빈나 (阿魯樓馱劫賓那)	교범바제이바다 (橋梵婆提離婆多)
필릉가바박구라 (畢陵伽婆縛拘羅)	마하구치라난타 (摩訶拘絺羅難陀)
손타라여부루나 (孫陀羅與富樓那)	수보리자여아란 (須菩提者與阿難)
나후라등대비구 (羅睺羅等大比丘)	마하바사바제급 (摩訶婆闍婆提及)
나후라모야수다 (羅睺羅母耶輸陀)	비구니등이천인 (比丘尼等二千人)
마하살중팔만인 (摩訶薩衆八萬人)	문수사리관세음 (文殊師利觀世音)
득대세여상정진 (得大勢與常精進)	불휴식급보장사 (不休息及寶掌士)
약왕용시급보월 (藥王勇施及寶月)	월광만월대력인 (月光滿月大力人)
무량력여월삼계 (無量力與越三界)	
발타바라미륵존 (跋陀婆羅彌勒尊)	보적도사제보살 (寶積導師諸菩薩)
석제환인월천사 (釋帝桓因月天子)	보향보광사천왕 (寶香寶光四天王)
자재천자대자재 (自在天子大自在)	사바계주범천왕 (娑婆界主梵天王)
시기대범광명범 (尸棄大梵光明梵)	난타용왕발란타 (難陀龍王跋難陀)
사가라왕화수길 (娑竭羅王和修吉)	덕차아나바달다 (德叉阿那婆達多)
마나사용우바라 (摩那斯龍優婆羅)	법긴나라묘법왕 (法緊那羅妙法王)
대법긴나지법왕 (大法緊那持法王)	악건달바악음왕 (樂乾達婆樂音王)
미건달바미음왕 (美乾闥婆美音王)	바치가라건타왕 (婆稚佉羅乾陀王)
비마질다라수라 (毘摩質多羅修羅)	나후아수라왕등 (羅睺阿修羅王等)
대덕가루대신왕 (大德迦樓大身王)	대만가루여의왕 (大滿迦樓如意王)

위제희자아사세 　(偉提希子阿闍世)　각여약간백천인 　(各與若干百千人)

불위설경무량의 　(佛爲說經無量義)　무량의처삼매중 　(無量義處三昧中)

천우사화지육진 　(天雨四花地六震)　사중팔부인비인 　(四衆八部人非人)

급제소왕전륜왕 　(及諸小王轉輪王)

제대중득미증유 　(諸大衆得未曾有)　환희합장심관불 　(歡喜合掌心觀佛)

불방미간백호광 　(佛放眉間白毫光)　광조동방만팔천 　(光照東方萬八千)

하지아비상아가 　(下至阿鼻上阿迦)　중생제불급보살 　(衆生諸佛及菩薩)

종종수행불설법 　(種種修行佛說法)　열반기탑차실견 　(涅槃起塔此悉見)

대중의염미륵문 　(大衆疑念彌勒問)　문수사리위결의 　(文殊師利爲決疑)

아어과거견차서 　(我於過去見此瑞)　즉설묘법여당지 　(卽說妙法汝當知)

시유일월등명불 　(時有日月燈明佛)　위설정법초중후 　(爲說正法初中後)

순일무잡범행상 　(純一無雜梵行相)　설응제연육도법 　(說應諦緣六度法)

영득아뇩보리지 　(令得阿耨菩提智)　여시이만개동명 　(如是二萬皆同名)

최후팔자위법사 　(最後八子爲法師)　시시육서개여시 　(是時六瑞皆如是)

묘광보살구명존 　(妙光菩薩求名尊)　문수미륵기이인 　(文殊彌勒豈異人)

덕장견만대요설 　(德藏堅滿大樂說)　지적상행무변행 　(智積上行無邊行)

정행보살안립행 　(淨行菩薩安立行)　상불경사숙왕화 　(常不輕士宿王華)

일체중생희견인 　(一切衆生喜見人)　묘음보살상행의 　(妙音菩薩上行意)

장엄왕급화덕사 　(莊嚴王及華德士)

무진의여지지인 　(無盡意與持地人)　광조장엄약왕존 　(光照莊嚴藥王尊)

약상보살보현존 　(藥上菩薩普賢尊)　상수삼세시방불 　(常隨三世十方佛)

일월등명연등불 　(日月燈明燃燈佛)　대통지승여래불 　(大通智勝如來佛)

아촉불급수미정 　(阿閦佛及須彌頂)　사자음불사자상 　(師子音佛師子相)

허공주불상멸불 　(虛空住佛常滅佛)　재상불여범상불 　(帝相佛與梵相佛)

아미타불도고뇌 　(阿彌陀佛度苦惱)　다마라불수미상 　(多摩羅佛須彌相)

운자재불자재왕 　(雲自在佛自在王)　괴포외불다보불 　(壞怖畏佛多寶佛)

위음왕불일월등 　(威音王佛日月燈)　운자재등정명덕 　(雲自在燈淨明德)

정화숙왕운뢰음 　(淨華宿王雲雷音)　운뢰음숙왕화지 　(雲雷音宿王華智)

보위덕상왕여래 　(寶威德上王如來)　여시제불제보살 　(如是諸佛諸菩薩)

이금당래설묘법	(已今當來說妙法)	어차법회여시방	(於此法會與十方)
상수석가모니불	(常隨釋伽牟尼佛)	운집상종법회중	(雲集相從法會中)
점돈신자용녀등	(漸頓身子龍女等)	일우등주제수초	(一雨等澍諸樹草)
서품방편비유품	(序品方便譬喩品)	신해약초수기품	(信解藥草授記品)
화성유품오백제	(化城喩品五百弟)	수학무학인기품	(授學無學人記品)
법사품여견보탑	(法師品與見寶塔)	제바달다여지품	(提婆達多與持品)
안락행품종지용	(安樂行品從地涌)	여래수량분별공	(如來壽量分別功)
수희공덕법사공	(隨喜功德法師功)	상불경품신력품	(常不輕品神力品)
촉루약왕본사품	(囑累藥王本事品)	묘음관음보문품	(妙音觀音普門品)
다리니품묘장엄	(陀羅尼品妙莊嚴)	보현보살권발품	(普賢菩薩勸發品)
이십팔품원만교	(二十八品圓滿敎)	시위일승묘법문	(是爲一乘妙法門)
지품별게개구족	(支品別偈皆具足)	독송수지신해인	(讀誦受持信解人)
종불구생불의부	(從佛口生佛衣覆)	보현보살내수호	(普賢菩薩來守護)
마귀제뇌개소제	(魔鬼諸惱皆消除)	불탐세간심의직	(不貪世間心意直)
유정억념유복덕	(有正憶念有福德)	망실구게영통리	(忘失句偈令通利)
불구당예도량중	(不久當詣道場中)	득대보리전법륜	(得大菩提轉法輪)
시고견자여경불	(是故見者如敬佛)	나무묘법연화경	(南無妙法蓮華經)
영산회상불보살	(靈山會上佛菩薩)	일승묘법연화경	(一乘妙法蓮華經)
보장보살약찬게	(寶藏菩薩略纂偈)		

지장왕보살본원공덕송

(地藏王菩薩本願功德頌)

계수지장왕	공덕묘난량	자심심유해	원력광무강
석위광목녀	대효도친낭	공양과거불	각화자재왕
감불공중현	고지모생방	승여효경력	출옥생천당
광목심환희	입발대원왕	원아진미래	고해작주항
중생실도진	아방증열반	지옥여미공	서불작법왕
발대서원이	생생용력강	역겁수만행	신거상적광
분신천백억	진찰현지장	상재유명중	방편작교왕
구도제중생	탈고생천당	불과실개원	각계좌도량
자현성문신	분신편시방	무량합일신	일신화무량
불재도리천	금구찬지장	공덕묘난사	편계이명양
약유제중생	예념지장왕	소구개여의	수원공부당
약유염여신	공소지장왕	후세득인신	구족장부상
약유잔결인	경각지장상	후세득인신	상호제원만
약욕구지혜	건조지장상	후세득인신	대지통삼장
설욕구남녀	경사지장상	수의획남녀	용모실단장
약유질병자	신음구와상	건송지장명	신속득안강
혹인원가류	피포금옥방	건송지장명	해원득석방
약인악업중	예배지장왕	건송지장명	소제제업장
약유효경인	발심도선망	건송지장경	멸죄생천당
약각지장경	유통편시방	존망균첨리	획복구무량
아금제차송	공덕여호망	회향제유정	동생극락방
병청칭념	나무지장왕보살	소업장	증복혜

지장보살 약찬게
(地藏菩薩 略讚偈)

南無地藏菩薩

지장보살 약찬게
(地藏菩薩 略讚偈)

지장보살 본원경을 찬양하는 약찬게

지장기도 올리는곳 가피구름 몰려오고
지장염불 하는곳에 공덕향기 넘쳐나서
가릉빈가 법음들로 시방세계 장엄되네

들려오는 소리마다 삼보전에 귀의하여
경배하는 참회소리 육바라밀 팔정도를
실천하는 정진소리 사성제와 삼법인을

증득하는 가피소리 법바퀴를 굴리여서
제도중생 하게하는 화합에의 법륜소리
물러서지 않겠다는 용맹스런 결심소리

지장보살 대원력에 동승하고 말겠다는
간절하온 기도소리 우리가슴 울리우고
우리영혼 맑게하여 업장소멸 소원성취
인간성숙 장엄되네 이글귀를 대하는이
이소리를 듣는이들 모두함께 성숙되길
간절하게 발원하고 간절하게 기도하네

거룩하고 위대하시며 불가사의하옵신 나무남방화주 지장보살님!
거룩하고 위대하시며 불가사의하옵신 나무유명교주 지장보살님!
거룩하고 위대하시며 불가사의하옵신 나무대원본존 지장보살마하살님이시여!

추위떠는 이웃위해 속옷까지 벗어주고

알몸됨이　부끄러워　땅속으로　숨었어도
땅속에의　지옥중생　또 다 시　살피시네

대비대원　대성대자　대원본존　지장보살
미한중생　죽었어도　죽은줄을　모르기에
하룻밤과　하루낮에　만번죽고　만번사니
그고통을　바라보며　지옥문을　못떠나네

대비대원　대성대자　유명교주　지장보살
석가부처　부촉받아　미륵부처　출현까지
육도중생　맡은인연　말법중생　맡은인연
염부중생　맡은인연　크옵고도　크옵시네
대비대원　대성대자　남방화주　지장보살

석가부처　발심함이　미륵에게　뒤졌어도
용맹정진　뛰어남에　석가부처　먼저되듯
지장보살　자비심은　관음보살　앞질렀고
지장보살　대원력은　보현보살　뒤세웠네

대비대원　대성대자　용맹크신　지장보살
남염부주　중생들과　인연크신　네분보살
대지문수　사리보살　대　　행　보현보살
대　　비　관음보살　대원본존　지장보살마하살님이시여

말법시대　남방세계　교화하실　주인어른
이름하여　남방화주　지장보살　지장보살
대비대원　대성대자　남방화주　지장보살
서원력과　대비심이　모든보살　앞지르니
지장보살　존상앞에　경배하고　첨례하면
업장소멸　소원성취　더욱빨리　이뤄지네

대비대원　대성대자　성취크신　지장보살
부처님의　위신력중　세가지의　불가능중

그중하나　이름하여　정해진업　난면이니
그러하나　오직한길　면할길을　터놨도다
지장보살　존상앞에　정업진언　외우며는

정업마저　소멸되네　남방화주　지장보살
유명교주　지장보살　대원본존　지장보살마하살님이시여
지장보살　존상앞에　지장경을　독송하고
지장보살　염하면은　그공덕이　한량없네

불보살과　천지신명　모두함께　보호하고
얽힌인연　바로되어　좋은인연　착한선과
날로더욱　증장되네　대인같이　거룩한덕
더욱높이　쌓여지고　불보살님　믿는마음
흔들리지　않게되며　의식들은　풍족되어
질병또한　들지않네　물과불의　재앙없고
도둑액난　면해지며　가족들과　화목하고

밤의꿈이　안락하네　선망부모　극락가며
자비심은　증장되고　지혜또한　밝아지네
대비대원　대성대자　대원본존　지장보살
지장보살　명호듣고　합장하고　경배하며
찬탄하고　기뻐하면　삼십겁의　쌓은죄보
한순간에　건너뛰리　지장보살　그려모셔
흙과돌로　조성하여　우러르어　경배하면
하늘세계　삼십삼천　백번이나　태어나며
결 단 코　삼악도는　떨어지지　않는다네

천복들이　　다하여서　　인간세상　　화생해도
복덕구족　　원만하여　　정승판서　　아니될까
대비대원　　대성대자　　대원본존　　지장보살
지장보살　　존상앞에　　향과꽃을　　공양하며
외로운이　　이웃에게　　지장염불　　권하며는
그공덕이　　뛰어나서　　좋은복덕　　구족되고
운수또한　　대통하여　　영과육이　　강건하고
닥친흉액　　면케되리　　대비대원　　대성대자
대자대비　　대원본존　　지장보살님이시여

고통받는　　우리중생　　꿈속에나　　잠잘때나
잡된형상　　나타나고　　선망부모　　누세종친
형형색색　　나타나서　　울고불고　　하소할땐
금생전생　　십생백생　　인연맺은　　전생부모
인연맺은　　과거권속　　고통들을　　말하노니
지장보살　　존상앞에　　지장경을　　읽어주되
세번이나　　일곱번을　　지성으로　　독송하면
악취권속　　누구라도　　편안하게　　해탈하네

대비대원　　대성대자　　유명교주　　지장보살
말법시대　　우리중생　　새로낳은　　자식있어
삼칠일을　　넘기잖고　　지장염불　　만번채워
지극하게　　염송하면　　숙세지은　　앙화업보
오롯하게　　벗어나서　　기르기에　　안락하고
수명또한　　장수하리　　대비대원　　대성대자
유명교주　　지장보살마하살님이시여

명을마친　　선망영혼　　태어남을　　얻지못해

사십구일　중음으로　우왕좌왕　헤매일때
자손들과　권속들이　선업짓고　망열도와
보시공양　해야건만　소닭잡고　피흘려서
살생죄업　더쌓으니　망령들의　화생길은
더욱이나　무거웁네　대비대원　대성대자
유명교주　지장보살　태어난날　생일에도
피흘리고　살생하니　이것또한　잘못이오
갓난아기　삼칠일에　피흘리어　살생하니
이것또한　잘못이라　권속들아　자손들아
망령위해　살생말고　태어난날　생일에도
피흘리고　살생마라　지심으로　지장기도
보시공양　올리거라

대비대원　대성대자　유명교주　지장보살
석가부처　관음에게　지장보살　첨례공덕
게송으로　이르시네　지장신력　보아하니
항사겁을　말한대도　다말하기　어려우리
한번보고　첨례해도　그공덕이　한량없네

대비대원　대성대자　대원본존　지장보살
선망부모　누세종친　어렸을적　여윈뒤에
그네들이　태어난곳　알려고저　한다면은
지장기도　삼칠일을　간절하게　하라해라
지장보살　무변신이　조용하게　나타나서
부모형제　태어난곳　살 며 시　일러주리
대비대원　대성대자　유명교주　지장보살

인간성숙　견성성불　꼬옥하나　하자거든

우선먼저　지장기도　지심으로　올리거라
장애되는　묵은업장　하나하나　소멸되고
자비지혜　증장되어　속히성불　할지니라
대비대원　대성대자　남방화주　지장보살

말법시대　우리중생　업장마다　두꺼워서
불경전을　대하여도　이해하기　어려웁고
믿지또한　못하거니　외우는것　그것마저
어려웁기　한량없어　금방듣고　또들어도
금시금방　잊어지네　이럴때는　깨끗하온
물한잔을　지장전에　올리고서　하룻낮과
하룻밤을　간절하게　기도하여　새벽녘에
남쪽향해　그물잔을　마시면은　머리또한
맑아지고　마음청정　하게되리　계속해서
삼칠일을　간절하게　기도하며　오신채와
술과고기　색과망어　모든살생　그 대 로
버리면은　잠을자는　꿈가운데　무변신의
지장보살　가 만 히　나타나서　이미위에
물을부어　관정수기　주게되니　꿈을깨면
총명얻어　지혜력이　충만하다　대비대원

대성대자　대원본존　지장보살　말법시대
우리중생　의식들은　부족되고　구하는것
얻지못해　질병많고　흉험하여　되는일은
거의없고　장애들은　많고많아　모아논것
모두다가　흩어져서　없어지네　꿈속마저
편치못해　두려움과　혼란으로　잠속마저
방황하네　이럴때는　지장보살　존상앞에

염불공양　올리오며　매일매일　만번씩을
차곡차곡　채우며는　마음대로　되지않는
어떤일도　없을거네

안되는일　사라지고　기쁜일들　돋아나니
지장기도　하지않고　무엇들을　하잘건가
대비대원　대성대자　남방화주　지장보살
지장기도　자세한것　면밀하게　알려거든
지장보살　삼부경을　수지독송　하시거라
지장보살　본원경과　지장보살　십륜경과
지장보살　점찰경은　이와사가　겸전되어
대승중에　대승이라

대비대원　대성대자　남방화주　지장보살
이치만은　힘이없고　현상만은　허망하다
이와사가　함께할때　자성중생　제도되고
무변중생　제도한다　세상사가　허망하나
허망하기　원을낸다　지장보살　크신원은
우리중생　바탕이라
대비대원　대성대자　대원본존　지장보살마하살님이시여!

이 도량(수행자의 집 기도방)의 대승 불자들이
지장보살님의 불가사의하신 위신력으로 소원성취 원하옵고,
거룩하고 성스러운 덕성과 위신력을 찬탄하고 찬탄올려 지심정례 하옵나니,
애민섭수 베푸시어 굽어 살펴 주시옵소서.

[출처] 대한불교조계종 지장기도도량 선운사 도솔암
- 불교상용의례집 -

南無地藏菩薩摩訶薩

南 無 地 藏 菩 薩 摩 訶 薩

나 무 지 장 보 살 마 하 살

南 無 地 藏 菩 薩 摩 訶 薩

나 무 지 장 보 살 마 하 살

南 無 地 藏 菩 薩 摩 訶 薩

나 무 지 장 보 살 마 하 살

南 無 地 藏 菩 薩 摩 訶 薩

나 무 지 장 보 살 마 하 살

南 無 地 藏 菩 薩 摩 訶 薩

나 무 지 장 보 살 마 하 살

모든 인연 부처님 법(法) 상속 받아 무량한 이익과 무량 행복으로 각각 모두를
지장보살님의 자비광명과 음속에서 섭불토록 구제하여 주시옵고,
선망조상 부모 가족·1대선망, 인연 및 7대 유주 무주 고혼의 일체영가분들은 發願
무량수 무량광 나무아미타 부처님 속히 접어 서방정토 극락에서 상품상생도록
불쌍히 여기시고 가엽게 여기셔서 일체원가를 구제하옵시고, 모든 인연 각각의 소망·소원·원력·
서원·대원 원자 얻게 하옵소서. 年 나무 月 방화주 교명교주 대원본주 지장보살님이시여!

寫經齋者 무술년 불기 2562년 (4기 2018卍)   度佑(법도 도울 위) 合掌
양력: 8월 3일 (음력: 6월 22일)

지장경 용산화상 약찬게

南無地藏菩薩摩訶薩

南無地藏菩薩摩訶薩

나무지장보살마하살

南無地藏菩薩摩訶薩

나무지장보살마하살

南無地藏菩薩摩訶薩

나무지장보살마하살

南無地藏菩薩摩訶薩

나무지장보살마하살

南無地藏菩薩摩訶薩

나무지장보살마하살

南無地藏菩薩摩訶薩

나무지장보살마하살

南無地藏菩薩摩訶薩

| 南無地藏菩薩摩訶薩 |
| 나무지장보살마하살 |
| 南無地藏菩薩摩訶薩 |
| 나무지장보살마하살 |
| 南無地藏菩薩摩訶薩 |
| 나무지장보살마하살 |
| 南無地藏菩薩摩訶薩 |
| 나무지장보살마하살 |
| 南無地藏菩薩摩訶薩 |
| 나무지장보살마하살 |

천상천하 유아독존(天上天下 唯我獨尊), 각자의 존엄한 불성(佛性), 둘러는 탄생지에서
불성인 절대아(我)를 표방하여 중생 모두가 본래의 인간성 자리인 청정무구한 부처의 성품인 불성에 눈뜨고,
자신을 구제 할수있는 삶의 지표와 방향을 자각하도록 진리의 북을 울린 위대하신 가르침이며 發願
'너 자신에게 있는 불성을 깨쳐라'라고 청정법 화신(化身)으로 강탄 하시어 석가모니부처님께서는 중생 곁에 오신것이며
천상천하 유아독존 탄생게를 통해 불성의 존귀함을 표방하신 위대하신 가르침을 사경 참회불자의 큰 마음밭에
결정심의 보리인으로 심어, 자비의 실천행과 보리심에서 물러나지 않는 보리연마의 실천수행으로 아버지와 가족
형제자매, 일가친지, 도반·법우·선우, 동료, 이웃, 일체중생과 모든 존재에게 無量功德과 행복과 평온을 주는 삶을 살아가게
가호·가피 하옵시고, 모두가 부처님 慈悲光明 입어 행복과 건강과 모든 소원성취 이루고, 성불제 하옵시고, 인왕조상부모 일체가족
과 함께 성불제, 서방정토 극락세계 상품상생토록 구제 하여 주시옵소서. (무술년. 4월 12일(土))
年 月 日
사경 참회불자 도우 (법도 도울 위) 度佑 합장하고 지극정성·마음·이목숨바쳐 의지하옵고 귀의하옵니다.

지장경 용산화상 약찬게

지장보살　본 원 경　용산화상　약 찬 게
지장기도　올리는곳　가피구름　몰려오고
지장염불　하는곳에　공덕향기　넘쳐나서
가릉빈가　법음들로　시방세계　장엄되네.

들려오는　소리마다　삼보전에　귀의하여
경배하는　참회소리　육바라밀　팔정도를
실천하는　정진소리　사성제와　삼법인을
증득하는　가피소리　법바퀴를　굴리어서
제도중생　하게하는　화합에의　법륜소리
물러서지　않겠다는　용맹스런　결심소리
지장보살　대원력에　동승하고　말겠다는
간절하온　기도소리　우리가슴　울리우고
우리영혼　맑게하여　업장소멸　소원성취
인간성숙　장엄되네　이글귀를　대하는이
이소리를　듣는이들　모두함께　성숙되길
간절하게　발원하고　간절하게　기도하네.

나무대원본존　　지장왕보살마하살
나무남방화주　　지장왕보살마하살
나무유명교주　　지장왕보살마하살
나 무 무 변 신　　지장왕보살마하살

추워떠는　이웃위해　속옷까지　벗어주고
알몸됨이　부끄러워　땅속으로　숨었어도
땅속위의　지옥중생　또오다시　살피시네
대비대원　대성대자　대원본존　지장보살

미한중생　죽었어도　죽은줄을　모르기에
하룻밤과　하루낮에　만번죽고　만번사니
그고통을　바라보며　지옥문을　못떠나네
대비대원　대성대자　유명교주　지장보살

석가부처　부촉받아　미륵부처　출현까지
육도중생　맡은인연　말법중생　맡은인연
염부중생　맡은인연　크옵고도　크옵시네
대비대원　대성대자　남방화주　지장보살

석가부처　발심함이　미륵에게　뒤졌어도
용맹정진　뛰어남에　석가부처　먼저되듯
지장보살　자비심은　관음보살　앞질렀고
지장보살　대원력은　보현보살　뒤세웠네
대비대원　대성대자　용맹크신　지장보살

남염부주　중생들과　인연크신　네분보살
대지문수　사리보살　대　　행　보현보살
대　　비　관음보살　대원본존　지장보살
말법시대　남방세계　교화하실　주인어른
이름하여　남방화주　지장보살　지장보살
대비대원　대성대자　남방화주　지장보살

서원력과 　대비심이 　모든보살 　앞지르니
지장보살 　존상앞에 　경배하고 　첨례하면
업장소멸 　소원성취 　더욱빨리 　이뤄지네
대비대원 　대성대자 　성취크신 　지장보살

부처님의 　위신력중 　세가지의 　불가능중
그중하나 　이름하여 　정해진업 　난면이니
그러하나 　오직한길 　면할길을 　터놨도다
지장보살 　존상앞에 　정업진언 　외우면은
정업마저 　소멸되네 　대원본존 　지장보살
남방화주 　지장보살 　유명교주 　지장보살

지장보살 　존상앞에 　지장경을 　독송하고
지장보살 　염하면은 　그공덕이 　한량없네
불보살과 　전지신명 　모두함께 　보호하고
얽힌인연 　바로되어 　좋은인연 　착한선과
날로더욱 　증장되네 　대인같이 　거룩한덕
더욱높이 　쌓여지고 　불보살님 　믿는마음
흔들리지 　않게되며 　의식들은 　풍족되어
질병또한 　들지않네 　물과불의 　재앙없고

도둑액난 　면해지며 　가족들과 　화목하고
밤의꿈이 　안락하네 　선망부모 　극락가며
자비심은 　증장되고 　지혜또한 　밝아지네
대비대원 　대성대자 　대원본존 　지장보살

지장보살　이름듣고　합장하고　경배하며
찬탄하고　기뻐하면　삼십겁의　쌓은죄보
한순간에　건너뛰리　지장보살　그려모셔
흙과돌로　조성하여　우러르어　경배하면
하늘세계　삼십삼천　백번이나　태어나며
결 단 코　삼악도는　떨어지지　않는다네
천복들이　다하여서　인간세상　화생해도
복덕구족　원만하여　정승판서　아니될까
대비대원　대성대자　대원본존　지장보살

지장보살　형상앞에　향과꽃을　공양하며
외로운이　이웃에게　지장염불　권하면은
그공덕이　뛰어나서　좋은복덕　구족되고
운수또한　대통하여　영과육이　강건하고
　　　　　닥친흉액　면케되리
대비대원　대성대자　대원본존　지장보살

고통받는　우리중생　꿈속에나　잠잘때나
잡된형상　나타나고　선망부모　누세종친
형형색색　나타나서　울고불고　하소할땐
금생전생　십생백생　인연맺은　선망부모
인연맺은　과거권속　고통들을　말하노니
지장보살　존상앞에　지장경을　읽어주되
세번이나　일곱번을　지성으로　독송하면
악취권속　누구라도　편안하게　해탈하네
대비대원　대성대자　유명교주　지장보살

말법시대　우리중생　새로낳은　자식있어
삼칠일을　넘기잖고　지장염불　만번채워
지극하게　염송하면　숙세지은　앙화업보
오롯하게　벗어나서　기르기에　안락하고
　　　　　수명또한　장수하리
대비대원　대성대자　유명교주　지장보살

명을마친　선망영혼　태어남을　얻지못해
사십구일　중음으로　우왕좌왕　헤매일때
자손들과　권속들이　선업짓고　망령도와
보시공양　해야건만　소닭잡고　피흘려서
살생죄업　더쌓으니　망령들의　화생길은
　　　　　더욱이나　무거웁네
대비대원　대성대자　유명교주　지장보살

태어난날　생일에도　피흘리고　살생하니
이것또한　잘못이오　갓난아기　삼칠일에
피흘리어　살생하니　이것또한　잘못이라
권속들아　자손들아　망령위해　살생말고
태어난날　생일에도　피흘리고　살생마라
지심으로　지장기도　보시공양　올리거라
대비대원　대성대자　유명교주　지장보살

석가부처　관음에게　지장보살　첨례공덕
게송으로　이르시네　지장신력　보아하니
항사겁을　말한대도　다말하기　어려우리
한번보고　첨례해도　그공덕이　한량없네

대비대원　　대성대자　　대원본존　　지장보살
선망부모　　누세종친　　어렸을적　　여읜뒤에
그네들이　　태어난곳　　알려고저　　한다면은
지장기도　　삼칠일을　　간절하게　　하라해라
지장보살　　무변신이　　조용하게　　나타나서
부모형제　　태어난곳　　살며시이　　일러주리
대비대원　　대성대자　　유명교주　　지장보살

인간성숙　　견성성불　　꼬옥이나　　하자거든
우선먼저　　지장기도　　지심으로　　올리거라
장애되는　　묵은업장　　하나하나　　소멸되고
자비지혜　　증장되어　　속히성불　　할지니라
대비대원　　대성대자　　남방화주　　지장보살

말법시대　　우리중생　　업장마다　　두꺼워서
불경전을　　대하여도　　이해하기　　어려웁고
믿지또한　　못하거니　　외우는것　　그것마저
어려웁기　　한량없어　　금방듣고　　또들어도
금시금방　　잊어지네　　이럴때는
깨끗하온　　물한잔을　　지장전에　　올리고서
하루낮과　　하루밤을　　간절하게　　기도하여
새벽녘에　　남쪽향해　　그물잔을　　마시면은
머리또한　　맑아지고　　마음청정　　하게된다
계속해서　　삼칠일을　　간절하게　　기도하며
오신채와　　술과고기　　색과망어　　모든살생
그 대 로　　버리면은　　잠을자는　　꿈가운데
무변신의　　지장보살　　가만히이　　나타나서

이마위에 물을부어 관정수기 주게되니
꿈을깨면 총명얻어 지혜력이 충만하다
대비대원 대성대자 대원본존 지장보살

말법시대 우리중생 의식들은 부족되고
구하는것 얻지못해 질병많고 흉험하여
되는일은 거의없고 장애들은 많고많아
모아논것 모두다가 흩어져서 없어지네
꿈속마저 편치못해 두려움과 혼란으로
잠속마저 방황하네 이럴때는
지장보살 존상앞에 염불공양 올리오되
매일매일 만번씩을 차곡차곡 채우면은
마음대로 되지않는 어떤일도 없을거네
안되는일 사라지고 기쁜일들 돋아나니
지장기도 하지않고 무엇들을 하잘건가
대비대원 대성대자 남방화주 지장보살

지장기도 자세한것 면밀하게 알려거든
지장보살 삼부경을 수지독송 하시거라
지장보살 본원경과 지장보살 십륜경과
지장보살 점찰경은 이와사가 겸전되어
        대승중에 대승이라
대비대원 대성대자 남방화주 지장보살

이치만은 힘이없고 현상만은 허망하다
이와사가 함께할때 자성중생 제도되고
무변중생 제도한다 세상사가 허망하나

허망하기	원을낸다	지장보살	크신원은
	우리중생	바탕이라	
대비대원	대성대자	대원본존	지장보살

지장보살	관음보살	석가부처	미륵부처
모든분이	원을세워	거룩하신	몸이됐네
원이없는	불보살님	우리어디	보았던가
나만살자	원한소망	그것일러	물든욕심
함께살자	원한욕심	그건모두	원이라네
대비대원	대성대자	대원본존	지장보살

산다는것	꿈이더라	꿈을깨고	다시보니
그것또한	꿈이더라	허망한것	바탕속에
자비원력	돋아나니	묘하고도	묘하도다
간절하온	지장기도	작은선정	고쳐주고
몸을던진	지장염불	자아선정	깨쳐준다
지장보살	크신원에	조용하게	계합하면
원력세계	드러나고	불보살의	장엄세계
한눈아래	훔쳐본다	공한바다	그속에서
지장원력	돋아나니	묘하고도	묘하도다
대비대원	대성대자	대원본존	지장보살

거룩하온	지장기도	우리나라	스님중에
누구누구	하였던고	이름모를	많은스님
곳곳마다	하셨네만	그중에서	우뚝한분
알고찾아	다시보니	모든분이	성승이라
기쁘고도	기쁘옵네	중국땅의	구화산에

등신불로　묵좌하신　신라승려　지장스님
화랑들의　아버지로　세속오계　지어주신
신라고승　원광법사　언제에나　고통받는
중생들과　함께하신　해동성자　원효대사
보살님께　불골간자　직접받은　진표율사
뼈와살을　돌보잖아　법력얻은　영심대사
이마깨어　참회하고　원력얻은　심지왕사
구산선문　그중에서　사굴산의　개산조로
지장기도　간절했던　신라고승　범일국사
모든분이　바라뵙기　황홀하온　분들이네
이분들이　하신신앙　하나같이　대중교화
대중속에　사시면서　지장신앙　펴시었고
점찰법회　하시면서　대중교화　하시었네
대비대원　대성대자　대원본존　지장보살

왕자로서　영화보다　인간성숙　큰원내어
중국땅의　구화산에　등신불로　화현하신
신라승려　지장스님　얼어붙은　중국땅에
우담바라　꽃을피워　법의향기　진동하니
가릉빙가　노래하고　산천초목　춤을추네
대비대원　대성대자　대원본존　지장보살

신라나라　젊은이의　어버이가　되시어서
통일원력　심어주고　세속오계　가르치며
지장혼을　심어노니　운문사의　비석위에
지장원력　숨을쉬네　거룩하고　거룩한분
　　　　　지장대사　원광법사

대비대원　대성대자　대원본존　지장보살

해동성자　원효보살　무애가를　부르면서
지장보살　점찰놀이　가시는곳　법석였네
원효성사　조롱박에　연화세계　나타나고
지장세계　현현하니　신라땅의　지장신앙
사복이가　증명했네　원효성사　발길마다
지장효도　드러나고　원효성사　옷깃마다
지장원력　펼쳐내니　곳곳마다　지장기도
삼국통일　힘이되어　신라천년　꽃피웠네
대비대원　대성대자　대원본존　지장보살

우리나라　지장보살　신라스님　진표라네
금산사와　원효방에　몸을던진　지장기도
지장보살　감응하고　미륵보살　감동하셔
지장보살　점찰경과　미륵보살　손가락뼈
불골간자　얻게되니　제불보살　흔열하고
　　　　　산하대지　경배하네
금산사의　산자락에　지장원력　너울대니
불골간자　점찰법회　신통함이　나타난다
금강산의　발연사에　몸을옮긴　진표스님
칠년교화　지장법회　곳곳마다　성행하니
이르는곳　지장기도　머무는곳　지장참회
속리산의　영심에게　법을주어　보내시고
발연사의　바위위에　앉은채로　천화하니
제자들은　모르고서　오랫동안　공양했네
거룩하고　거룩하다　지장화현　진표스님

대비대원　대성대자　대원본존　지장보살

법주사의　영심대사　불타대사　융종대사
점찰경과　불골간자　지장법력　얻고싶어
뼈와살을　돌보잖고　지장기도　올리었네
영심대사　가피입어　진표율사　모시옵던
불골간자　얻게되니　속리산의　법주사에
　　　　　우담바라　꽃비오네
대비대원　대성대자　남방화주　지장보살

법주사의　지장법회　지각하신　심지왕사
법당위에　못올라서　뜰아래서　기도하네
참회하는　간절한맘　이마깨어　피가나니
하아얗게　쌓였던눈　홍설들이　되고마네
몇십번을　기절하고　몇십번을　깨났던가
호법선신　옹호하니　사방주위　눈이녹네
지장법회　회향하고　팔공산을　향하는데
심지왕사　주머니에　8자 9자　불골간자
신묘하게　현현하니　가던걸음　돌리어서
영심대사　찾았는데　보자기에　꼭꼭싸서
깊이깊이　넣어뒀던　189 개　불골간자
어찌하여　나왔는가　돌려주고　돌아서는
심지왕사　옷자락에　또오다시　걸려있는
8자 9자　불골간자　참으로도　신묘하고
　　　　　참으로도　기이하네
지장보살　깊은뜻을　영심대사　아시고서
지장보살　점찰경과　남아있는　불골간자

왕사에게　부촉하니　기도의맥　이어짐이
참으로도　경이롭네　팔공산에　높이올라
불골간자　던져보니　흰눈속에　오동꽃이
만발한곳　떨어지네　불골간자　점찰경을
오동꽃이　만발한곳　동화사에　모시었네
대비대원　대성대자　대원본존　지장보살

많고많은　스님네가　지장기도　법을받아
면면히도　이었구나　지장기도　하는이들
중생제도　원이셨고　성숙위한　믿음있어
어느곳에　어디든지　이웃들과　함께했네
외로운이　친구되고　아픈이의　간병되며
배고픈이　밥을주어　지심으로　보시하니
서로서로　사랑하고　모두함께　화목했네

고려나라　망하고서　조선나라　들어서니
배불정책　조선불교　도성밖에　쫓겨나네
대중불교　사라지고　지장법회　사라지네
중생위한　대중불교　산속불교　틀에맞춰
생활불교　변질되네　이교도의　훼방속에
생활불교　쇠해가서　지장기도　집에하면
귀신끈다　망언하고　안방에서　예불하면
동퇴난다　사설하네　불보살상　목을떼면
무과에도　급제하고　코를갈아　마시면은
사내아이　얻는다고　유언비어　유포하니
우리불교　수난사를　어찌모두　말하겠나
시절인연　성숙되어　산속불교　햇빛보니

부처님들	흔열하고	보살님들	기뻐하네
우리불자	힘을모아	훼불망언	바로하세
아침저녁	예불하고	안방에서	기도하여
생활불교	바로찾고	신행생활	기쁨얻세
오탁악세	말법세상	정신력을	기르는일
살아남는	길이라네	지장원력	염불기도
염력으로	무장하여	자성중생	제도하고
		무변중생	제도하세
사람마다	지장원력	곳곳마다	지장기도
우리모두	성숙하여	바른정토	이뤄보세
이글귀를	대하는이	이말씀을	듣는이들
모두함께	성숙되길	지심발원	하고있네.

[출처] 국방부 불교의식집

지장보살 예찬문
(地藏菩薩 禮讚聞)

지장보살 예찬문
(地藏菩薩 禮讚聞)

저희들이 모든지성 다바치오며   향로위에 향하나를 사르고나니
그향기가 온법계에 두루하옵고   모든세계 불국토에 고루퍼져서
곳곳마다 상서구름 피어나오니   저희들의 간절한뜻 살펴주시사
자비하신 부처님 강림하소서.

지심귀명례 시방 법계 상주 삼보
(무릎꿇고 합장하여 이르기를)

나무 지장왕보살 마하살

대비대원 대성대자 보살께서는   미묘하온 온갖공덕 갖추셨나니
대해탈의 큰보배가 나는곳이요   보살들의 맑고밝은 안목이시며
열반으로 인도하는 도사이셔라.
온갖보배 비내리는 여의주처럼   구하는바 모든것을 만족케하며
온갖보배 고루갖춘 섬이시오며   모든선근 키워주는 좋은밭이며
대해탈의 낙을담은 그릇이오며   신묘하온 공덕내는 청정수셔라.
착한이를 비춰주는 햇빛이시며   열과번뇌 식혀주는 달빛이시며
번뇌도적 격파하는 날쎈칼이며   더운여름 나그네의 정자나무며
다리없는 사람에겐 수레와같고   머나먼길 가는이의 자량이시며
길을잃은 나그네의 길잡이시며   미친사람 마음잡는 묘한약이며
병고중의 사람에겐 의사이시며   늙은이들 의지하올 지팡이시며
고달픈이 편이쉬실 평상이시며   생로병사 건네주는 다리이시며
불국토로 가는이의 뗏목이셔라.

모든선근 두루닦은 공덕신이요 　모든선근 얻게되는 등류과시며
항상굴려 베푸옵는 수레바퀴며 　청정계행 견고함은 수미산같고
불퇴전의 용맹정진 금강보배며 　안온하고 부동하기 대지와같고
정밀하온 대선정은 비밀장이며 　화려하온 삼매장엄 꽃다발같고
깊고넓은 대지혜는 바다같으며 　물듦없고 집착않음 허공과같아
묘한과보 가까움은 꽃잎같도다 　일체외도 조복함은 사자왕이요
일체마군 굴복시킴 용상이시며 　번뇌도적 모두베는 신검이시며
번잡함을 싫어함은 독각이시며 　번뇌의때 씻어줌은 맑은물이며
모든악취 없애줌은 선풍과같고 　온갖결박 끊으심은 칼날같으며
온갖공포 막으심은 아버지같고 　온갖원적 막으심은 성곽같으며
온갖액난 구하심은 부모와같고 　겁약한이 숨겨줌은 숲과같아라.
목이마른 사람에겐 청량수되고 　굶주리는 사람에겐 과일이되며
옷이없는 사람에겐 의복이되고 　더위속의 사람에겐 큰구름되고
가난속의 사람에겐 여의보되고 　공포속의 사람에겐 의지처되며
농사짓는 이에게는 단비가되고 　흐린물을 맑힘에는 월애주되어
모든중생 모든선근 두호하시며 　묘한경계 나타내어 즐겁게하며
중생들의 참괴심을 더하게하며 　복과지혜 구하는이 만족케하네
번뇌망상 씻어내기 폭포수같고 　산란심을 거두기는 삼매경계요
걸림없는 대변재는 수차같으며 　깊은삼매 부동함은 묘색과같고
대인욕에 안주함은 수미산같고 　온갖법을 간직함은 바다와같고
대신족이 자재함은 허공같으며 　햇볕아래 얼음녹듯 미혹없애고
선정지혜 구족된섬 두루노닐며 　무공용의 대법륜을 항상굴리는
수승하온 큰공덕은 측량못해라.

오래닦아 견고하온 크신원력과 　대자비와 용맹정진 크신공덕은
일체보살 뛰어넘어 으뜸이기에 　잠시에도 쉬임없이 귀의하옵고
염불하고 예불하고 공양하올때 　모든중생 온갖고통 모두여의고
온갖소원 지체없이 거둬주시어 　천상나고 열반길에 들게하시니
저희들이 일심으로 정례합니다.

지심귀명례 본사 석가모니불

지심귀명례 극락세계 아미타불

지심귀명례 사자분신구족만행불

지심귀명례 각화정자재왕불

지심귀명례 일체지성취불

지심귀명례 청정연화목불

지심귀명례 무변신불

지심귀명례 다보불

지심귀명례 보승불

지심귀명례 파두마승불

지심귀명례 사자후불

지심귀명례 구류손불

지심귀명례 비바시불

지심귀명례 보상불

지심귀명례 가사당불

지심귀명례 대통산왕불

지심귀명례 정월불

지심귀명례 지승불

지심귀명례 정명왕불

지심귀명례 지성취불

지심귀명례 산왕불

지심귀명례 무상불

지심귀명례 묘성불

지심귀명례 만월불

지심귀명례 월면불

지심귀명례 오십삼불

지심귀명례 진시방 삼세 일체제불

지심귀명례 지장보살본원경

지심귀명례 대승대집지장십륜경

지심귀명례 점찰선악업보경

지심귀명례 진시방삼세 일체존법

지심귀명례 입능발지정 지장보살

지심귀명례 입구족무변지정 지장보살

지심귀명례 입구족청정지정 지장보살

지심귀명례 입구족참괴지정 지장보살

지심귀명례 입구족제승명정 지장보살

지심귀명례 입무우신통명정 지장보살

지심귀명례 입구족승통명정 지장보살

지심귀명례 입보조제세간정 지장보살

지심귀명례 입제불등거명정 지장보살

지심귀명례 입금강광정 지장보살

지심귀명례 입전광명정 지장보살

지심귀명례 입구족상묘미정 지장보살

지심귀명례 입구족승정기정 지장보살

지심귀명례 입상묘제자구정 지장보살

지심귀명례 입무쟁지정 지장보살

지심귀명례 입구족세로광정 지장보살

지심귀명례 입선주승금강정 지장보살

지심귀명례 입구족자비성정 지장보살

지심귀명례 입인집제복덕정 지장보살

지심귀명례 입해전광정 지장보살

지심귀명례 이제정력제도병겁 지장보살

지심귀명례 이제정력제질병겁 지장보살

지심귀명례 이제정력제기근겁 지장보살

지심귀명례 현불타신 지장보살

지심귀명례 현보살신 지장보살

지심귀명례 현독각신 지장보살

지심귀명례 현성문신 지장보살

지심귀명례 현대자재천신 지장보살

지심귀명례 현대범천신 지장보살

지심귀명례 현타화자재천신 지장보살

지심귀명례 현야마천신 지장보살

지심귀명례 현도솔천신 지장보살

지심귀명례 현제석천신 지장보살

지심귀명례 현사대천왕신 지장보살

지심귀명례 현전륜왕신 지장보살

지심귀명례 현장부신 지장보살

지심귀명례 현부녀신 지장보살

지심귀명례 현동남신 지장보살

지심귀명례 현동녀신 지장보살

지심귀명례 현용신 지장보살

지심귀명례 현야차신 지장보살

지심귀명례 현나찰신 지장보살

지심귀명례 현아귀신 지장보살

지심귀명례 현사자신 지장보살

지심귀명례 현향상신 지장보살

지심귀명례 현마신우신 지장보살

지심귀명례 현종종금수지신 지장보살

지심귀명례 현염마왕신 지장보살

지심귀명례 현지옥졸신 지장보살

지심귀명례 현지옥제유정신 지장보살

지심귀명례 증장사중수명 지장보살

지심귀명례 증장사중무병 지장보살

지심귀명례 증장사중색력명문 지장보살

지심귀명례 증장사중정계다문 지장보살

지심귀명례 증장사중자구재보 지장보살

지심귀명례 증장사중혜사 지장보살

지심귀명례 증장사중묘정 지장보살

지심귀명례 증장사중안인 지장보살

지심귀명례 증장사중방편 지장보살

지심귀명례 증장사중각분성제광명 지장보살

지심귀명례 증장사중취입대승정도 지장보살

지심귀명례 증장사중법명 지장보살

지심귀명례 증장사중성숙유정 지장보살

지심귀명례 증장사중대자대비 지장보살

지심귀명례 증장사중묘칭변만삼계 지장보살

지심귀명례 증장사중법우보윤삼계 지장보살

지심귀명례 증장사중일체대지정기자미 지장보살

지심귀명례 증장사중일체종자정기자미 지장보살

지심귀명례 증장사중일체선작사업 지장보살

지심귀명례 증장사중정법정기선행 지장보살

지심귀명례 증장사중유익지수화풍 지장보살

지심귀명례 증장사중육도피안묘행 지장보살

지심귀명례 영리우고희구만족 지장보살

지심귀명례 영리우고음식충족 지장보살

지심귀명례 영리우고자구비족 지장보살

지심귀명례 영리원증애락합회 지장보살

지심귀명례 영유중병신심안온 지장보살

지심귀명례 영사독심자심상향 지장보살

지심귀명례 영해뇌옥자재환희 지장보살

지심귀명례 영리수집편달가해 지장보살

지심귀명례 영창신심기력강성 지장보살

지심귀명례 영구제근무유손괴 지장보살

지심귀명례 영리요뇌심무광란 지장보살

지심귀명례 영리탐욕신심안락 지장보살

지심귀명례 영리위난안온무손 지장보살

지심귀명례 영리포외보전신명 지장보살

지심귀명례 영리우고만족다문 지장보살

지심귀명례 우살생자설숙앙단명보 지장보살

지심귀명례 우절도자설빈궁고초보 지장보살

지심귀명례 우사음자설작합원앙보 지장보살

지심귀명례 우악구자설권속투쟁보 지장보살

지심귀명례 우훼방자설무설창구보 지장보살

지심귀명례 우진에자설추루융잔보 지장보살

지심귀명례 우간린자설소구위원보 지장보살

지심귀명례 우음식무도자설기갈인병보 지장보살

지심귀명례 우전렵자정자설경광상명보 지장보살

지심귀명례 우패역부모자설천지재살보 지장보살

지심귀명례 우소림자설광미취사보 지장보살

지심귀명례 우망포생추자설골육분리보 지장보살

지심귀명례 우훼방삼보자설맹롱음아보 지장보살

지심귀명례 우경법만교자설영처악도보 지장보살

지심귀명례 우파용상주자설윤회지옥보 지장보살

지심귀명례 우오범무승자설영재축생보 지장보살

지심귀명례 우탕화참작상생자설체상보 지장보살

지심귀명례 우파계범재자설금수기아보 지장보살

지심귀명례 우비리훼용자설소구궐절보 지장보살

지심귀명례 우오아공고자설비사하천보 지장보살

지심귀명례 우양설투란자설무설백설보 지장보살

지심귀명례 우사견자설변지수생보 지장보살

지심귀명례 백천방편교화중생 지장보살

지심귀명례 문수사리보살

지심귀명례 보현보살

지심귀명례 관세음보살

지심귀명례 대세지보살

지심귀명례 아일다보살

지심귀명례 재수보살

지심귀명례 정자재왕보살

지심귀명례 광목보살

지심귀명례 일광보살

지심귀명례 월광보살

지심귀명례 무진의보살

지심귀명례 해탈보살

지심귀명례 보광보살

지심귀명례 진시방삼세일체보살

지심귀명례 발양계교권선대사도명존자

지심귀명례 진시방삼세일체현성승

예배하온 큰공덕과 뛰어난행의

가이없고 수승한복 회향하옵니다.

원하오니 고에빠진 모든유정들

어서빨리 극락왕생 하여지이다.

나무 대자대비 대원본존 지장보살마하살

(나무 지장보살 염불 · · ·)

삼가 우러러 공경 예경올려~~~

 찬   탄

지장보살 신묘위력 비할데없네

금색화신 곳곳마다 고루나투사

三도六도 중생에게 묘법설하여

四생十류 모든중생 자은을입네.

장상명주 천당길을 밝게비추고

석장떨쳐 지옥문을 활짝여시고

누세종친 친척들을 이끌어내어

九품연대 부처님께 예배케하네.

地藏願讚 二十三尊 稱佛名號

南無無邊身如來	南無多寶如來
나무무변신여래	나무다보여래
南無寶勝如來	南無寶相如來
나무보승여래	나무보상여래
南無波頭摩勝如來	南無袈裟幢如來
나무파두마승여래	나무가사당여래
南無獅子吼如來	南無大通山王如來
나무사자후여래	나무대통산왕여래
南無拘留孫佛	南無淨月佛
나무구류손불	나무정월불
南無毗婆尸佛	南無山王佛
나무비바시불	나무산왕불

地藏願讚 二十三尊 稱佛名號

南無智勝佛	南無月面佛
나무지승불	나무월면불
南無淨名王佛	南無獅子奮迅具足萬行如來
나무정명왕불	나무사자분신구족만행여래
南無智成就佛	南無覺華定自在王如來
나무지성취불	나무각화정자재왕여래
南無無上佛	南無一切智成就如來
나무무상불	나무일체지성취여래
南無妙聲佛	南無清淨蓮華目如來
나무묘성불	나무청정연화목여래
南無滿月佛	
나무만월불	

사적자의 삼인불(법인,보신,화신)깨어나게 하옵시고, 나를 찾는
마음(本心) 깅여,여여, 진리,지혜심,보리심의 대자비로 일인명을
수행하는 보리연이라고, 지극하고 위대하신 佛·法·선지식스승님 發 願
가르침 따라 세계 세게생명 모든중생을 이익되고 이룸제하여, 각각 모두는
'부처님법 승소' 받아年 건강과 행복 온천한 因緣으로 설법게 구제제도하여
주옵시고, 선망조상 부모, 가족 일체 영가 유주 무주 고혼 일체영가
무량수 무량광 아미타 부처님 속히 되어 친도 삼불로 구제되어
일체중생寃親평等 평等성으로 나제 굽어살펴주옵소서.
우무유명교주 대자대비 대원본존 지장보살 가피성취 하여지옵니다!
부처님·불보살님이시여, 확 업이중죄과 사라 等覺得 함께심
감사합니다. 잘못했습니다.
참회하고, 참회하고, 진참회 하옵소서 도와주시옵소서.
무술년 (2018년) 4월 18일 장금지장제일
땅에 뫼뜨려 절을 라옵니다. 度佑(도우)두손모읍니다

나를 찾는

부처님의 위대한 가르침

불설 대 부모은중경
(佛說 大 父母恩重經)

목련경 · 우란분경

불설 대 부모은중경
(佛說 大 父母恩重經)

제1장 이 경을 설한 인연

이와 같이 나는 들었다.
한때 부처님께서 사위국의 왕사성 기수급고독원에서 큰 비구 3만 8천 명과 여러 보살마하살과 함께 계셨다.

제2장 마른 뼈(해골더미)의 가르침

그때에 부처님께서 대중들과 함께 남쪽으로 가시다가 한 해골무더기의 마른 뼈를 보셨다. 부처님께서는 오체를 땅에 대고 그 해골 무더기에 예배를 하셨다.
이를 보고 아난이 부처님께 여쭈었다.
"부처님이시여, 여래께서는 삼계의 큰 스승이시며, 사생의 자비로운 아버지이시며, 여러 사람들이 귀의해 존경하옵는데 어찌하여 마른 뼈에 예배하시옵니까?"
부처님께서 아난에게 말씀하시었다.
"네가 비록 나의 뛰어난 제자이고, 출가한 지도 오래되었지만 아직 널리 알지는 못하는구나. 이 한 무더기의 뼈가 혹시 나의 전생의 오랜 조상이나 부모님의 뼈일 수도 있기에 내가 지금 예배를 하는 것이니라."
부처님께서 다시 아난에게 이르셨다.
"네가 이제 이 한 무더기의 마른 뼈를 가지고 둘로 나누어 보아라. 만일 남자의 뼈라면 희고 무거울 것이요, 만약 여자의 뼈라면 검고 가벼울 것이니라."

아난은 의문이 풀리지 않아 부처님께 다시 여쭈었다.

"부처님이시여, 남자는 이 세상에 살아있을 때 생긴 모양과 갓을 쓰고 큰 옷을 입고 띠를 두르고 가죽신을 신고, 사모로 장식하고 다니기에 남자의 몸인 줄 압니다. 또한 여자는 세상에 살아있을 때 연지와 곤지를 곱게 찍고 난초와 사향으로 치장하고 다니기에 여인의 몸인 줄 알게 됩니다. 그러나 지금처럼 죽은 후의 백골은 모두 같사온데 저로 하여금 어떻게 구별해 보라고 하시옵니까?"

부처님께서 아난에게 말씀하셨다.

"만일 남자라면 세상에 있을 때에 절에 가서 법문도 듣고, 경도 읽고 외우며, 삼보에 예배하고, 염불도 하고, 부처님의 명호도 생각했을 것이므로 그 뼈는 희고 또한 무거울 것이요. 그러나 여자라면 세상에 있을 때 음욕에나 뜻을 두고, 아들 딸을 낳고 키움에 있어, 한 번 아이를 낳을 때마다 서 말 서 되나 되는 엉킨 피를 흘리며 자식에게 여덟 섬 너 말이나 되는 흰 젖을 먹여야 한다. 그런 까닭으로 뼈가 검고 가벼우니라."

아난이 이 말씀을 듣고 어머님 생각에 마음이 마치 칼로 베이는 것처럼 아팠다. 그래서 슬프게 눈물을 흘리며 부처님께 여쭙기를,

"부처님이시여, 어머니의 은덕을 어떻게 갚아야 되겠습니까?"

제3장 자식을 잉태했을 때의 고통

부처님께서 아난에게 말씀하시길

"아난아, 이제 자세히 듣고, 자세히 들어라. 내가 너를 위하여 소상하게 말해주리라. 어머니가 아이를 갖게 되면 열 달 동안 그 고통과 수고가 말할 수 없느니라.

어머니가 자식을 잉태한 지 첫 달이 지나면 그 기운이 마치 풀 위에 맺힌 이슬과 같아서 아침에는 잘 보존하나 저녁에는 보존하지

못한다. 이는 이른 새벽에는 피가 모여 들었다가 낮이 되면 흩어지기 때문이다.

어머니가 자식을 잉태한 지 둘째 달에는 마치 엉킨 우유와 같게 되느니라.

어머니가 자식을 잉태한 지 셋째 달에는 마치 엉킨 피와 같느니라.

어머니가 잉태한 지 넷째 달에는 점차로 사람의 형상을 이루어 가느니라.

어머니가 자식을 잉태한 지 다섯 달이 되면 뱃속에서 다섯 부분의 모양이 생겨나게 된다. 이 다섯 부분의 모양이란 머리가 한 부분이고, 두 팔꿈치를 합하여 셋이 되며, 무릎을 합하여 모두 다섯 부분이 되느니라.

어머니가 자식을 잉태한 지 여섯 달이 되면 어머니 뱃속에서 여섯 가지 육정(六精)이 열리게 되느니라. 여섯 가지 육정이란, 첫째 눈이 한 정기요, 둘째 귀가 한 정기이며, 셋째 코가 한 정기이며, 넷째 혀가 한 정기이고, 다섯째 몸이 한 정기이며, 여섯째 뜻이 한 정기이니라.

어머니가 자식을 잉태한 지 일곱 달이 되면 어머니 뱃속에서 3백 6십 뼈마디와 8만 4천의 털구멍이 생기게 되느니라.

어머니가 자식을 잉태한 지 여덟 달이 되면 의식과 지혜가 생기고 아홉 개의 구멍이 뚜렷하게 되느니라.

어머니가 자식을 잉태한 지 아홉 달이 되면 어머니의 뱃속에서 무엇인가를 먹게 된다. 복숭아나 배, 마늘은 먹지 않고 오곡만을 먹게 되느니라.

어머니의 생장(生藏: 심장·간장·비장·폐장 등)은 아래로 향하고, 숙장(熟藏: 창자 및 위장, 방광을 말함)은 위로 향한 곳에 한 산이 있었는데 세 가지 이름을 갖느니라. 한 이름은 수미산이요, 또 한 이름은 업산이요, 또 한 이름은 혈산이다. 이 산이 한번 무너지게 되면 한 덩어리의 엉킨 피가 되어서 태아의 입속으로 흘러들게 되느니라.

어머니가 자식을 잉태한 지 열 달이 되면 마침내 태어나게 되는데 만일 효순(孝順)할 자식이라면, 두 손을 모아 합장하고 나오므로 어머니의 몸을 상하지 않게 한다. 그러나 만일 오역의 죄를 범할 자식이면 어머니의 아기집을 찢어 놓고 손으로는 어머니의 심장이나 간을 움켜쥐며, 발로는 어머니의 골반을 밟고 서서 어머니로 하여금 마치 1천 개의 칼로 배를 쑤시며 1만 개의 송곳으로 심장을 쑤시는 것처럼 고통을 주게 된다. 이런 고통을 겪으면서 자식을 낳은 뒤에도, 오히려 열 가지 은혜를 더 갖는다."

제4장 낳으시고 기르신 은혜
(부처님께서의 게송)

첫째, 자식을 잉태하여 지키고 보호해 주신 은혜를 노래하노라.

여러 겁 거듭하여 온 깊은 인연으로
금생에 다시 와서 모태에 들었네.
날 지나고 달이 지나서 오장이 생겨나고
여섯 달이 되어서 육정이 열렸네.
한 몸뚱이 무겁기가 산악과 한 가지요
가고 서는 몸놀림에 바람과 재앙 조심하며
좋고 좋은 비단옷 모두 다 입지 않고
매일 단장하던 거울에는 티끌만 묻었네.

둘째, 자식을 낳으실 때 수고하신 은혜를 노래하노라.

아이를 배어 열 달 지나
어려운 해산 날이 다가오면

아침마다 흡사 중병 든 사람 같고
나날이 정신마저 흐려지고
두렵고 겁난 마음 어이 다하리.
근심 짓는 눈물은 흉금을 채우고
슬픈 빛을 띠우고 주위에 하는 말
이러다가 죽지 않나 겁이 나네.

셋째, 자식을 낳고 모든 근심을 잊어버리신 은혜를 노래하노라.

자비로운 어머니 그대 낳은 날
오장이 모두 열려 벌어진 듯
몸과 마음이 함께 가무러쳤고
피를 흘려놓은 것이 양을 잡은 듯하네.
낳은 아이 건강하다는 말 듣고
그 환희가 배로 늘었네.
기쁨이 가라앉자 다시 슬픔이 오고
아픔이 심장까지 미치네.

넷째, 쓴 것은 삼키시고 단 것은 뱉아 먹이시는 은혜를 노래하노라.

무겁고도 깊으신 부모님 은혜
베푸시고 사랑하심 한 때도 변치 않고
단 것은 다 뱉으시니 잡수실 것 무엇이며
쓴 것만을 삼키셔도 싫어함이 없으시네.
사랑이 무거우니 정을 참기 어렵고
은혜가 깊으니 슬픔만 더하도다.
다만 어린 자식 배부르기만 바라시고
자비하신 어머니 굶주려도 만족하시네.

다섯째, 마른 자리 아이 누이시고 젖은 자리 누우시는 어머니 은혜를 노래하노라.

어머니 당신은 젖은 자리 누우시고
아이는 안아서 마른 자리 누이시네.
두 젖으로는 목마름을 채워 주시고
고운 옷소매로는 찬바람 막아 주시네.
아이 걱정에 밤잠을 설치셔도
아이 재롱으로 기쁨을 다하시네.
오직 하나 아이를 편하게 하시고
자비하신 어머니 불편도 마다 않으시네.

여섯째, 젖을 먹여 길러주신 은혜를 노래하노라.

어머니의 깊은 은혜 땅과도 같고
아버지의 높은 은혜 하늘과 같네.
깊은 마음 땅과 같고, 높은 마음 하늘 같아
어머니마음 그러하고, 아버지마음 그러하네.
두 눈이 없다 해도 좋아하는 마음 끝이 없고
손발이 불구라 해도 귀여워하시네.
내 몸 속에서 키워 낳으신 까닭에
온 종일 아끼시며 사랑하시네.

일곱째, 깨끗하지 못한 것을 씻어주신 은혜를 노래하노라.

아아, 아름답던 옛 얼굴
아리따운 그 모습 소담하신 몸매.
푸른 눈썹은 버들빛을 가른 듯

붉은 두 뺨은 연꽃빛을 안은 듯
은혜가 더할수록 그 모습은 여위었고
더러움 씻기다 보니 이마에 주름만 느네.
아아, 아들 딸 생각하는 가없는 노고
어머니의 얼굴이 저리 변하였네.

여덟째, 자식이 멀리 나갔을 때 걱정하시는 은혜를 노래하노라.

죽어서 이별이야 말할 것도 없고
살아서 생이별 또한 고통스러운 것.
자식이 집 떠나 멀리 나가면
어머니의 마음 또한 타향에 가 있네.
낮이나 밤이나 자식 뒤쫓는 마음
흐르는 눈물은 천 갈래 만 갈래
새끼를 사랑하는 어미원숭이 울음처럼
자식생각에 애간장이 녹아나네.

아홉째, 자식을 위한 마음으로 나쁜 업을 행하시는 은혜를 노래하노라.

아버지 어머니 은혜 강산같이 소중하나
갚고 갚아도 갚기 어려워라.
자식의 괴로움 대신 받기 원하시고
자식이 고단하면 어머니 마음 편치 않네.
자식이 먼 길 떠난다는 말 들으시면
가는 길 밤 추위 걱정하시네.
아들딸의 잠깐 고생도
어머니는 오래도록 마음 졸이네.

열째, 끝없는 자식사랑으로 애태우시는 은혜를 노래하노라.

깊고 무거운 부모님의 크신 은혜
베푸신 큰 사랑 잠시도 그칠 새 없네.
앉으나 일어서나 마음을 놓지 않고
멀거나 가깝거나 항상 함께 하시네.
어머님 연세 백 세가 되어도
팔십된 자식을 항상 걱정하시네.
부모님의 이 사랑 언제 끊어지리이까.
이 목숨 다할 때까지 미치오리.

제5장 부모님 은혜를 잊어버리는 불효

부처님께서 다시 아난에게 말씀하셨다.
"내가 중생을 보니 비록 사람의 모양은 하였으나 마음과 행동이 어리석고 어두워서 부모님의 크신 은혜와 덕을 알지 못하느니라. 그래서 부모를 공경하는 마음을 잃고 은혜를 버리고 덕을 배반하며, 어질고 자비로움이 없어서 효도를 하지 않고 의리가 없느니라."

부처님께서 계속 말씀하셨다.
"어머니가 아이를 가져 열 달 동안은 일어서고 앉는 것이 매우 불편하여 무거운 짐을 진 것과 같고 음식이 잘 소화되지 않아서 마치 큰 병든 사람과 같다. 달이 차서 아이를 낳을 때도 고통이 심하여 잠깐 동안의 잘못으로 죽게 되지 않을까 하는 두려움에 싸이며, 돼지나 양을 잡은 것처럼 피가 흘러 땅을 적신다. 온갖 고통을 이처럼 받으신 뒤, 이 몸을 낳아서 쓴 것을 삼키고 단 것은 뱉아 먹이시며 안아주고 업어서 기르신다. 더러운 것을 빨아도 싫어하지 않으시고 더운 것도 참고, 추운 것도 참아 온갖 고생 마다 않으신다. 마른 곳을 골라서 자식을 누이시고 자신은 젖은 곳도 사양하지 않고 주무신다.

3년 동안 어머니의 젖을 먹고 자라서 마침내 나이가 들면 예절과 의리를 가르치며, 시집장가 들이고 벼슬자리에 내보내기 위하여 공부도 시키고 직업도 갖게 한다. 이렇게 애써 가르쳐도 은혜로운 정이 끊겼다고는 말할 수 없다.

아들딸이 병이라도 들게 되면 부모님 또한 병이 생기며, 자식의 병이 나아야 자애로운 부모님의 병이 또한 나으신다. 이렇게 기르시면서 하루빨리 어른이 되기를 바라신다."

부처님께서 계속 말씀하셨다.
"이윽고 자식이 다 자란 뒤에는 도리어 불효를 행한다. 부모와 함께 이야기를 나눌 때 마음에 맞지 않는다고 눈을 흘기고 눈동자를 굴린다. 큰 아버지와 작은 아버지도 속이고 형제간에 서로 때리고 따르지 않고, 부모님의 가르침과 지시도 따르지 않고 형제간의 말도 일부러 어긴다.

출입하고 왕래함에 있어서도 어른께 말씀드리기는커녕 말과 행동이 교만하여 매사를 제멋대로 처리한다.

이런 것을 부모가 타이르고, 어른들이 그른 것을 바로 말해 주어야 하거늘 어린 아이라고 어여쁘게 생각하여 웃어른들이 덮어주기만 한다.
그래서 점점 커가면서 사나워지고 삐뚤어져서 잘못한 일도 반성하지 않고 오히려 성을 내게 된다.

또한 좋은 벗을 버리고 나쁜 사람을 벗으로 사귄다. 그러나 나쁜 습성이 천성이 되어 몹쓸 계획을 세우며, 남의 꾀임에 빠져 타향으로 도망쳐가서 마침내는 부모를 배반하게 된다.

집을 떠나고 고향을 이별하여 혹 장삿길로 나서거나 혹 싸움터에 나가 지내다가 갑자기 객지에서 결혼이라도 하게 되면 이로 말미암아 오랫동안 집에 돌아오지 못하게 된다.

혹은 타향에서 잘못하여 남의 꾀임에 빠져 횡액으로 갇히게 되어 억울하게 형벌을 받기도 하며, 감옥에 갇혀 목에 칼을 쓰고 손발에 쇠고랑을 차기도 한다.

혹 우연히 병을 얻어 고난을 당하거나 모질고 사나운 운수에 얽혀 고통과 고난에 배고프고 고달파도 누구 하나 보살펴주는 사람이 없다. 남의 미움과 천대를 받아 거리에 나앉는 신세가 되어 죽게 되어도 구해주고 돌보아줄 사람이 없다.

죽게 되어 시체는 부풀어 터지고 썩어서 볕에 쬐고 바람에 날려 백골만 뒹굴게 된다.
이렇게 타향땅에 버려져서 친척들과 함께 만나 즐겁게 지내기는 영영 멀어진다.

이렇게 되면 부모는 자식을 뒤쫓아 항상 근심하고 걱정으로 산다. 혹은 울다가 눈이 어두워지기도 하며, 혹은 비통하고 애끓는 마음에 기가 막혀 병이 되기도 한다. 혹은 자식생각에 몸이 쇠약해서 죽기도 하며, 이로 인해 외로운 혼이 원한이 되어서 끝내 잊어버리지 못한다.

혹은 다시 들으니, 자식이 효도와 의리를 숭상하지 않고, 나쁜 무리들과 어울려서 무례하고 추악하고 거칠고 사나워져서 무익한 일을 익히기 좋아하고, 남과 싸우며, 도둑질하고, 술 마시고 노름을 하며, 여러 가지 잘못을 저지른다. 이로 인해 형제에게까지 그 누를 끼치며 부모의 마음을 어지럽게 한다. 새벽에 나갔다가 저녁 늦게야 돌아와서 부모를 근심에 싸이게 한다.

부모의 생활형편이 춥거나 더운 것에는 조금도 아랑곳하지 않고, 아침 저녁이나 초하루 보름에도 부모를 편히 모실 생각은 추호도 하지 않는다. 부모가 나이 들어 쇠약하여 모습이 보기 싫게 되면 오히려 남이 볼까 부끄럽다고 괄시와 구박을 한다.
혹은 또 아버지가 홀로 되거나 어머니가 홀로 되어 빈 방을 혼자서 지키게 되면, 마치 손님이 남의집살이하는 것처럼 여겨 평상과 자리의 먼지와 흙을 털고 닦을 때가 없으며, 부모가 있는 곳에 문안하거나 살펴보는 일이 없다. 방이 추운지 더운지, 부모가 배가 고픈지 목이 마른지 일찍이 알 까닭이 없다.
이리하여 부모는 밤낮으로 스스로 슬퍼하고 탄식을 한다.

혹 맛있는 음식을 얻으면 이것으로 부모님께 봉양해야 함에도 불구하고 이를 도리어 부끄럽게 여기고 다른 사람들이 비웃는다고 하면서도, 혹 좋은 음식을 보면 이것을 가져다가 제 아내와 자식은 주면서도 추하고 못났다 하지 않고 피로하고 수고스럽지만 부끄럽다 하지 않는다.

또 아내와 첩에 대한 약속은 무슨 일이든지 잘 지키면서도 부모의 말씀과 꾸지람은 전혀 어렵고 두렵게 생각하지 않는다.

혹은 딸자식일 경우 남의 배필이 되어 시집가게 되면, 시집가기 전에는 모두 효도하고 순종하더니 혼인을 한 후에는 불효한 마음이 점점 늘어난다.

부모가 조금만 꾸짖어도 원망하면서 제 남편이 때리고 꾸짖는 것은 이를 참고 달게 여긴다.

성이 다른 남편 쪽 어른에게는 정이 깊고 사랑이 넘치면서 자기의 육친에게는 도리어 소홀하게 대한다.

혹 남편을 따라서 타향으로 옮겨가게 되면, 부모를 이별하고서도 사모하는 마음이 없으며 소식도 끊어지고 편지도 없게 된다.

그리하여 부모는 간장이 끊어지고 오장육부가 뒤집힌 듯하여, 딸의 얼굴을 보고 싶어 하는 것이 마치 목마른 때에 물을 생각하듯 간절하여 잠시도 쉴 새가 없게 된다.

이렇게 부모의 은덕은 한량이 없고 끝이 없건만 불효의 죄는 이와 같이 이루 다 말할 수가 없다."

제6장 부모님 은혜 갚기의 어려움

이때 여러 제자들이 부처님께서 말씀하시는 부모님의 은덕을 듣고 몸을 일으켜 땅에 던지고 스스로 몸의 털구멍마다 모두 피를 흘리며 기절하여 땅에 쓰러졌다. 한참 후에 깨어나서 큰 소리로 부르짖었다.

"괴롭고 슬퍼서 마음이 아픕니다. 우리들은 이제야 죄인임을 깊이 알게 되었습니다. 그동안은 아무것도 몰라서 깜깜하기가 마치 밤에 길을 걷는 것 같더니 이제 비로소 잘못된 것을 깨닫고 보니 심장과 쓸개가 모두 부서지는 듯싶습니다.

바라옵건대 부처님이시여, 불쌍히 여기시어 구제해 주시옵소서. 어떻게 해야 부모님의 깊은 은혜를 갚겠습니까?"

이 때 부처님께서는 여덟 가지의 깊고도 무거운 법음으로 여러 사람들에게 말씀하셨다.

"너희들은 마땅히 알아야 할 것이다. 내가 이제 너희들을 위하여 분별해서 설명하리라.

가령 어떤 사람이 왼쪽 어깨에 아버지를 모시고 오른쪽에 어깨에 어머니를 모시고, 피부가 닳아져 뼈에 이르고 뼈가 닳아져 골수에 미치도록 수미산을 백천 번 돌더라도 오히려 부모님의 은혜는 갚을 수가 없느니라.

가령 어떤 사람이 굶주리는 흉년의 액운을 당해서 부모를 위하여 자기의 온 몸뚱이를 도려내어 티끌같이 잘게 갈아서 백천 겁이 지나도록 봉양하여도 오히려 부모님의 깊은 은혜는 갚을 수 없느니라.

가령 어떤 사람이 잘 드는 칼로써 부모님을 위하여 자기의 눈동자를 도려내어 부처님께 바치기를 백천 겁이 지나도록 하여도 오히려 부모님의 깊은 은혜를 갚을 수 없느니라.

가령 어떤 사람이 부모님을 위하여 아주 잘 드는 칼로 그의 심장과 간을 베어서 피가 흘러 땅을 적셔도 아프다는 말을 하지 않고 괴로움을 참으며 백천 겁이 지난다 하더라도 오히려 부모님의 깊은 은혜는 갚을 수 없느니라.

가령 어떤 사람이 부모님을 위하여 아주 잘 드는 칼로 자기의 몸을 찔러 칼날이 좌우로 드나들기를 백천 겁이 지나도록 하더라도 오히려 부모님의 깊은 은혜는 갚을 수가 없느니라.

가령 어떤 사람이 부모님을 위하여 몸을 심지로 삼아 불을 붙여서 부처님께 공양하기를 백천 겁이 지나도록 공양하여도 오히려 부모님의 깊은 은혜는 갚을 수 없느니라.

가령 어떤 사람이 부모님을 위하여 뼈를 부수고 골수를 꺼내며, 또는 백천 개의 칼과 창으로 몸을 쑤시기를 백천 겁이 지나도록 하여도 오히려 부모님의 은혜는 갚을 수 없느니라.

가령 어떤 사람이 부모님을 위하여 뜨거운 무쇠탄환을 삼켜 온몸이 불타도록 하기를 백천 겁이 지나도록 하여도 오히려 부모님의 깊은 은혜는 갚을 수가 없느니라."

이 때에 여러 제자들은 부처님께서 말씀하시는 부모님의 깊은 은덕을 듣고 눈물을 흘리고 슬피 울면서 부처님께 여쭈었다.

"부처님이시여, 저희들이 이제야 큰 죄인임을 알았습니다. 어떻게 해야 부모님의 깊은 은혜를 갚을 수 있겠습니까?"

부처님께서 제자들에게 말씀하시기를,

"부모님의 은혜를 갚으려거든 부모님을 위하여 이 경을 쓰고, 부모님을 위하여 이 경을 독송하며, 부모님을 위하여 죄와 허물을 참회하고, 부모님을 위하여 삼보를 공경하고, 부모님을 위하여 재계(齋戒: 몸과 마음을 깨끗하게 함)를 받아 지니며, 부모님을 위하여 보시하고, 복을 닦아야 하느니라.

만일 능히 이렇게 하면 효도하고 순종하는 자식이라 할 것이요, 이렇지 못한다면 이는 지옥에 떨어질 사람이니라."

제7장 불효에 대한 과보

부처님께서 아난에게 말씀하셨다.
"불효한 자식은 몸이 무너져 목숨을 마치게 되면 아비무간지옥에 떨어지느니라.

이 큰 지옥은 길이와 넓이가 팔만 유순이나 되고, 사면에는 무쇠 성이 둘려 있고, 그 주위에는 다시 철망으로 둘러싸여 있느니라. 그리고 그 땅은 붉은 무쇠로 되어 있는데 거기서는 불길이 맹렬히 타오르며 우레가 치고 번개가 번쩍이느니라.

여기서 끓는 구리와 무쇠 녹인 물을 죄인의 입에 부어 넣으며, 무쇠로 된 뱀과 구리로 된 개가 항상 연기와 불을 토하는데 이 불은 죄인을 태우고 지지고 볶아 기름이 지글지글 끓게 되니 그 고통과 비통함은 견딜 수가 없느니라.

그 위에 무쇠채찍과 무쇠꼬챙이, 무쇠망치와 무쇠창 그리고 칼과 칼날이 비와 구름처럼 공중으로부터 쏟아져 내려 사람을 베고 찌른다. 이렇게 죄인들을 괴롭히고 벌을 내리는 것을 여러 겁이 지나도록 하여 고통을 받게 하는 것이 쉴 사이가 없느니라.

또, 이 사람을 다시 다른 지옥으로 데리고 가서 머리에 화로를 이고 무쇠수레로 사지를 찢으며, 창자와 살과 뼈가 불타고 하루에도 천만 번 죽고 살게 한다.
이렇게 고통을 받는 것은 모두 전생에 오역의 불효죄를 저질렀기 때문이니라."

제8장 부모님의 은혜를 갚는 길

이 때 모든 사람들이 부처님께서 부모님의 은덕을 말씀하시는 것을 보고 눈물을 흘리고 슬피 울면서 부처님께 여쭈었다.

"저희들이 이제 어떻게 해야 부모님의 깊은 은혜를 갚을 수 있겠습니까?"

이에 부처님은 제자들에게 말씀하셨다.
"부모님의 은혜를 갚고자 하거든 부모님을 위하여 이 경전을 다시 펴는 일을 한다면 이것이 참으로 부모의 은혜를 갚는 것이 되느니라.

경전 한 권을 펴내면 한 부처님을 뵈옵는 것이오, 백 권을 펴내면 백 부처님을 뵈옵는 것이오, 천 권을 펴내면 천 부처님을 뵈옵는 것이오, 만 권을 펴내면 만 부처님을 뵈옵는 것이니라.

이렇게 한 사람은 경을 펴낸 공덕으로 모든 부처님들이 오셔서 항상 옹호해 주시는 까닭에 이 사람이 부모로 하여금 천상에서 태어나게 하여 모든 즐거움을 받으며 지옥의 괴로움을 영원히 여의게 되느니라."

제9장 부처님께 맹세

이 때 여러 사람 가운데 아수라 · 가루라 · 긴나라 · 마후라가 · 인(人) · 비인(非人) · 천(天) · 용 · 야차 · 건달바와 또 여러 작은 나라의 왕들과 전륜성왕과 모든 사람들이 부처님의 말씀을 듣고 각각 이렇게 발원했다.

"저희들은 오는 세상이 다하도록 차라리 이 몸이 부서져 작은 먼지같이 되어서 백천 겁을 지낼지언정 맹세코 부처님의 가르침을 어기지 않겠습니다.

또 차라리 백천 겁 동안 혀를 백 유순이 되도록 빼어내어 이것을 다시 쇠보습으로 갈아서 피가 흘러 내를 이룬다 해도 맹세코 부처님의 가르침을 어기지 않겠습니다.

또 차라리 백천 자루의 칼로 이 몸을 좌우로 찌르더라도 맹세코 부처님의 가르침을 어기지 않겠습니다.

또 차라리 작두와 방아로 이 몸을 썰고 찧고 하여 백천만 조각을 내어 가죽과 살과 힘줄과 뼈가 모두 가루가 되어 백천 겁을 지나더라도 끝까지 부처님의 가르침을 어기지 않겠습니다."

제10장 불설 대 부모은중경

이 말을 듣고 아난이 부처님께 여쭈었다.
"부처님이시여, 이 경을 무엇이라 이름하며 어떻게 받들어 지니오리까?"

부처님께서 아난에게 말씀하셨다.
"이 경은 크게 부모의 은혜를 갚는 경이니 '불설대부모은중경'이라 할 것이며, 이렇게 이름을 지어 너희들은 항상 받들어 지닐지니라."

그 때 모든 사람 가운데 천(天)·인(人)·아수라 등이 부처님 말씀을 듣고 모두 크게 기뻐하여 이 말을 믿고 받들어 그대로 행할 것을 맹세하고 절하고 물러갔다.

아버님의 은혜 하늘 보다 높고, 어머님의 자비로우신 은혜
땅과 같고 바다보다 깊어서 불효자(수행자 법명 본명)
땅에 엎드려 잘못과 참회의 용서를 바라옵니다.

참회진언: 옴 살바 못자 모지 사다야 사바하

대보부모은중진언(大報父母恩重眞言)
(선망부모 조상님의 은혜를 갚겠다는 진언)
나무 삼만다 못다남 옴 아아나 사바하　(7번)

선망부모 왕생정토진언(先亡父母 往生淨土眞言)
(선망부모님들께서 정토에 왕생 극락케 하는 진언)
나무 삼만다 못다남 옴 싯데율이 사바하　(7번)

원이차공덕　보급어일체　아등여중생
당생극락국　동견무량수　개공성불도

나무석가모니불 나무석가모니불 나무시아본사 석가모니불
나무 대자대비 대원본존 지장보살마하살님
나무 나를 찾는 부처님의 위대한 가르침
나무 지장보살본원경
나무 시방삼세 일체 제불보살님
나무 구문지본존 허공장보살마하살님
나무 대방광불화엄경
나무 금강회상 화엄성중님
나무 마하반야바라밀
무량수 무량광 나무아미타불

광명진언 (光明眞言)

옴 아모카 바이로차나 마하무드라
마니 파드마 스바라 프라바를 타야 훔

옴 아모카 바이로차나 마하무드라
마니 파드마 스바라 프라바를 타야 훔

옴 아모카 바이로차나 마하무드라
마니 파드마 스바라 프라바를 타야 훔

옴 아모카 바이로차나 마하무드라
마니 파드마 스바라 프라바를 타야 훔

옴 아모카 바이로차나 마하무드라
마니 파드마 스바라 프라바를 타야 훔

옴 아모카 바이로차나 마하무드라
마니 파드마 스바라 프라바를 타야 훔

옴 아모카 바이로차나 마하무드라
마니 파드마 스바라 프라바를 타야 훔

옴 아모카 바이로차나 마하무드라
마니 파드마 스바라 프라바를 타야 훔

옴 아모카 바이로차나 마하무드라
마니 파드마 스바라 프라바를 타야 훔

옴 아모카 바이로차나 마하무드라
마니 파드마 스바라 프라바를 타야 훔

옴 아모카 바이로차나 마하무드라
마니 파드마 스바라 프라바를 타야 훔

옴 아모카 바이로차나 마하무드라
마니 파드마 스바라 프라바를 타야 훔

慶佑 合掌

大方廣佛華嚴經略纂偈
대 방 광 불 화 엄 경 약 찬 게

若 有 聞 斯 功 德 海　而 生 歡 喜 信 解 心
약유문사공덕해　이생환희신해심

如 所 稱 揚 悉 當 獲　愼 勿 於 此 懷 疑 念
여소칭양실당획　신물어차회의념

만일 이러한 바다 같은 화엄공덕을 듣고서
기뻐하고 믿어 받아들이는 마음을 내면
화엄공덕을 응당 모두 얻게 되리니
삼가 이에 대해 조금도 의심을 내지 말지어다.

- 화엄경 입법계품 -

마하반야바라밀다심경

관자재보살행심반야바라밀다시조견오온개

공도일체고액사리자색불이공공불이색색즉

시공공즉시색수상행식역부여시사리자시제

법공상불생불멸불구부정부증불감시고공중

무색무수상행식무안이비설신의무색성향미

촉법무안계내지무의식계무무명역무무명진

내지무노사역무노사진무고집멸도무지역무

득이무소득고보리살타의반야바라밀다고심

무가애무가애고무유공포원리전도몽상구경

열반삼세제불의반야바라밀다고득아뇩다라

삼먁삼보리고지반야바라밀다시대신주시대

명주시무상주시무등등주능제일체고진실불

허고설반야바라밀다주 즉설주왈

아제아제바라아제바라승아제 모지사바하

아제아제바라아제바라승아제 모지사바하

아제아제바라아제바라승아제 모지사바하

무술년 2018년 4월 29일 사경자 : 度佑 도우

<본 사경은 앞·뒤 양면입니다.>

摩訶般若波羅蜜多心經

觀自在菩薩行深般若波羅蜜多時照見五蘊皆

空度一切苦厄舍利子色不異空空不異色色卽

是空空卽是色受想行識亦復如是舍利子是諸

法空相不生不滅不垢不淨不增不減是故空中

無色無受想行識無眼耳鼻舌身意無色聲香味

觸法無眼界乃至無意識界無無明亦無無明盡

乃至無老死亦無老死盡無苦集滅道無智亦無

得以無所得故菩提薩埵依般若波羅蜜多故心

無罣礙無罣礙故無有恐怖遠離顚倒夢想究竟

涅槃三世諸佛依般若波羅蜜多故得阿耨多羅

三藐三菩提故知般若波羅蜜多是大神咒是大

明咒是無上咒是無等等咒能除一切苦眞實不

虛故說般若波羅蜜多咒 卽說咒曰

揭諦揭諦波羅揭諦波羅僧揭諦菩提娑婆訶

揭諦揭諦波羅揭諦波羅僧揭諦菩提娑婆訶

揭諦揭諦波羅揭諦波羅僧揭諦菩提娑婆訶

無戌년 2018年 5月 27日 寫經者 : 度佑 도우 법도 도울우

<본 사경은 앞·뒤 양면입니다.>

대방광불화엄경약찬게의 요약

1. 대방광불화엄경(大方廣佛華嚴經)의 뜻

1) 경명(經名)을 줄여서 『화엄경』이라고 하며, 범어로는 '마하 바이프랴 붓다 간다 뷰하 수트라(mahā vaiplya buddha gaṇda vyūha sūtra)'라고 한다.

2) '시방세계 온 곳곳에 반듯하고 넓고 무한하게 붓다의 꽃으로 아름답게 장엄된 진리의 세계를 설하고 있는 붓다의 가르침'

2. 대방광불화엄경의 종류

1) 60권 화엄경 (삼장 불타발타라 한역 359~429) → 7처 8회 34품

2) 80권 화엄경 (삼장 실차난타 한역 652~710) → 7처 9회 39품

3) 40권 화엄경 (삼장 반야 한역 생멸 연대 미상)

3. 대방광불화엄경약찬게의 내용과 구성

1) 「화엄경약찬게」는 총 770자로 되어 있으며 화엄경의 조직과 구성을 압축시켜 반시(槃試) 형식으로 갖추어져 있다.

2) 「화엄경약찬게」는 저자가 용수보살이라고 하지만 좀 더 재고할 여지가 남아 있다.

3) 「화엄경약찬게」는 『80 화엄경』을 저본으로 하여 구성되어져 있다.

4) 「화엄경약찬게」는 한국에서만 유통되고 있으며 그 문헌적 토대가 되는 것은 『화엄법화약찬총지(華嚴法華略纂摠持)』이다.

4. 「화엄경약찬게」의 조직

1) 제목 - 대방광불화엄경 ~ 용수보살약찬게

2) 3신불께 귀의 - 비로자나불, 노사나불, 석가모니불

3) 화엄회상의 성현 찬탄 - 보현보살제대중 ~ 선재동자동남녀 기수무량 불가설

4) 선재동자의 53선지식 참문
   - 선재동자선지식 문수사리 최제일 ~ 시방허공제세계 역부여시상설법

5) 화엄경 설처의 7처 9회 39품
   - 육육육사급여삼 일십일일역부일 ~ 시위십만게송경 삼십구품원만교

6) 화엄경 수지공덕 - 풍송차경신수지 ~ 시명비로자나불

大方廣佛華嚴經略纂偈
대 방 광 불 화 엄 경 약 찬 게

제목

大 方 廣 佛 華 嚴 經　　龍 樹 菩 薩 略 纂 偈
1. 대방광불화엄경　용수보살약찬게

광대무변한 온 우주법계에 반듯하고 넓고 무한하게 붓다의 꽃으로
장엄된 붓다의 가르침인 대방광불화엄경을
대승의 법사이신 용수보살께서 요약하여 반시로 지으셨네.

귀의

南 無 華 藏 世 界 海　　毘 盧 遮 那 眞 法 身
2. 나무화장세계해　비로자나진법신

연꽃의 아름다움과 향기처럼 불과(佛果)의 꽃으로 광대하게
갈무리 되어 있는 연화장세계는 바다같이 다함이 없으시며
진실한 법신께서 법좌하고 계시는 비로자나부처님께 귀의합니다.

現 在 說 法 盧 舍 那　　釋 迦 牟 尼 諸 如 來
3. 현재설법노사나　석가모니제여래

지금 현재 법을 설하시는 원만보신노사나부처님과 석가모니부처님과
모든 부처님께 귀의합니다.

過 去 現 在 未 來 世　　十 方 一 切 諸 大 聖
4. 과거현재미래세　시방일체제대성

과거, 현재, 미래의 세계에 계시는 부처님
그리고 시방세계 온 곳곳에 계시는 일체 모든 큰 성인들께
귀의합니다.

根 本 華 嚴 轉 法 輪　　海 印 三 昧 勢 力 故
5. 근본화엄전법륜　　해인삼매세력고

생사해탈 깨달음의 근본 가르침인 대방광불화엄경인
법의 수레바퀴를 굴리시는 것은 해인삼매의 크나큰 공덕의
힘 때문입니다.

화엄회상 신중들

普 賢 菩 薩 諸 大 衆　　執 金 剛 神 身 衆 神
6. 보현보살제대중　　집금강신신중신

행원이 뛰어나신 보현보살님을 위시하여 모든 대중들
그리고 금강저를 지니신 집금강신과
중생을 위해 모든 부처님께 공양을 올리는 신중신

足 行 神 衆 道 場 神　　主 城 神 衆 主 地 神
7. 족행신중도량신　　주성신중주지신

오래부터 견고한 서원 일으키어 항상 따르는 족행신과
미묘하게 장엄된 도량을 보이어 중생을 교화하는 도량신,
그리고 일체중생의 보리심성(城)을 부지런히 수호하는 주성신 무리와
묘법 듣기를 좋아하는 주지신이며

主 山 神 衆 主 林 神　　主 藥 神 衆 主 稼 神
8. 주산신중주림신　　주약신중주가신

일체 지혜와 선근의 도를 도우며 높고 크기가 산과 같은 주산신 무리와
그리고 주림신,
묘약을 방편으로 중생의 병을 소멸하는 해탈문을 이룬 주약신 무리와
주가신이며

主 河 神 衆 主 海 神　　主 水 神 衆 主 火 神

9. 주하신중주해신　주수신중주화신

중생의 번뇌의 때를 널리 씻어내 주는 주하신 무리와

중생을 제도하여 생사의 바다를 초월하게 하는 주해신과

그리고 항상 대자비를 닦는 주수신 무리와

지혜의 광명으로 비추어 빛나게 하는 주화신이며

主 風 神 衆 主 空 神　　主 方 神 衆 主 夜 神

10. 주풍신중주공신　주방신중주야신

마니(摩尼)로 관(冠)을 갖는 주풍신 무리와

법계의 일체 허공을 장엄하는 주공신

그리고 시방 일체 의식(儀式)을 밝게 아는 주방신 무리와

무명의 어둠을 제멸하는데 노력하는 주야신이며

主 晝 神 衆 阿 修 羅　　迦 樓 羅 王 緊 那 羅

11. 주주신중아수라　가루라왕긴나라

일심으로 부처님의 해(광명)를 밝히는 주주신 무리와

모든 여래의 몸을 성취하여 세간을 벗어나려는 아수라왕과

일체중생을 생사의 바다에서 벗어나게 하려는 가루라왕과

긴나라 호법선신 대중들이며

摩 睺 羅 伽 耶 叉 王　　諸 大 龍 王 鳩 槃 茶

12. 마후라가야차왕　제대용왕구반다

부처님께 환희하여 허리 굽혀 공경하는 마후라가왕과

일체중생을 부지런히 지키고 보호하는 야차왕

그리고 항상 일체 지혜의 지혜, 위없는 법의 성(城)을 부지런히

수호하는 여러 큰 용왕들과 구반다 호법선신이며

乾 達 婆 王 月 天 子　　日 天 子 衆 兜 利 天
13. 건달바왕월천자　　일천자중도리천

중생을 항상 기쁘게 북돋아주는 건달바왕과 월천자
그리고 일천자 무리와 도리천의 호법선신들이며

夜 摩 天 王 兜 率 天　　化 樂 天 王 他 化 天
14. 야마천왕도솔천　　화락천왕타화천

야마천왕과 도솔천 그리고 화락천왕과 타화천의 호법선신들이며

大 梵 天 王 光 音 天　　遍 淨 天 王 廣 果 天
15. 대범천왕광음천　　변정천왕광과천

대범천왕과 광음천 그리고 변정천왕과 광과천의 호법선신들이며

大 自 在 王 不 可 說　　普 賢 文 殊 大 菩 薩
16. 대자재왕불가설　　보현문수대보살

뛰어난 자재왕 등 이루 다 말할 수 없으며
뛰어난 보살님이신 보현보살과 문수보살 등은
무량한 부처님의 공덕을 찬탄하시네.

法 慧 功 德 金 剛 幢　　金 剛 藏 及 金 剛 慧
17. 법혜공덕금강당　　금강장급금강혜

법혜보살 공덕보살 금강당보살
그리고 보살대지혜광명삼매(菩薩大智慧光明三昧)를 갖춘 금강장보살
또한 금강혜보살

光 焰 幢 及 須 彌 幢　　大 德 聲 聞 舍 利 子
18. 광염당급수미당　　대덕성문사리자

광염당보살과 수미당보살

그리고 뛰어난 덕성을 갖추신 성문들과 성문의 상수인 사리자이며

及 與 比 丘 海 覺 等　　優 婆 塞 長 優 婆 夷
19. 급여비구해각등　　우바새장우바이

그리고 비구인 해각 수행자 등과 우바새와 우바이(청신사, 청신녀)

善 財 童 子 童 男 女　　其 數 無 量 不 可 說
20. 선재동자동남녀　　기수무량불가설

훌륭한 공덕을 갖춘 선재동자와 동남동녀들 등 참석한 대중들의
그 수가 한량이 없어 이루 다 말로 설명할 수 없다네.

53선지식 '입법계품'의 등장인물

善 財 童 子 善 知 識　　文 殊 舍 利 最 第 一
21. 선재동자선지식　　문수사리최제일

선재동자의 구법순례에 훌륭한 선지식은
문수사리보살님이 최고이며 제일이시네.

德 雲 海 雲 善 侏 僧　　彌 伽 解 脫 與 解 幢
22. 덕운해운선주승　　미가해탈여해당

첫 번째 참방한 선지식은 염불문(念佛門)을 찬탄하는 덕운비구이며
그 다음으로 차례 차례는 보안법문을 펼친 해운비구
그리고 선주비구와 미가장자와 무애장엄의 법문을 성취한 해탈장자
또한 보안사(普眼捨) 삼매를 갖춘 해당비구라네.

休 舍 毘 目 瞿 沙 仙   勝 熱 婆 羅 慈 行 女
23. 휴사비목구사선   승열바라자행녀

해조국 보장엄 동산에 있는 휴사우바이와
무승당해탈(無勝幢解脫) 법문을 성취한 비목구사선인과 승열바라문
그리고 비로자나장궁전에서 설법하고 있는 자행동녀

善 見 自 在 主 童 子   具 足 優 婆 明 智 士
24. 선견자재주동자   구족우바명지사

삼안국에 머물고 있는 선견비구와 명문국에 머물고 있는 자재주동자
그리고 해주성에서 살고 있으며 무진복덕장 해탈문을 성취하고
용모가 뛰어나며 아름다운 모습을 갖춘 구족우바이
그리고 대흥국에 살고 있는 명지거사

法 寶 髻 長 與 普 眼   無 厭 足 王 大 光 王
25. 법보계장여보안   무염족왕대광왕

무량복덕 보장해탈문을 이룬 법보계장자와
보문성에 살고 있는 보안장자
그리고 왕의 법(法)을 행하는 무염족왕 또한
대자위수 수순세간 삼매문을 성취한 대광왕을 참방하였네.

不 動 優 婆 遍 行 外   優 婆 羅 華 長 者 人
26. 부동우바변행외   우바라화장자인

용모가 단정하고 기묘한 부동우바이와
모든 곳에 이르는 보살행만을 아는 변행외도
그리고 향을 파는 우바라화장자를 참방하였네.

婆 施 羅 船 無 上 勝　　獅 子 嚬 伸 婆 須 密
27. 바시라선무상승　　사자빈신바수밀

뱃사공인 바시라선 선지식과 가락성에 살고 있는 무상승장자
그리고 성취일체지 해탈을 성취한 사자빈신 비구니
또한 보장엄성에서 살고 있으며 용모가 뛰어나고 갖가지 장신구로
몸을 단장한 바수밀여인 선지식을 참방하였네.

毘 瑟 祗 羅 居 士 人　　觀 自 在 尊 與 正 趣
28. 비실지라거사인　　관자재존여정취

불종무진삼매(佛種無盡三昧)를 증득한 비실지라거사와
보달락가산에 계시는 관자재보살님과
그리고 보문속질행 법문을 증득한 정취보살님을 참방하였네.

大 天 安 住 主 地 神　　婆 珊 婆 演 主 夜 神
29. 대천안주주지신　　바산바연주야신

운망해탈(雲網解脫) 법문을 성취한 대천신 선지식과
깨뜨릴 수 없는 지혜장해탈을 성취한 안주주지신과
또한 어둠을 깨뜨리고 깨끗한 법의 광명해탈문을 성취한
바산바연주야신

普 德 淨 光 主 夜 神　　喜 目 觀 察 衆 生 神
30. 보덕정광주야신　　희목관찰중생신

고요한 선정의 낙으로 두루 다님의 해탈을 이룬 보덕정광주야신과
기쁜 눈으로 중생을 살펴주는 희목관찰중생신을 참방하였네.

普 救 衆 生 妙 德 神　　寂 靜 音 海 主 夜 神
31. 보구중생묘덕신　　적정음해주야신

여러 세계에서 중생을 널리 구호하는 보구중생묘덕신과
광대한 기쁨 장엄법문을 증득한 고요한 음성바다의 적정음해주야신

守護一切主夜神　　開敷樹華主夜神
32. 수호일체주야신　　개부수화주야신

심심자재묘음해탈법문을 성취하고 대법사가 된 수호일체주야신과
모든 나무의 꽃을 피우는 개부수화주야신을 참방하였네.

大願精進力救護　　妙德圓滿瞿婆女
33. 대원정진력구호　　묘덕원만구바녀

큰 서원과 정진하는 힘으로 중생을 구호하는 대원정진력구호주야신과
묘한 덕을 두루두루 원만하게 갖추고 있는 묘덕원만신
그리고 선지식을 섬기는 열 가지 법을 설명한 사캬족 구바여인

摩耶夫人天主光　　遍友童子衆藝覺
34. 마야부인천주광　　변우동자중예각

붓다의 모친인 마야부인 선지식과
무애염청정해탈법문을 성취한 천주광 공주인 선지식
그리고 동자의 스승인 변우 선지식과 선지중예동자 선지식을 참방하였네.

賢勝堅固解脫長　　妙月長者無勝軍
35. 현승견고해탈장　　묘월장자무승군

무의처도량해탈법문을 증득한 현승우바이와
무착염청정장엄법문을 성취한 견고해탈장자와
지광해탈법문을 설명한 묘월장자, 그리고
다함이 없는 형상해탈법문을 설명한 무승군장자를 참방하였네.

最寂靜婆羅門者　　德生童子有德女
36. 최적정바라문자　　덕생동자유덕녀

성원어(誠願語)법문을 성취한 최적정바라문 선지식과
환주해탈(幻住解脫)을 증득한 덕생동자와 유덕동녀인 선지식

彌勒菩薩文殊等　普賢菩薩微塵衆
37. 미륵보살문수등　보현보살미진중

선재동자를 해탈의 누각으로 들어가게 한 미륵보살 선지식과
불법에 처음으로 발보리심을 일깨워주신 문수보살 선지식 등
그리고 선재동자에게 오른손으로 정수리를 어루만져주신 보현보살을
비롯하여 미진수보살 대중들

於此法會雲集來　常隨毘盧遮那佛
38. 어차법회운집래　상수비로자나불

이 법회에 많은 대중이 구름과 같이 모여들어
언제나 비로자나부처님의 가르침을 믿고 듣고 배워 따르네.

於蓮華藏世界海　造化莊嚴大法輪
39. 어연화장세계해　조화장엄대법륜

비로자나부처님이 계시는 연화장세계가 바다와 같이 광대한데
바로자나부처님은 그곳에서 지혜와 공덕으로 장엄하시어
언제나 크나큰 진리의 수레바퀴를 굴리시고 계시네.

十方虛空諸世界　亦復如是常說法
40. 시방허공제세계　역부여시상설법

비로자나부처님은 시방허공세계에 어디든지 아니 계신 곳 없으시고
언제나 이와 같이 대법륜의 가르침을 설법하시네.

7처9회39품 칠처구회(七處九會)

六六六四及與三　　一十一一亦復一
41. 육육육사급여삼　　일십일일역부일

화엄의 법문을 설법하신 장소는 일곱 장소이며

아홉 차례에 걸쳐 39품을 설법하셨네.

世主妙嚴如來相　　普賢三昧世界成
42. 세주묘엄여래상　　보현삼매세계성

제1품은 세주묘엄품, 제2품은 여래현상품이고,

제3품은 보현삼매품이며, 제4품은 세계성취품이네.

華藏世界盧遮那　　如來名號四聖諦
43. 화장세계로자나　　여래명호사성제

제5품은 화장세계품이요, 제6품은 비로자나품이고,

제7품은 여래명호품이며, 제8품은 사성제품이네.

光明覺品問明品　　淨行賢首須彌頂
44. 광명각품문명품　　정행현수수미정

제9품은 광명각품이요, 제10품은 보살문명품이고,

제11품은 정행품이며, 제12품은 현수품이고,

제13품은 승수미산정품이네.

須彌頂上偈讚品　　菩薩十住梵行品
45. 수미정상게찬품　　보살십주범행품

제14품은 수미정산게찬품이요, 제15품은 보살십주품이며,

제16품은 보살행의 10종관행법을 설하시는 범행품이네.

發心功德明法品　佛昇夜摩天宮品
46. 발심공덕명법품　불승야마천궁품

제17품은 보살이 처음 발보리심을 일으킨 공덕을 설명한 발심공덕품이고,
제18품은 보살이 청정행으로 십바라밀을 닦는 명법품이며,
제19품은 부처님께서 4번째 장소인 야마천궁에 이르시었네.

夜摩天宮偈讚品　十行品與無盡藏
47. 야마천궁게찬품　십행품여무진장

제20품은 각림보살이 「유심게」를 찬탄한 야마천궁게찬품이고,
제21품은 공덕림보살의 10가지 보살행을 설한 십행품이며,
제22품은 신장(信藏)을 비롯한 10가지 다함이 없는 법을 설명한
무진장품이라네.

佛昇兜率天宮品　兜率天宮偈讚品
48. 불승도솔천궁품　도솔천궁게찬품

제23품은 부처님께서 다섯 번째 장소인 도솔천궁에 이르셨고,
제24품은 금강당보살을 위시하여 10대 보살들이
불타의 수승한 위덕과 지혜와 공덕을 찬탄하는
도솔천궁게찬품이네.

十回向及十地品　十定十通十忍品
49. 십회향급십지품　십정십통십인품

제25품은 부처님의 회향을 닦아 배우도록 10종 회향을 찬탄했으며,
제26품은 보살의 십지행과 십바라밀을 대비하여 찬탄한 십지품이고,
제27품은 7회 법회모임에서 열 가지 삼매를 설하고 있는 십정품이요,
제28품은 10가지 신통을 설명하는 십통품이며,
제29품은 열 가지 지혜의 경계인 인(忍)을 설명한 십인품이네.

阿 僧 祇 品 與 壽 量　菩 薩 住 處 佛 不 思

50. 아승지품여수량　보살주처불부사

제30품은 부처님으로부터 심왕보살이 아승지와 불가설 불가설전
등에 대해 설명 듣는 아승지품이며,
제31품은 심왕보살이 여래세계의 수명을 설명하고 있는 여래수량품이고,
제32품은 시방에 계시는 보살주처를 설명한 보살주처품이요,
제33품은 부처님의 무량무변한 과덕과 법행에 대한 불가사의한
내용을 설명한 불부사의법품이네.

如 來 十 身 相 海 品　如 來 隨 好 功 德 品

51. 여래십신상해품　여래수호공덕품

제34품은 여래의 32상과 내지 복덕의 거룩한 모습을 설명한
여래십신상해품이며,
제35품은 여래의 공덕과 위신력 신통력 등을 갖추고 계시는 것에
대해 설명한 여래수호공덕품이네.

普 賢 行 及 如 來 出　離 世 間 品 入 法 界

52. 보현행급여래출　이세간품입법계

제36품은 보현보살이 보살행과 붓다의 보리를 밝히기 위해 설명한
보현행품이며,
제37품은 여래 출현의 화엄세계를 밝혀준 여래출현품이며,
제38품은 보살행의 공덕과 깊고 묘한 이치와 지혜로 세간을 여의는
이세간품이며,
제39품은 선재동자가 53선지식을 차례로 참방하여 구법순례 수행을 통해
법신(法身)의 덕과를 증득하여 마침내 법계에 들어서는 입법계품이라네.

是 爲 十 萬 偈 頌 經　三 十 九 品 圓 滿 敎

53. 시위십만게송경　삼십구품원만교

이것은 10만 게송 경을 이루고 39품으로 구성된 최상 최고의 원만한
가르침이라네.

화엄경의 공덕

諷 誦 此 經 信 受 持　　初 發 心 時 便 正 覺
54.풍송차경신수지　　초발심시변정각

이 경을 믿고 받아 지니고 읽고 암송하고 처음 깨달음의 마음을
낼 때가 곧 바른 깨달음을 이룬 때라네.

安 坐 如 是 國 土 海　　是 名 毘 盧 遮 那 佛
55.안좌여시국토해　　시명비로자나불

이와 같이 연화장세계의 바다에서 화엄의 대법륜을 펼치시는
부처님을
청정법신 비로자나부처님이라 이름하시네.

刹 塵 心 念 可 數 知　　大 海 中 水 可 飮 盡
찰진심념가수지　　대해중수가음진

虛 空 可 量 風 可 繫　　無 能 眞 設 佛 功 德
허공가량풍가계　　무능진설불공덕

해 탈 주 (解脫呪)

(영가를 해탈시켜 천도시키는 주문)

나무동방 해탈주세계 허공공덕 청정미진

등목단정공덕 상광명 화파두마 유리광

보체향 최상향 공양흘 종종장엄정계

무량무변 일월광명 원력장엄 변화장엄

법계출생 무장애왕 여래 아라하 삼먁삼불타 (3번)

십 념 (十念)

청정법신비로자나불　　　원만보신노사나불

천백억화신석가모니불　　　구품도사아미타불

당래하생미륵존불　　　시방삼세일체제불

시방삼세일체존법　　　대성문수사리보살

대행보현보살　　대비관세음보살　　　대원본존지장보살

제존보살마하살　　마하반야바라밀

불설 소재길상다라니 (佛說 消災吉祥陀羅尼)

(석가모니부처님께서 설(說)하신,
모든 재앙을 소멸하고 좋은 일 상서로움을 얻게 하는 진언)

나무 사만다 못다남 아바라지 하다사 사나남

다냐타 옴 카카 카혜 카혜 훔 훔 아바라

아바라 바라아바라 바라아바라 지따 지따 지리

지리 빠다 빠다 선지가 시리에 사바하 (3번)

이산 혜연선사 발원문

시방삼세 부처님과 팔만사천 큰법보와 보살성문 스님네께
지성귀의 하옵나니 자비하신 원력으로 굽어살펴 주옵소서
저희들이 참된성품 등지옵고 무명속에 뛰어들어 나고죽는
물결따라 빛과소리 물이들고 심술궂고 욕심내어 온갖번뇌
쌓았으며 보고듣고 맛봄으로 한량없는 죄를지어 잘못된길
갈팡질팡 생사고해 헤매면서 나와남을 집착하고 그른길만
찾아다녀 여러생에 지은업장 크고작은 많은허물 삼보전에
원력빌어 일심참회 하옵나니

바라옵건대

부처님이 이끄시고 보살님네 살피시어 고통바다 헤어나서
열반언덕 가사이다. 이세상에 명과복은 길이길이 창성하고
오는세상 불법지혜 무럭무럭 자라나서 날적마다 좋은국토
밝은스승 만나오며 바른신심 굳게세워 아이로서 출가하여
귀와눈이 총명하고 말과뜻이 진실하며 세상일에 물안들고
청정범행 닦고닦아 서리같이 엄한계율 털끝인들 범하리까.
점 잖 은 거동으로 모든생명 사랑하여 이내목숨 버리어도
지성으로 보호하리. 삼재팔난 만나잖고 불법인연 구족하며
반야지혜 드러나고 보살마음 견고하여 제불정법 잘배워서
대승진리 깨달은뒤 육바라밀 행을닦아 아승지겁 뛰어넘고
곳곳마다 설법으로 천겁만겁 의심끊고 마군중을 항복받고
삼 보 를 뵙사올제 시방제불 섬기는일 잠깐인들 쉬오리까.
온갖법문 다배워서 모두통달 하옵거든 복과지혜 함께늘어
무량중생 제도하며 여섯가지 신통얻고 무생법인 이룬뒤에

관음보살 대자비로 시방법계 다니면서 보현보살 행원으로
많은중생 건지올제 여러가지 몸을나퉈 미묘법문 연설하고
지옥아귀 나쁜곳엔 광명놓고 신통보여 내모양을 보는이나
내이름을 듣는이는 보리마음 모두내어 윤회고를 벗어나되
화탕지옥 끓는물은 감로수로 변해지고 검수도산 날선칼날
연꽃으로 화하여서 고통받던 저중생들 극락세계 왕생하며
나는새와 기는짐승 원수맺고 빚진이들 갖은고통 벗어나서
좋은복락 누려지다.모진질병 돌적에는 약풀되어 치료하고
흉년드는 세상에는 쌀이되어 구제하되 여러중생 이익한일
한가진들 빼오리까 천겁만겁 내려오던 원수거나 친한이나
이 세 상 친속들도 누구누구 할것없이 얽히었던 애정끊고
삼계고해 벗어나서 시방세계 중생들이 모두성불 하사이다.
허공끝이 있사온들 이내소원 다하리까
유정들도 무정들도 일체종지 이뤄지이다.

나무 석가모니불
나무 석가모니불
나무 시아본사 석가모니불

경허선사 참선곡
(鏡虛禪師 參禪曲)

홀연히 생각하니 도시몽중 이로다. 천만고 영웅호걸
북망산 무덤이요 부귀문장 쓸데없다 황천객을 면할소냐.

오호라 이내몸이 풀끝에 이슬이요, 바람속에 등불이라.

삼계대사 부처님이 정령히 이르사대 마음깨쳐 성불하여
생사윤회 영단하고 불생불멸 저국토에 상락아정 무위도를
사람마다 다할줄로 팔만장교 유전이라. 사람되어 못닦으면
다시공부 어려우니 나도어서 닦아보세 닦는길을 말하려면
허다히 많건마는 대강추려 적어보세. 앉고서고 보고듣고
착의끽반 대인접화 일체처 일체시에 소소영영 지각하는
이것이 무엇인고 몸뚱이는 송장이요 망상번뇌 본공하고
천진면목 나의부처 보고듣고 앉고눕고 잠도자고 일도하고
눈한번 깜짝할새 천리만리 다녀오고 허다한 신통묘용
분명한 나의마음 어떻게 생겼는고 의심하고 의심하되
고양이가 쥐잡듯이 주린사람 밥찾듯이 목마를때 물찾듯이
육칠십 늙은과부 외자식을 잃은후에 자식생각 간절하듯
생각생각 잊지말고 깊이궁구 하여가세 일념만년 되게하여
폐침망찬 할지경에 대오하기 가깝도다 홀연히 깨달으면
본래생긴 나의부처 천진면목 절묘하다. 아미타불 이아니며
석가여래 이아닌가 젊도않고 늙도않고 크도않고 작도않고
본래생긴 자기영광 개천개지 이러하고 열반진락 가이없다.

지옥천당　본공하고　생사윤회　본래없다.　선지식을　찾아가서
요연히　인가마쳐　다시의심　없앤후에　세상만사　망각하고
수연방광　지내가되　빈배같이　떠놀면서　유연중생　제도하면
보불은덕　이아닌가　일체계행　지켜가면　천상인간　복수하고
대원력을　발하여서　항수불학　생각하고　동체대비　마음먹어
빈병걸인　괄시말고　오온색신　생각하되　거품같이　관을하고
바같으로　역순경계　몽중으로　관찰하여　해태심을　내지말고
허령한　나의마음　허공과　같은줄로　진실히　생각하여
팔풍오욕　일체경계　부동한　이마음을　태산같이　써나가세.

허튼소리　우스개로　이날저날　헛보내고　늙는줄을　망각하니
무슨공부　하여볼까.　죽을제　고통중에　후회한들　무엇하리.

사지백절　오려내고　머릿골을　쪼개낸듯　오장육부　타는중에
앞길이　캄캄하니　한심참혹　내노릇이　이럴줄을　누가알꼬.

저지옥과　저축생의　나의신세　참혹하다.　백천만겁　차타하여
다시인신　망연하다　참선잘한　저도인은　서서죽고　앉아죽고
앓도않고　선세하며　오래살고　곧죽기를　마음대로　자재하며
항하사수　신통묘용　임의쾌락　소요하니　아무쪼록　이세상에
눈코를　쥐어뜯고　부지런히　하여보세.　오늘내일　가는것이
죽을날에　당도하니　포주간에　가는소가　자욱자욱　사지로세.

예전사람　참선할제　잠깐을　아꼈거늘　나는어이　방일하며,
예전사람　참선할제　잠오는것　성화하여　송곳으로　찔렀거늘
나는어이　방일하며,　예전사람　참선할제　하루해가　가게되면
다리뻗고　울었거늘　나는어이　방일한고　무명업식　독한술에

혼혼불각　지내다니　오호라　슬프도다　타일러도　아니듣고
꾸짖어도　조심않고　심상히　지내가니　혼미한　이마음을
어이하야　인도할꼬　쓸데없는　탐심진심　공연히　일으키고
쓸데없는　허다분별　날마다　분요하니　우습도다　나의지혜
누구를　한탄할꼬.　지각없는　저나비가　불빛을　탐하여서
제죽을줄　모르도다.　내마음을　못닦으면　여간계행　소분복덕
도무지　허사로세.　오호라　한심하다　이글을　자세보아
하루도　열두때며　밤으로도　조금자고　부지런히　공부하소.

이노래를　깊이믿어　책상위에　펴놓고　시시때때　경책하소
할말을　다하려면　해묵서이　부진이라　이만적고　그치오니
　　　　부디부디　깊이아소.　다시한말　있사오니
　　　　돌장승이　아기나면　그 때에　말할테요.

현재현겁 천불명경 사불명호

1001	나무구류손부처님 南無拘留孫佛

나무구류손부처님
南無拘留孫佛

1002	나무구나함모니부처님 南無拘那含牟尼佛

나무구나함모니부처님
南無拘那含牟尼佛

1003	나무가섭부처님 南無迦葉佛

나무가섭부처님
南無迦葉佛

1004	나무석가모니부처님 南無釋迦牟尼佛

나무석가모니부처님
南無釋迦牟尼佛

1005	나무미륵부처님 南無彌勒佛

나무미륵부처님
南無彌勒佛

1016	나무수약부처님 南無修藥佛
	나무수약부처님 南無修藥佛
1017	나무명상부처님 南無名相佛
	나무명상부처님 南無名相佛
1018	나무대명부처님 南無大明佛
	나무대명부처님 南無大明佛
1019	나무염견부처님 南無焰肩佛
	나무염견부처님 南無焰肩佛
1020	나무조요부처님 南無照曜佛
	나무소요부처님 南無照曜佛

度佑 合掌

나를 찾는
부처님의 위대한 가르침

거룩하고 위대하시며 불가사의하옵신
대자대비 구고구난 관세음보살님 존상

마하반야바라밀다심경

관자재보살행심반야바라밀다시 조견오온개

공도일체고액사리자색불이공공불이색색즉

시공공즉시색수상행식역부여시사리자시제

법공상불생불멸불구부정부증불감시고공중

무색무수상행식무안이비설신의무색성향미

촉법무안계내지무의식계무무명역무무명진

내지무노사역무노사진무고집멸도무지역무

득이무소득고보리살타의반야바라밀다고심

무가애무가애고무유공포원리전도몽상구경

열반삼세제불의반야바라밀다고득아뇩다라

삼먁삼보리고지반야바라밀다시대신주시대

명주시무상주시무등등주능제일체고진실불

허고설반야바라밀다주 즉설주왈

아제아제바라아제바라승아제 모지사바하

아제아제바라아제바라승아제 모지사바하

아제아제바라아제바라승아제 모지사바하

아제아제바라아제바라승아제 모지사바하

무술년 2018년 5월 27일 사경자 : 도우 度佑

<본 사경은 앞·뒤 양면입니다.>

"삼일수심은 천재보요, 백년탐물은 일조진이니라."

摩訶般若波羅蜜多心經

觀自在菩薩行深般若波羅蜜多時照見五蘊皆

空度一切苦厄舍利子色不異空空不異色色卽

是空空卽是色受想行識亦復如是舍利子是諸

法空相不生不滅不垢不淨不增不減是故空中

無色無受想行識無眼耳鼻舌身意無色聲香味

觸法無眼界乃至無意識界無無明亦無無明盡

乃至無老死亦無老死盡無苦集滅道無智亦無

得以無所得故菩提薩埵依般若波羅蜜多故心

無罣礙無罣礙故無有恐怖遠離顚倒夢想究竟

涅槃三世諸佛依般若波羅蜜多故得阿耨多羅

三藐三菩提故知般若波羅蜜多是大神呪是大

明呪是無上呪是無等等呪能除一切苦眞實不

虛故說般若波羅蜜多呪 卽說呪曰

揭諦揭諦波羅揭諦波羅僧揭諦菩提娑婆訶

揭諦揭諦波羅揭諦波羅僧揭諦菩提娑婆訶

揭諦揭諦波羅揭諦波羅僧揭諦菩提娑婆訶

揭諦揭諦波羅揭諦波羅僧揭諦菩提娑婆訶

무술년 2018年 5月 29日 寫經者 : 度佑 도우 법도 도울우

"三日修心은 千載寶요, 百年貪物은 一朝塵이니라."

관세음보살보문품

無盡意菩薩	以偈問曰	무진의보살	이게문왈
世尊妙相具	我今重問彼	세존묘상구	아금중문피
佛子何因緣	名爲觀世音	불자하인연	명위관세음

具足妙相尊	偈答無盡意	구족묘상존	게답무진의
汝聽觀音行	善應諸方所	여청관음행	선응제방소
弘誓深如海	歷劫不思議	홍서심여해	역겁부사의
侍多千億佛	發大淸淨願	시다천억불	발대청정원
我爲汝略說	聞名及見身	아위여약설	문명급견신
心念不空過	能滅諸有苦	심념불공과	능멸제유고

假使興害意	推落大火坑	가사흥해의	추락대화갱
念彼觀音力	火坑變成池	염피관음력	화갱변성지
或漂流巨海	龍魚諸鬼難	혹표류거해	용어제귀난
念彼觀音力	爲人所推墮	혹재수미봉	위인소추타
念彼觀音力	如日虛空住	염피관음력	여일허공주
或被惡人逐	墮落金剛山	혹피악인축	타락금강산
念彼觀音力	不能損一毛	염피관음력	불능손일모

或値怨賊繞	各執刀加害	혹치원적요	각집도가해
念彼觀音力	咸卽起慈心	염피관음력	함즉기자심
或遭王難苦	臨形欲壽終	혹조왕난고	임형욕수종
念彼觀音力	刀尋段段壞	염피관음력	도심단단괴
或囚禁枷鎖	手足被杻械	혹수금가쇄	수족피추계

念彼觀音力	釋然得解脫	염피관음력	석연득해탈
呪詛諸毒藥	所欲害身者	주저제독약	소욕해신자
念彼觀音力	還着於本人	염피관음력	환착어본인
或遇惡羅刹	毒龍諸鬼等	혹우악나찰	독룡제귀등
念彼觀音力	時悉不敢害	염피관음력	시실불감해
若惡獸圍遶	利牙爪可怖	약악수위요	이아조가포
念彼觀音力	疾走無邊方	염피관음력	질주무변방
蚖蛇及蝮蠍	氣毒煙火燃	완사급복갈	기독연화연
念彼觀音力	尋聲自迴去	염피관음력	심성자회거
雲雷鼓掣電	降雹澍大雨	운뢰고철전	강박주대우
念彼觀音力	應時得消散	염피관음력	응시득소산
衆生被困厄	無量苦逼身	중생피곤액	무량고핍신
觀音妙智力	能救世間苦	관음묘지력	능구세간고
具足神通力	廣修智方便	구족신통력	광수지방편
十方諸國土	無刹不現身	시방제국토	무찰불현신
種種諸惡趣	地獄鬼畜生	종종제악취	지옥귀축생
生老病死苦	以漸悉令滅	생로병사고	이점실영멸
眞觀淸淨觀	廣大智慧觀	진관청정관	광대지혜관
悲觀及慈觀	常願常瞻仰	비관급자관	상원상첨앙
無垢淸淨光	慧日破諸闇	무구청정광	혜일파제암
能伏災風火	普明照世間	능복재풍화	보명조세간

悲體戒雷震　　慈意妙大雲　　　비체계뢰진　자의묘대운
澍甘露法雨　　滅除煩惱焰　　　주감로법우　멸제번뇌염
諍訟經官處　　怖畏軍陣中　　　쟁송경관처　포외군진중
念彼觀音力　　衆怨悉退散　　　염피관음력　중원실퇴산

妙音觀世音　　梵音海潮音　　　묘음관세음　범음해조음
勝彼世間音　　是故須常念　　　승피세간음　시고수상념
念念勿生疑　　觀世音淨聖　　　염념물생의　관세음정성
於苦惱死厄　　能爲作依怙　　　어고뇌사액　능위작의호
具一切功德　　慈眼視衆生　　　구일체공덕　자안시중생
福聚海無量　　是故應頂禮　　　복취해무량　시고응정례

爾時 持地菩薩　　　　　　　　이시 지지보살
卽從座起 前白佛言　　　　　　즉종좌기 전백불언

世尊 若有衆生　　　　　　　　세존 약유중생
聞是觀世音菩薩品　　　　　　　문시관세음보살품
自在之業　　　　　　　　　　　자재지업
普門示現 神通力者　　　　　　보문시현 신통력자
當知是人 功德不少　　　　　　당지시인 공덕불소

佛說是普門品 時　　　　　　　불설시보문품 시
衆中 八萬四千衆生　　　　　　중중 팔만사천중생
皆發無等等　　　　　　　　　　개발무등등
阿耨多羅三藐三菩提心　　　　　아뇩다라삼먁삼보리심

신묘장구대다라니

(신통하고 미묘한 말씀의 대다라니)

나모라 다나다라 야야 나막알약 바로기제 새바라야 모지사다바야 마하사다
바야 마하가로 니가야 옴살바 바예수 다라나 가라야 다사명 나막 가리다바
이맘 알야 바로기제 새바라 다바 니라간타 나막 하리나야 마발다 이사미 살
발타 사다남 수반 아예염 살바보다남 바바말아 미수다감 다냐타 옴 아로계
아로가 마지로가 지가란제 혜혜 하례 마하모지 사다바 사마라 사마라 하리
나야 구로 구로 갈마 사다야 사다야 도로도로 미연제 마하 미연제 다라다라
다린 나례 새바라 자라 자라 마라 미마라 아마라몰제 예혜혜 로계 새바라
라아미사미 나사야 나베 사미사미 나사야 모하자라 미사미 나사야 호로 호
로 마라호로 하례 바나마 나바 사라사라 시리시리 소로소로 못자못자 모다
야 모다야 매다리야 니라간타 가마사 날사남 바라 하라나야 마낙 사바하 싣
다야 사바하 마하 싣다야 사바하 싣다 유예 새바라야 사바하 니라간타야 사
바하 바라하 목카 싱하목카야 사바하 바나마 하따야 사바하 자가라 욕다야
사바하 상카 섭나네 모다나야 사바하 마하라 구타 다라야 사바하 바마사간
타 니사 시체다 가릿나 이나야 사바하 먀가라잘마 이바 사나야 사바하
나모라 다나다라 야야 나막알야 바로기제 새바라야 사바하 (3번)

관세음보살 멸업장진언
(관세음보살님의 가피력으로 업장을 소멸시켜 주시는 장엄하고 불가사의한 진언)
옴 아로 늑계 사바하 (3번)

관세음보살 본심미묘 육자대명왕진언
(관세음보살님의 본 마음을 여섯 자로 가장 밝게 보여주는 장엄하고 불가사의한 육자대명왕 진언)
옴 마니 반메 훔 (3번)

나무 보문시현 원력홍심 대자대비 구고구난
나무 관세음보살 관세음보살 관세음보살 (정근)

구족신통력 광수지방편 시방제국토 무찰불현신 고아일심 귀명정례

정본 관자재보살 여의륜주

(正本 觀自在菩薩 如意輪呪)

(여의륜(如意輪)관세음보살님께서 중생의 업장을 씻어주고 질병을 고쳐주시는 진언)

나무붇다야 나무달마야 나무승가야

나무 아리야 바로기제 사라야 모지 사다야 마하 사다야 사가라 마하가로

니가야 하리다야 만다라 다냐타 가가나 바라 지진다 마니마하

무다례 루로루로 지따 하리다에 비사예

옴 부다나 부다니 야등 (3번)

불정심 관세음보살 모다라니

(佛頂心 觀世音菩薩 姥陀羅尼)

(관세음보살님께서 중생들의 소망, 특히 부모님의 극락왕생을 위해 독송하면 분명 정토에
환생할 것이라고 당부하신 진언)

나모라 다나다라 야야 나막 아리야 바로기제 새바라야 모지 사다바야 마하

사다바야 마하가로 니가야 다냐타 아바다 아바다 바리바제 인혜혜 다냐타

살바 다라니 만다라야 인혜혜 바리 마수다 못다야 옴 살바작수가야 다라니

인지리야 다냐타 바로기제 새바라야 살바도따 오하야미 사바하 (3번)

보현보살님 10대 행원

보현보살(普賢菩薩)은 한량없는 행원(行願)을 상징하며,
슬기로운 마음과 깨달음의 덕을 갖추고
석가모니불을 오른쪽에서 보좌하는 보살로서,
통상 흰 코끼리를 타고 계신다.

아래 10가지가 보현보살이 세운 원력으로,
모든 불자들이 반드시 실천해야 할 덕목이다.

1. 예경제불　(禮敬諸佛)
2. 칭찬여래　(稱讚如來)
3. 광수공양　(廣修供養)
4. 참회업장　(懺悔業障)
5. 수희공덕　(隨喜功德)
6. 청전법륜　(請轉法輪)
7. 청불주세　(請佛住世)
8. 상수불학　(常隨佛學)
9. 항순중생　(恒順衆生)
10. 보개회향　(菩皆回向)

문수보살님 10대 서원

1. 모든 중생으로 하여금 부처님의 지혜를 성취하게 하고 갖가지
   방편으로 불도에 들게 한다.

2. 문수보살을 비방하고 헐뜯는 중생, 심지어는 문수보살의
   목숨을 앗아가는 중생까지도 모두 보리심을 내게 한다.

3. 문수보살을 사랑하거나 미워하거나 깨끗한 행을 하거나
   나쁜 짓을 하거나 모두 보리심을 내게 한다.

4. 문수보살을 속이거나 업신여기거나 삼보를 비방하는
   불손한 자까지도 모두 보리심을 내게 한다.

5. 문수보살을 천대하고 박애한 자도 보리심을 내게 한다.

6. 살생을 업으로 하는 자나 재물에 욕심이 많은 자까지도
   보리심을 내게 한다.

7. 모든 복덕을 부처님의 보리도에 회향하여 중생이 모두 복을
   받게 하며, 모든 수행자로 하여금 보리심을 내게 한다.

8. 나쁜 짓을 많이 하여 육도를 윤회하는 중생들과 함께 태어나 교화하되,
   혹은 빈궁자가 되고 혹은 소경, 벙어리, 귀머거리, 거지가 되는 등
   모든 중생 속에서 같은 종류, 같은 인연, 같은 일, 같은 행동,
   같은 업으로 그들과 함께 살면서 불법에 들게 하고 보리심을 내게 한다.

9. 삼보를 더럽히고 나쁜 짓을 많이 하여 악도를 헤매는 중생들과
   일부러 인연을 맺어 인연 따라 변화하여 구제하고 그들로 하여금
   보리심을 내게 한다.

10. 문수보살과 인연이 있거나 없거나 관계없이 자비희사와 허공 같은
    넓은 마음으로 중생을 끊임없이 제도하여 정각을 이루게 한다.

나를 찾는
부처님의 위대한 가르침

거룩하고 위대하시며 불가사의하옵신
구문지 본존 허공장보살마하살님 존상

거룩하고 위대하옵신
나무 구문지본존 허공장보살님의
존상을 자신의 기도처에 모시어
향불공양으로 공경 예경 올릴 때…

상서러움의 촛불이
무지개 빛을 발하면서
연꽃 모양의 경이로움과 장엄으로
밝히시는 대광명의 빛 !

-도우 합장-

지장보살본원경과 허공장보살경 아미타경은
연계되는 경전이므로 같이 독경하시는 것이 좋습니다.
(지옥세계⇒인간세계⇒극락세계)

허공장보살의 범명은 아가사 갈바야 이며 허공장으로 번역된다.
밀호는 여의금강 고장금강 또는 부귀금강 등… 이다. 복을 상징한다.

허공장보살은 향집세계에 머무시며 그의 지혜는 깊고 넓어
마치 허공과 같이 광대하며 허공법계에서 모든 중생을 깨우치게 하며
대자비로 중생에게 복과 재물 등 한량없는 이익을 주시며
그의 모든 부귀는 삼계에 가득 차 삼유(三有)라고도 한다.

허공장보살은 우주의 모든 복과 재물을 관장하시는 보생여래불을 모시고
복과 재물을 집행하는 보살이시며
금만에 계시는 금강보 보살이시다.
보생여래불을 모시는 4분의 협시보살 중 상수이다.
태장계 만다라 내에서 허공장원의 본존이시며

석가원에서 석가모니불을 모시는 보살이시며
금강계 만다라에서는
현겁 십육 보살 중 한 분이시며 8대보살 중 한 분이시다.

복덕과 지혜 양문과 불가사의한 방편을 구족하시고
중생의 악한 업장을 깨뜨리며
중생이 구하는 모든 복과 재물을 집행하시고
중생이 원하는 모든 소원을 들어주신다.

허공처럼 광대한 보배창고와 강력한 힘을 가진 보살이다.
중생이 구하는 것에 있어서는 최고의 지존이시다.

구문지본존 허공장보살(求聞持本尊)은
인간을 교화의 중심으로 삼고 있어 사바세계에서 큰 위신력을 나타낸다.
그래서 예부터 신봉하는 이가 많았다.(새벽에 샛별기도)

허공장보살의 존상은 일반적으로 아름다운 모습을 하며
오른손에는 악한 업장을 깨뜨리는 지혜를 상징하는 칼을
왼손에는 복덕을 상징하는 연꽃 또는
공덕을 나타내는 여의보주를 잡고
머리에는 오불보관(五佛寶冠)을 쓰고 있다.

허공장보살은 명성으로도 나투시며 석가모니불을 해탈로 인도하셨다.
법화경에서는 명성천자로 나툰다.
(다보여래불-보생여래불/명성천자-허공장보살)

석가모니불 3존의 협시불을 보살로 모실 때는
좌측은 지혜의 상징인 문수보살을
우측은 복의 상징인 허공장보살을 모신다.
(부처가 갖추어야 할 복과 지혜 양문을 의미한다)

허공장보살은 중생이 구하는 갖가지 소원을 들어주면서
악한 업을 예방하고 소멸하여 점차 깊은 대승으로 나아가게 하시는
참으로 위대한 방편을 지니신 보살이다.

산 왕 경

(거룩하고 신령스러우시며 불가사의하신 산왕대신님께
산신대재, 산신 기도나 산신공양을 올릴 때 지성으로 독송)

대산소산 산왕대신 대악소악 산왕대신
대각소각 산왕대신 대축소축 산왕대신
미산재처 산왕대신 이십육정 산왕대신
외악명산 산왕대신 사해피발 산왕대신
명당토산 산왕대신 금궤대덕 산왕대신
청룡백호 산왕대신 현무주작 산왕대신
동서남북 산왕대신 원산근산 산왕대신
상방하방 산왕대신 흉산길산 산왕대신

나무 만덕고성 성개한적
나무 산왕대신 산왕대신 산왕대신…

한글 마하반야바라밀다심경

(모든 고통이 사라지는 경전)

관자재보살이 깊은 반야바라밀다를 행할 때
오온이 공한 것을 비추어 보고 온갖 고통에서 건너느니라

사리자여! 색이 공과 다르지 않고 공이 색과 다르지 않으며
색이 곧 공이요 공이 곧 색이니 수 상 행 식도 그러하니라

사리자여! 모든 법은 공하여 나지도 멸하지도 않으며
더럽지도 깨끗하지도 않으며 늘지도 줄지도 않느니라

그러므로 공 가운데는 색이 없고 수 상 행 식도 없으며
안 이 비 설 신 의도 없고 색 성 향 미 촉 법도 없으며
눈의 경계도 의식의 경계까지도 없고 무명도 무명이 다함까지도 없으며
늙고 죽음도 늙고 죽음이 다함까지도 없고 고집멸도도 없으며
지혜도 얻음도 없느니라 얻을 것이 없는 까닭에 보살은 반야바라밀다를
의지하므로
마음에 걸림이 없고 걸림이 없으므로 두려움이 없어서
뒤바뀐 헛된 생각을 멀리 떠나 완전한 열반에 들어가며 삼세의 모든
부처님도 반야바라밀다를 의지하므로
최상의 깨달음을 얻느니라

반야바라밀다는 가장 신비하고 밝은 주문이며 위없는 주문이며
무엇과도 견줄 수 없는 주문이니
온갖 괴로움을 없애고 진실하여 허망하지 않음을 알지니라

이제 반야바라밀다주를 말하리라
아제아제 바라아제 바라승아제 모지 사바하 (3번)

(가자, 가자, 건너가자!   완전하게 건너가자!   깨달음을 성취하자!)

마하반야바라밀다심경
(摩訶般若波羅蜜多心經)

관자재보살 행심반야바라밀다시 조견오온개공 도일체고액
觀自在菩薩 行深般若波羅蜜多時 照見五蘊皆空 度一切苦厄

사리자 색불이공 공불이색 색즉시공 공즉시색 수상행식
舍利子 色不異空 空不異色 色卽是空 空卽是色 受想行識

역부여시 사리자 시제법공상 불생불멸 불구부정 부증불감
亦復如是 舍利子 是諸法空相 不生不滅 不垢不淨 不增不減

시고 공중무색 무수상행식 무안이비설신의 무색성향미촉법
是故 空中無色 無受想行識 無眼耳鼻舌身意 無色聲香味觸法

무안계 내지 무의식계 무무명 역무무명진 내지 무노사
無眼界 乃至 無意識界 無無明 亦無無明盡 乃至 無老死

역무노사진 무고집멸도 무지역무득 이무소득고 보리살타
亦無老死盡 無苦集滅道 無智亦無得 以無所得故 菩提薩埵

의반야바라밀다 고심무가애 무가애고 무유공포 원리전도몽상
依般若波羅蜜多 故心無罣碍 無罣碍故 無有恐怖 遠離顚倒夢想

구경열반 삼세제불 의반야바라밀다 고득아뇩다라삼먁삼보리
究竟涅槃 三世諸佛 依般若波羅蜜多 故得阿耨多羅三藐三菩提

고지반야바라밀다 시대신주 시대명주 시무상주 시무등등주
故知般若波羅蜜多 是大神呪 是大明呪 是無上呪 是無等等呪

능제일체고 진실불허 고설반야바라밀다주 즉설주왈
能除一切苦 眞實不虛 故說般若波羅蜜多呪 卽說呪曰

아제 아제 바라아제 바라승아제 모지사바하
揭提 揭提 波羅揭提 波羅僧揭提 菩提娑婆訶

금강반야바라밀경찬
(金剛般若波羅密經讚)

이와 같이 나는 들었다. 선남자·선여인이 이 금강경찬 한 권을 지니어 독송하면, 금강경 삼십만 번을 독송한 것과 같으며, 또한 신령한 가피와 성중들의 이끌어 구해 주심을 입는다.

당나라 대력 칠년에 비산현 현령 유씨의 딸이 열아홉에 죽어 칠일 째 되던 날, 염라대왕을 만났는데 염라대왕이 물었다.

"세상에서 일생동안 특별히 한 일이 있느냐?"

여자가 답했다.

"일생동안 오로지 금강경을 독송했습니다."

또 왕이 묻기를,

"어찌하여 금강경찬을 염송치 않았느냐?"

여자가 답하기를

"세상에는 그런 경본이 없었기 때문입니다."

왕이 말하기를,

"너를 인간 세상에 내어 보낼 것이니, 이 경문을 분명히 기억해 두도록 하라. 금강경은 '이와 같이 내가 들었다'부터 '믿고 지니어 받들어 행하였다'에 이르기까지 모두 5,149자이다.

그 가운데 69번의 부처님, 51번의 세존, 85번의 여래, 37번의 보살, 138번의 수보리, 26번의 선남자·선여인, 38번의 하이고, 36번의 중생, 31번의 어의운하, 30번의 여시, 29번의 아뇩다라삼먁삼보리, 21번의 보시, 18번의 복덕, 13번의 항하사, 12번의 미진, 7개의 삼천대천세계, 7개의 삼십이상, 8번의 공덕, 8번의 장엄, 5번의 바라밀, 4번의 수다원, 4번의 사다함, 4번의 아나함, 4번의 아라한이 나오며,

이것은(이런 구절들을 말함) 곧 네 가지 선인의 결실을 이룸이니, 그것은 내가 아득히 먼 옛날 가리왕에게 몸을 찢길 때와 같이, '내가 옛적 가리왕에게 마디마디가 갈라질 때 「나」란 생각, 「남」이라는 생각, 「중생」이라는 생각, 「오래 산다는」 생각이 만약 있었다면 (응당 성내고 원망하는 마음을 내었을 것이지만) 성자는 단 한 생각도, 단 한 번도 「나」라는 관념, 「남」이라는 관념, 「중생」이라는 관념, 「오래 산다는」 관념이 없었다 하신 것이며,

3번의 비구 비구니, 7번의 사구게가 나오느니라."

나무 마하반야바라밀

나무 마하반야바라밀

나무 마하반야바라밀

위대한 가르침 일일 기도문

천백억화신
석가모니부처님

원만보신 아미타부처님

대행보현보살마하살

대자대비 구고구난
관세음보살마하살

대지문수사리보살마하살

대자대비 대원본존
지장보살마하살

청정법신 비로자나불

지극한 마음으로

불·법·승 삼보에 귀의하오며,

무지무명으로 지었던

지난 과거의 모든 잘못들을

진심으로 참회하오며,

앞으로는 부처님의 가르침에 의지하여,

반야의 지혜와

자비의 방편으로,

보리심을 일구며,

세세생생 보살도의 삶을 살겠습니다.

참회진언 : 옴 살바 못자 모지 사다야 사바하 (3번)

발보리심진언 : 옴 보디지땀 우뜨 빠다야미 (3번)

원하옵나니, 이 공덕이 일체에 두루하여,

나와 모든 중생들이 극락세계 왕생하고,

무량수 무량광 아미타 부처님을 뵈어,

다 함께 성불하여 지이다.

기 도 (祇 禱)

수행자는 기도로서 영혼의 양식을 삼는다.

기도는 인간에게 주어진 마지막 자산이다.

사람의 이성과 지성을 가지고도
어떻게 할 수 없을 때 기도가 우리를 도와준다.

기도는 무엇을 요구하는 것이 아니라,
그저 간절한 소망이다.

따라서 기도에는 목소리가 아니라
진실한 마음이 담겨야 한다.

진실이 담기지 않은 말은
그 울림이 없기 때문이다.

법정 큰스님 설법 편중

자 비 (慈悲) 대발원문

거룩한 불법승 삼보전에 향불올려
귀의발원 하옵나니
자비하신 원력으로
굽어살펴 주옵소서.

저희들은 해야 할 일 반드시 잘해내고,
매사에 바르며 정직하고 올곧으며,
유연하고 겸손하겠나이다.

바라는 것 적고 고마운 줄 알며
번거로움 줄여서 단순한 살림살이,
눈귀코 밖으로 치닫지 않게 하며,
밝음과 기쁨으로 담마에 머물러
세상일에 욕심내지 않겠나이다.
현명한 분 나무랄 일 하지 않겠나이다.

바라옵건대,
모든 생명 모두 다 복되고
평안하여지이다 !

몸 받은 생명, 몸 없는 존재까지,
가까이 있거나, 멀리 있거나,

원수거나 친한 이나,
숨 쉬는 이라면 누구라도 모두 다,
모든 생명 모두 다 행복하여지이다 !
언제 어디서나 나와 남을 속이잖고
서로가 서로에게 그 어떤 경우라도
성내거나 미워하지 않겠나이다.

마치 어머니가 자기를 포기하고
사랑하는 제 아이 목숨 지켜 내듯이,
모든 생명 모두를 향한
끝없는 자비를 키워가겠나이다.

상하팔방, 행주좌와
언제 어디서나 또렷하게 깨어있어,
천상의 맑음으로 살아가겠나이다.

어떠한 견해도 고집하지 않으며
계정혜 남김없이 두루두루 갖추어서,
탐진치 덜어내고 자신을 완성하여,

세세상행 보살도로
구경원성살바와
마하반야바라밀
나무 석가모니불
나무 석가모니불
나무 시아본사 석가모니불

자녀를 위한 부모의 발원문

밝은 지혜와 힘차게 추진하는 능력을
모두 갖추신 부처님 !

저희 가정에 자녀 있음을 감사드립니다.
저들이 선과 악을 구별하여
사악한 무리를 멀리 하게 하시고
정법을 구하고 정의를 지키는
용맹스런 사자(獅子)가 되게 하옵소서.

항상 부처님 곁에서 살게 하시어
사리자의 지혜와 아난의 불망염지와
금강역사의 강건함을 지니게 하시옵소서.

그리하여, 온갖 고난과 유혹에도 이겨내는
슬기와 용기를 배우게 하소서.

끝없는 공덕과 지혜의 밝은 광명으로 가는 길을
열어 주시는 부처님이시여 !

언제나 자녀들을 감싸 주시어,
저들이 참된 지혜의 눈을 떠,
스스로 완전한 심성을 보게 하옵소서.

나무 남방화주 유명교주 대자대비 대원본존 지장보살마하살
나무 구본지본존 허공장보살마하살
나무 마하반야바라밀
나무석가모니불 나무석가모니불
나무시아본사 석가모니불

행복한 가정을 위한 발원문

자애로우신 부처님 !
여기 원겁의 인연으로 만난
여래의 아들·딸들이 모여 있나이다.

저희들이 이렇게 모여 마음 모아 합장하고
기도할 수 있는 행복 도량(가정: 부처님이 주신 소중한 보금자리)이
있도록 베풀어 주신 크나큰 은혜에 감사드립니다.

저희들 항상 바른 마음으로
삼보를 믿고 따르는 가정이 되게 하옵소서.

우리는 모두 불성 갖춘 존엄한 생명이며
진정한 법의 형제라는 법연에 눈을 뜨고
가정이 서로의 심성을 닦아가는
수행의 참된 도량 되게 하시며

우리 가정에는 언제나 옳고 바른 일들이
이루어져서 모두가 보살의 길에 들어
서로 믿고 양보하며 참는 덕행을 배우게 하옵소서.

언제나 자애로운 미소를 띠우고 사랑과 사명으로
새 법을 익혀가는 복된 가정이 되게 하시옵소서.

거룩하옵신 부처님·불가사의하옵신 지장보살님·
위대하옵신 제불보살님께 지극한 마음으로 귀의하옵니다.
나무 마하반야바라밀
나무석가모니불 나무석가모니불 나무시아본사 석가모니불

나를 찾는
부처님의 위대한 가르침

천 수 경
(千 手 經)

마하반야바라밀다심경

관자재보살행심반야바라밀다시 조견오온개

공도일체고액사리자색불이공공불이색색즉

시공공즉시색수상행식역부여시사리자시제

법공상불생불멸불구부정부증불감시 고공중

무색무수상행식무안이비설신의무색성향미

촉법무안계내지무의식계무무명역무무명진

내지무노사역무노사진무고집멸도무지역무

득이무소득고보리살타의반야바라밀다고심

무가애무가애고무유공포원리전도몽상구경

열반삼세제불의반야바라밀다고득아뇩다라

삼막삼보리고지반야바라밀다시대신주시대

명주시무상주시무등등주능제일체고진실불

허고설반야바라밀다주 즉설주왈

아제아제바라아제바라승아제 모지사바하

아제아제바라아제바라승아제 모지사바하

아제아제바라아제바라승아제 모지사바하

아제아제바라아제바라승아제 모지사바하

무술년 2018년 7월 10일 사경자 : 도우 度佑

<본 사경은 앞·뒤 양면입니다.>

摩訶般若波羅蜜多心經

觀自在菩薩行深般若波羅蜜多時照見五蘊皆

空度一切苦厄舍利子色不異空空不異色色卽

是空空卽是色受想行識亦復如是舍利子是諸

法空相不生不滅不垢不淨不增不減是故空中

無色無受想行識無眼耳鼻舌身意無色聲香味

觸法無眼界乃至無意識界無無明亦無無明盡

乃至無老死亦無老死盡無苦集滅道無智亦無

得以無所得故菩提薩埵依般若波羅蜜多故心

無罣碍無罣碍故無有恐怖遠離顚倒夢想究竟

涅槃三世諸佛依般若波羅蜜多故得阿耨多羅

三藐三菩提故知般若波羅蜜多是大神呪是大

明呪是無上呪是無等等呪能除一切苦眞實不

虛故說般若波羅蜜多呪 卽說呪曰

揭諦揭諦婆羅揭諦婆羅僧揭諦菩提娑婆訶

揭諦揭諦婆羅揭諦婆羅僧揭諦菩提娑婆訶

揭諦揭諦婆羅揭諦婆羅僧揭諦菩提娑婆訶

揭諦揭諦婆羅揭諦婆羅僧揭諦菩提娑婆訶

무술년 2018年 7月 10日 寫經者 : 度佑 도우 법도 도울우

<본 사경은 앞·뒤 양면입니다.>

천 수 경 (千手經)

정구업진언
淨口業眞言

수리수리 마하수리 수수리 사바하 (3번)

오방내외안위제신진언
五方內外安慰諸神眞言

나무 사만다 못다남 옴 도로도로 지미 사바하 (3번)

개경게
開經偈

무상심심미묘법	백천만겁난조우	아금문견득수지	원해여래진실의
無上甚深微妙法	百千萬劫難遭遇	我今聞見得受持	願解如來眞實意

개법장진언
開法藏眞言

옴 아라남 아라다 (3번)

천수천안관자재보살광대원만무애대비심대다라니계청
千手千眼觀自在菩薩廣大圓滿無碍大悲心大陀羅尼啓請

계수관음대비주	원력홍심상호신	천비장엄보호지	천안광명변관조
稽首觀音大悲呪	願力弘深相好身	千臂莊嚴普護持	千眼光明遍觀照
진실어중선밀어	무위심내기비심	속령만족제희구	영사멸제제죄업
眞實語中宣密語	無爲心內起悲心	速令滿足諸希求	永使滅除諸罪業
천룡중성동자호	백천삼매돈훈수	수지신시광명당	수지심시신통장
天龍衆聖同慈護	百千三昧頓薰修	受持身是光明幢	受持心是神通藏
세척진로원제해	초증보리방편문	아금칭송서귀의	소원종심실원만
洗滌塵勞願濟海	超證菩提方便門	我今稱誦誓歸依	所願從心悉圓滿

나무대비관세음	원아속지일체법	나무대비관세음	원아조득지혜안
南無大悲觀世音	願我速知一切法	南無大悲觀世音	願我早得智慧眼
나무대비관세음	원아속도일체중	나무대비관세음	원아조득선방편
南無大悲觀世音	願我速度一切衆	南無大悲觀世音	願我早得善方便
나무대비관세음	원아속승반야선	나무대비관세음	원아조득월고해
南無大悲觀世音	願我速乘般若船	南無大悲觀世音	願我早得越苦海
나무대비관세음	원아속득계정도	나무대비관세음	원아조등원적산
南無大悲觀世音	願我速得戒定道	南無大悲觀世音	願我早登圓寂山
나무대비관세음	원아속회무위사	나무대비관세음	원아조동법성신
南無大悲觀世音	願我速會無爲舍	南無大悲觀世音	願我早同法性身

아약향도산	도산자최절	아약향화탕	화탕자소멸
我若向刀山	刀山自推折	我若向火湯	火湯自消滅
아약향지옥	지옥자고갈	아약향아귀	아귀자포만
我若向地獄	地獄自枯渴	我若向餓鬼	餓鬼自飽滿
아약향수라	악심자조복	아약향축생	자득대지혜
我若向修羅	惡心自調伏	我若向畜生	自得大智慧

나무관세음보살마하살	나무대세지보살마하살
南無觀世音菩薩摩訶薩	南無大勢至菩薩摩訶薩
나무천수보살마하살	나무여의륜보살마하살
南無千手菩薩摩訶薩	南無如意輪菩薩摩訶薩
나무대륜보살마하살	나무관자재보살마하살
南無大輪菩薩摩訶薩	南無觀自在菩薩摩訶薩
나무정취보살마하살	나무만월보살마하살
南無正趣菩薩摩訶薩	南無滿月菩薩摩訶薩
나무수월보살마하살	나무군다리보살마하살
南無水月菩薩摩訶薩	南無軍茶利菩薩摩訶薩
나무십일면보살마하살	나무제대보살마하살
南無十一面菩薩摩訶薩	南無諸大菩薩摩訶薩

나무본사아미타불(3번)
南無本師阿彌陀佛

신묘장구대다라니
神妙章句大陀羅尼

나모라 다나다라 야야 나막알약 바로기제 새바라야 모지 사다바야 마하
사다바야 마하가로 니가야 옴 살바 바예수 다라나 가라야 다사명 나막
가리다바 이맘알야 바로기제 새바라 다바 니라간타 나막 하리나야 마발다
이사미 살발타 사다남 수반 아예염 살바 보다남 바바마라 미수다감 다냐타
옴 아로계 아로가 마지로가 지가란제 혜혜하례 마하모지 사다바 사마라
사마라 하리나야 구로구로 갈마 사다야 사다야 도로도로 미연제 마하미연제
다라다라 다린나례 새바라 자라자라 마라 미마라 아마라 몰제 예혜혜로계
새바라 라아 미사미 나사야 나베 사미사미 나사야 모하자라 미사미 나사야
호로호로 마라호로 하례 바나마 나바 사라사라 시리시리 소로소로 못쟈못쟈
모다야 모다야 매다리야 니라간타 가마사 날사남 바라 하라나야 마낙 사바하
싯다야 사바하 마하 싯다야 사바하 싯다유예 새바라야 사바하 니라간타야
사바하 바라하 목카 싱하목카야 사바하 바나마 하따야 사바하 자가라 욕다야
사바하 상카 섭나네 모다나야 사바하 마하라 구타 다라야 사바하 바마사간타
니사 시체다 가릿나 이나야 사바하 먀가라 잘마 이바 사나야 사바하

나모라 다나다라 야야 나막알야 바로기제 새바라야 사바하 (3번)

사방찬
四方讚

일쇄동방결도량	이쇄남방득청량	삼쇄서방구정토	사쇄북방영안강
一灑東方潔道場	二灑南方得淸凉	三灑西方具淨土	四灑北方永安康

도량찬
道場讚

도량청정무하예	삼보천룡강차지	아금지송묘진언	원사자비밀가호
道場淸淨無瑕穢	三寶天龍降此地	我今持誦妙眞言	願賜慈悲密加護

참회게
懺悔偈

아석소조제악업	개유무시탐진치	종신구의지소생	일체아금개참회
我昔所造諸惡業	皆由無始貪嗔痴	從身口意之所生	一切我今皆懺悔

참제업장십이존불
懺除業障十二尊佛

나무참제업장보승장불	보광왕화염조불	일체향화자재력왕불
南無懺除業障寶勝藏佛	寶光王火炎照佛	一切香火自在力王佛
백억항하사결정불	진위덕불	금강견강소복괴산불
百億香河沙決定佛	振威德佛	金剛堅强消伏壞散佛
보광월전묘음존왕불	환희장마니보적불	무진향승왕불
普光月殿妙音尊王佛	歡喜藏摩尼寶積佛	無盡香勝王佛
사자월불	환희장엄주왕불	제보당마니승광불
獅子月佛	歡喜莊嚴珠王佛	帝寶幢摩尼勝光佛

십악참회
十惡懺悔

살생중죄금일참회	투도중죄금일참회
殺生重罪今日懺悔	偸盜重罪今日懺悔
사음중죄금일참회	망어중죄금일참회
邪淫重罪今日懺悔	妄語重罪今日懺悔
기어중죄금일참회	양설중죄금일참회
綺語重罪今日懺悔	兩舌重罪今日懺悔
악구중죄금일참회	탐애중죄금일참회
惡口重罪今日懺悔	貪愛重罪今日懺悔
진에중죄금일참회	치암중죄금일참회
瞋恚重罪今日懺悔	痴暗重罪今日懺悔

백겁적집죄	일념돈탕진	여화분고초	멸진무유여
百劫積集罪	一念頓蕩盡	如火焚枯草	滅盡無有餘

죄무자성종심기	심약멸시죄역망	죄망심멸양구공	시즉명위진참회
罪無自性從心起	心若滅時罪亦亡	罪亡心滅兩俱空	是卽明爲眞懺悔

참회진언
懺悔眞言

옴 살바못자 모지 사다야 사바하 (3번)

준제공덕취	적정심상송	일체제대난	무능침시인
准提功德聚	寂靜心常誦	一切諸大難	無能侵是人
천상급인간	수복여불등	우차여의주	정획무등등
天上及人間	受福如佛等	遇此如意珠	定獲無等等

나무칠구지불모대준제보살 (3번)
南無七俱胝佛母大准提菩薩

정법계진언
淨法界眞言

옴 남 (3번)

호신진언
護身眞言

옴 치림 (3번)

관세음보살본심미묘육자대명왕진언
觀世音菩薩本心微妙六字大明王眞言

옴 마니 반메 훔 (3번)

준제진언
准提眞言

나무 사다남 삼먁 삼못다 구치남 다냐타
옴 자례 주례 준제 사바하 부림 (3번)

아금지송대준제	즉발보리광대원	원아정혜속원명	원아공덕개성취
我今持誦大准提	卽發菩提廣大願	願我定慧速圓明	願我功德皆成就

	원아승복변장엄	원공중생성불도	
	願我勝福遍莊嚴	願共衆生成佛道	

여래십대발원문
如來十大發願文

원아영리삼악도	원아속단탐진치	원아상문불법승	원아근수계정혜
願我永離三惡道	願我速斷貪瞋癡	願我常聞佛法僧	願我勤修戒定慧
원아항수세불학	원아불퇴보리심	원아결정생안양	원아속견아미타
願我恒隨諸佛學	願我不退菩提心	願我決定生安養	願我速見阿彌陀

	원아분신변진찰	원아광도제중생	
	願我分身遍塵刹	願我廣度諸衆生	

발사홍서원
發四弘誓願

중생무변서원도	번뇌무진서원단	법문무량서원학	불도무상서원성
衆生無邊誓願度	煩惱無盡誓願斷	法門無量誓願學	佛道無上誓願成
자성중생서원도	자성번뇌서원단	자성법문서원학	자성불도서원성
自性衆生誓願度	自性煩惱誓願斷	自性法門誓願學	自性佛道誓願成

발원이귀명례삼보
發願已歸命禮三寶

나무상주시방불	나무상주시방법	나무상주시방승 (3번
南無常住十方佛	南無常住十方法	南無常住十方僧

정삼업진언
淨三業眞言

옴 사바바바 수다살바 달마 사바바바 수도함 (3번)

개단진언
開壇眞言

옴 바아라 뇌로 다가다야 삼마야 바라베 사야훔 (3번)

건단진언
建壇眞言

옴 난다난다 나지나지 난다바리 사바하 (3번)

정법계진언
淨法界眞言

나자색선백 공점이엄지 여피계명주 치지어정상
羅字色鮮白　空點以嚴之　如彼髻明珠　置之於頂上

진언동법계 무량중죄제 일체촉예처 당가차자문
眞言同法界　無量重罪除　一切觸穢處　當加此字門

나무 사만다 못다남 남 (3번)

역주 및 해설

🪷 역주 및 해설

1) 지장보살본원경은 지장보살의 본원을 밝힌 경전이요,
   지장보살본행경은 지장보살이 행한 중생 구제의 일을 밝힌 경이고,
   지장보살본서력경은 지장보살의 서원의 힘을 밝힌 경전입니다.

2) 첫 번째 본생담(本生譚)으로,
   문수사리여, 지장보살마하살의 전생은 아주 오랜 겁 전에 어떤 큰 장자의
   아들이었다. 그때 부처님이 계셨으니 명호는 '사자분신구족만행여래(獅子
   奮迅具足萬行如來: 사자처럼 용맹스런 지혜로 만행을 갖추신 여래)'였다.
   그때 장자의 아들이 부처님의 상호가 천복으로 장엄하심을 보고 그 부처
   님께, 어떤 수행과 서원을 세워야 이런 상호를 얻게 되나이까? 하고 여
   쭈었더니, '사자분신구족만행여래'께서 장자의 아들에게, '이와 같이 원만
   구족하게 꾸며진 몸을 얻고자 하면 마땅히 오랫동안 온갖 고통받는 중생
   들을 제도하여 해탈시켜야 하느니라.'고 말씀하셨다.
   그때 장자의 아들이 이 말씀을 듣고 곧 큰 서원을 세우기를, '나는 미래
   세의 헤아릴 수 없는 겁이 다할 때까지 죄로 고통받는 육도중생을 모두
   해탈케 하고서야 내 자신이 불도를 이루겠나이다.'고 맹세하였다. 그 부처님
   앞에서 이 대 서원을 세우고 말로 다 할 수 없는 백천만억 나유타 겁이
   지났다고 합니다.

3) 두 번째 지장보살마하살의 본생담(本生譚)은,
   아주 오랜 아승지겁 전에 부처님이 계셨으니 명호는 '각화정자재왕여래
   (覺華定自在王如來: 꽃과 같이 아름다운 깨달음의 선정이 자유자재한 부

처님)'라 하셨고, 그 부처님의 상법시대에 어떤 바라문의 딸이 있었는데, 숙세의 복이 두터워 모든 사람들의 흠모와 공경을 받았으며, 어느 곳을 가거나 머물거나, 앉거나 눕거나 행주좌와(行住坐臥)간에 천신들이 보살펴 주었다. 그러나 그의 어머니는 삿된 것을 믿고 항상 불·법·승 삼보를 업신여겼으므로, 죽어서 혼신은 무간지옥에 떨어졌다.

바라문의 딸은 여러 가지 공양물로 부처님의 탑사에 큰 공양을 올리고 그 절에 모셔진 '각화정자재왕여래'의 위용이 아주 장엄하고 원만 구족함을 보고, 바라문의 딸은 더욱 공경하는 마음이 우러나 예배 공경하면서, '각화정자재왕여래'의 명호를 부르다가 문득 보니, 자신이 부처님께 예배 공양한 공덕으로 어떤 지옥에 도착한 바닷가에 와 있었는데, 지옥을 지키는 무독귀왕으로부터 효순한 딸의 지극한 정성으로 인하여 성녀의 어머니뿐만 아니라 그날 무간지옥에 있던 죄인들 모두가 함께 천상에 태어났다는 말을 듣게 되었습니다.

석가모니부처님께서는 그때의 바라문의 딸이 지금의 대원본존 지장보살 마하살이라고 문수보살에게 말씀하셨다.

4) 사천왕천(四天王天) : 욕계 6천의 사천왕천의 주인으로서 수미산의 4주를 수호하는 천신. 호세천(護世天)이라고도 하며 수미산 중턱에 머문다고 한다. 사천왕은 ① 동방을 수호하는 지국천왕(持國天王) ② 남방을 수호하는 증장천왕(增長天王) ③ 서방을 수호하는 광목천왕(廣目天王) ④ 북방을 수호하는 다문천왕(多聞天王)이며 이들은 도리천의 주인인 제석천의 명을 받아 사천히를 돌아다니면서 사람들의 선과 악을 살피고 이를 보고한다고 한다. 우리나라 사찰에서는 사찰 입구의 천왕 때문에 사천왕상을 봉안하고 사찰의 수호신으로 삼고 있다 함.

5) 천룡팔부(天龍八部) : 불법을 수호하는 여덟 부류의 무리. 천(天), 용(龍), 야차(夜叉), 건달바(乾闥婆), 가루라(迦樓羅), 아수라(阿修羅), 마후라가(摩睺羅伽), 긴나라(緊那羅).

6) 삼천대천세계(三千大千世界) : 우리가 살고 있는 이 사바세계를 1소세계라고 하고 이것을 천 개 모은 것을 대천세계, 중천세계를 천 개 모은 것을 대천세계라고 한다. 이 대천세계를 세 번 모은 것을 삼천대천세계, 즉 무한의 세계를 뜻함.

7) 항하사(恒河沙) : 항하는 인도의 갠지스 강을 뜻하며 항하사는 갠지스 강의 모래알만큼의 많은 무한수를 의미함.

8) 십지과위(十地果位) : 보살이 닦는 수행계위. ① 환희지(歡喜地) ② 이구지(離垢地) ③ 발광지(發光地) ④ 염혜지(焰慧地) ⑤ 난승지(難勝地) ⑥ 현전지(現前地) ⑦ 원행지(遠行地) ⑧ 부동지(不動地) ⑨ 선혜지(善慧地) ⑩ 법운지(法雲地).

9) 나유타(那由陀) : 범어 Nayuta의 음사. 인도에서 매우 많은 수를 표시하는 수량의 명칭. 수천만억이라고도 하며 그 수는 반드시 동일하게 사용되지 않는다 함.

10) 아승지겁(阿僧祇劫) : 겁의 수가 아승지라는 것. 아승지는 셀 수 없이 무한한 수를 가리킨다. 수학으로도 표현할 수 없는 무한수. 겁은 Kalpa의 음역. 가장 긴 시간의 단위. 우주가 존속되고 파괴되어 없어지는 하나하나의 단위. 즉 우주가 생성되는 성겁(成劫), 우주가 존속되는 주겁(住劫), 우주가 무너지는 괴겁(壞劫), 우주가 소멸되어 존재하지 않는 공겁(空劫). 이 성주괴공의 겁이 진행되는 한 주기의 겁을 대겁(大劫)이라고 한다. 겁의 무한을 나타내는 비유로서는 천녀가 백 년에 한 번씩 사방 사십리의 돌산을 문질러 다 닳아 없어지는 때가 일겁이라는 이야기가 있음.

11) 대철위산(大鐵圍山) : 범어 cakravada의 역어. 남섬부주의 남끝에서 3억 6만 6백 63유순 되는 곳에 있다고 하며, 산 전체가 철로 이루어지고 높이와 넓이가 모두 3백 12유순이라고 함.

12) 남염부제(南閻浮提) : 범어 Jambudvipa의 역어. 남섬부주(南贍部洲)라고
도 한다. 고대 인도인은 이 세계가 수미산을 중심으로 형성되어 있으며
이 산의 주변에는 구산(九山)과 팔해(八海)가 있고 그 일곱 번째 산의
주위는 바다로 둘러싸인 네 개의 섬이 있다고 생각했다. 이 네 개의 섬
을 사대주(四大洲)라고 한다. 동쪽에는 동승신주(東勝身洲), 서쪽에는 서
우화주(西牛貨洲), 북쪽에는 북구노주(北俱盧州), 남쪽에는 남섬부주(南贍
部洲)가 있다고 한다. 이 남염부제(南閻浮提)가 지금 우리가 살고 있는
곳이라고 함.

13) 유순(由旬) : 범어 Yojana의 음사. 고대 인도에서 제왕이 하루 행차
하는 거리. 30리 혹은 40리라고 함.

14) 제석(帝釋) : 범어 Sakrodevendra의 역어. 도리천의 왕으로서 사천왕과
삼십이천을 통솔하며 불법에 귀의한 사람들을 옹호한다고 한다. 아수라
의 군대와 싸운다고 함.

15) 전륜왕(轉輪王) : 범어 cakravarti-raja의 역어. 고대 인도의 이상적인
제왕. 석존과 같이 32종의 외관상의 특징을 가지고 있다고 한다. 이 왕이
즉위하면 하늘로부터 윤보(輪寶)를 받아 그것을 굴리면 전 세계를 평화
적으로 정복한다고 한다. 이와 같은 제왕에 대한 기대는 힌두교, 불교,
자이나교에 걸쳐서 공통된 것임.

16) 부처님의 10대 명호(名號) : 부처님께서 갖추신 공덕을 10가지 면으로
존칭한 이름

① 여래(如來 : Tath gata) : 진리를 몸으로 나타내신 분,
② 응공(應供 : Arhat) : 존경과 공양을 받을 만한 덕이 있는 분,
③ 정변지(正遍知 : Samyak sambuddha) : 올바른 깨달음을 얻으신 분,
④ 명행족(明行足 : Vidy cara a-sa panna) : 계(戒)·정(定)·혜(慧)의

삼학(三學)을 두루 갖추어 최고의 깨달음을 얻겠다는 뜻으로 지혜와 실천이 완전하신 분,

⑤ 선서(善逝 : Sugata) : 깨달음의 피안에서 이 생사(生死)의 바다에 빠지지 않는 분으로 훌륭한 일을 완성하고 가신 분,

⑥ 세간해(世間解 : Lokavit) : 세상의 온갖 일을 다 알고, 완전히 깨달으신 분,

⑦ 무상사(無上士 : Anuttara) : 모든 생물 가운데에서 가장 높으신 분이며, 위가 없는 큰 분,

⑧ 조어장부(調御丈夫 : Puru adamyas rathi) : 대자대비(大慈大悲)와 대지(大智)로써 중생에게 때로는 부드러운 말, 때로는 간절한 말로 제어(制御)하며 바른 길을 벗어나지 않게 조절하는 분으로 사람을 다스리는 데 위대한 능력을 가지신 분,

⑨ 천인사(天人師 : Devamanuya str) : 하늘과 인간의 스승이 되시는 분,

⑩ 불세존 (佛世尊 : Bhagavat) : 세상에서 가장 존귀하고, 높으신 분.

17) 야차(夜叉) : Yaksa의 음역. 불법을 옹호하는 팔부신중의 하나. 나찰과 함께 비사문천의 권속으로 북방을 수호한다고 한다. 야차에는 천야차(天夜叉), 지야차(地夜叉), 허공야차(虛空夜叉)가 있으며, 천야차와 허공야차는 날 수 있는 비행 야차지만 지야차는 날 수 없다고 함.

18) 염라천자(閻羅天子) : 죽은 자의 세계, 즉 지옥세계를 지배하는 신. 염라는 범어 Yama의 음역.

19) 회향(廻向) : 범어 parinama의 역어. 보살의 수행덕목. 자신이 닦은 바 공덕과 깨달음을 일체 중생에게 되돌리는 것.

20) 오신채(五辛菜) : 자극성이 강해 먹으면 음심을 일으키고 자주 화를 내게 하여 수행에 방해가 되므로 먹어서는 안 되는 식물 ― 마늘, 부추, 파, 달래, 홍거.

21) 허공장보살(虛空藏菩薩) : 범어 Akasagabhara의 역어. 허공을 창고로 삼을 만큼의 지혜와 방편을 가진 보살.

※ 티벳의 8대보살은 문수보살, 보현보살, 관세음보살, 지장보살, 미륵보살, 금강수보살, 허공장보살, 제개장보살을 가리킴.

22) 보리심(菩提心) : 보살도의 수행자가 발해야 하는 마음. 진리를 향해 걸어가는 마음. 보리는 Bodhi의 음사로서 깨달음, 도(道), 진리라고 옮긴다. 즉 지금까지 세간적인 것에만 집착하고 있던 자기존재, 마음의 깨달음의 실현, 불도(佛道)의 실천으로 돌리는 것이 보리심을 일으키는 것임.

23) 단월(檀越) : 시주를 뜻하는 불교용어. 산스크리트어, 팔리어 dāna-pati의 음사. 남에게 재물을 베푸는 사람. 절이나 승려에게 재물을 바치는 사람. 시주(施主).

24) 삼보(三寶) : 불보(佛寶)·법보(法寶)·승보(僧寶)
   ① 불보 : 여러 부처님네. 깨달음의 뜻.
   ② 법보 : 부처님이 말씀하신 교법. 모범의 뜻.
   ③ 승보 : 교법대로 수행하는 불제자 화합(和合)의 뜻.

25) 입류망소[入流亡所] : '입류망소'란 입류(入流)는 소리가 외부로 반입되지 않고 내부로 흐른다는 뜻이다. 외부로 나가는 것은 번뇌를 말하고 내부로 들어간다는 것은 한 생각이 일념(一念)으로 자성(自性)을 밝혀 법(法)의 흐름에 함께 하는 일을 말하는 것이다. 소리의 흐름이 밖으로 나간다거나 안으로 흐르는 것은 아니다. 원래 감각기관과 감각대상은 둘이 아니라 하나인데, 그 소리의 흐름에 따라가는 것을 번뇌라 하고 감각대상을 돌이켜 비춰보는 것(回光返照)을 자성을 밝힌다고 한다. 그러나 자성(自性) 역시 실체가 없으므로 나(我)라는 존재도 없다. 결국 이 돌이켜 비춰봄은 공(空)의 깨달음으로 귀결됨.

26) 육근(六根) : 불교에서 육근(六根)이 인식할 수 있는 대상 경계를 이르는 말이다. 불교에서는 눈·귀·코·혀·몸의 다섯 감각기관과 이를 통솔하는 의근(意根)을 육근이라 하는데, 이에 대응하는 인식대상이 육경(六境)이다. 즉 눈으로 보는 것은 색경(色境), 귀로 듣는 것은 성경(聲境), 코로 냄새를 맡는 것은 향경(香境), 입으로 맛을 아는 것은 미경(味境), 몸으로 느끼는 것은 촉경(觸境), 마음으로 아는 것은 법경(法境).

27) 육진(六塵) : 심성을 더럽히는 육식(六識)의 대상계(對象界)로서 색(色)·성(聲)·향(香)·미(味)·촉(觸)·법(法)의 육경(六境)을 말함. 이 육경은 육근을 통하여 몸속에 들어가서 우리들의 정심(淨心)을 더럽히고, 진성(眞性)을 덮어 흐리게 하므로 진(塵)이라 함.

   ※육식(六識) : 안식·이식·비식·설식·신식·의식

28) 현상계(現象界) : 지각이나 감각으로 경험할 수 있는 경험의 세계. 객체계(客體界)에 대립하는 세계임.

29) 허공[虛空] : 산스크리트어 ākāśa 걸림이나 장애가 없는 상태. 대립이나 차별이 없는 상태.

30) 깨달음 : 깨쳐서 환하게 앎. 몰랐던 사정이나 앞일을 알아차림. 알고 있던 사실도 자기의 경험에 의해 분명하게 그 이치를 터득하면 깨달음이 된다. 따라서 일반적으로 아는 것과 깨달아 아는 것은 다르다고 함. 괴로움에서 벗어나는 길을 아는 것.

31) 심법(心法) : 마음을 사용하는 법. 본성에 바탕한 바른 마음을 쓰는 법. 세상의 모든 물질, 재주, 환경, 문명은 어떤 마음으로 구하고 사용하느냐에 따라 세상에 유익하기도 하고 세상을 혼란하게도 한다 함.

32) 오도(五道) : 중생의 업인(業因)에 따라 왕래하는 곳으로서 지옥·아

귀·축생·인간·천상 등.

33) 장원(莊園) : 봉건적 토지소유형태의 의미이다. 봉건제 하에서는 농업생
산이 생산력의 기축이기 때문에 토지의 의의는 결정적이며 부는 주로
토지의 소유라는 형태를 취함.

34) 작고(作故) : 고인이 되었다는 뜻으로, 사람의 죽음을 높여 이르는 말.

35) 53선지식(五十三善知識) : 『화엄경』 입법계품에서 선재동자가 복성의
동쪽 장엄당사라림에서, 문수보살의 법문을 듣고 남방으로 향하여 차례
차례 찾아가서 법문을 들은 선지식을 말한다. (1)덕운비구 (2)해운비구
(3)선주비구 (4)미가장자 (5)해탈장자 (6)해당비구 (7)휴사우바이 (8)비목
구사선인 (9)승열바라문 (10)자행동녀 (11)선견비구 (12)자재주동자 (13)
구족우바이 (14)명지거사 (15)법보계장자 (16)보안장자 (17)무염족왕
(18)대광왕 (19)부동우바이 (20)변행외도 (21)욕향장자 (22)바시라선사
(23)무상승장자 (24)사자빈신비구니 (25)바수밀녀 (26)비슬시라거사 (27)
관자재보살 (28)정취보살 (29)대천신 (30)안주지신 (31)바산바연디 (32)
보덕정광야산 (33)회목관찰주생야신 (34)보구묘덕야신 (35)적정음해야신
(36)수호일체중생야신 (37)개부수화야신 (38)대원정진야신 (39)묘덕원만
야신 (40)구비석종녀 (41)마야불모 (42)천주광천녀 (43)변우동자사 (44)
중예동자 (45)현승우바이 (46)견고해탈장자 (47)모월장자 (48)무승군장자
(49)적장바라문 (50)덕생동자 (51)미륵보살 (52)문수보살 (53)보현보살.

36) 마정수기 : 부처님께서 다음 생에 부처가 될 인연을 가진 사람에게 예
시를 내리면서 행하였던 수기방법.

37) 피안(彼岸)의 언덕 : 피안(彼岸)은 건너편, 저쪽 언덕이라는 뜻과 이상의
세계, 이상의 경지, 미혹의 차안(此岸)에 대하여 깨달음의 세계를 말하고,
생사의 바다를 건넌 깨달음의 언덕, '진리의 언덕', 열반, 열반의 경지,

궁극의 경지, 무위(無爲)의 언덕이라는 뜻입니다. 열반의 경지.

38) 약찬게(略纂偈) : 간략하게 찬탄하는 게송이라는 뜻.

예를 들어, '화엄경 약찬게'라는 뜻은 화엄경을 찬탄하는 짧은 글이라는 뜻.

39) 상락아정(常樂我淨) : 열반의 4덕(四德)을 나타냄.

常(상). 열반의 경지는 생멸 변천함이 없는 덕.

樂(락). 생사의 고통을 여의어 무위(無爲) 안락한 덕.

我(아). 대아(大我)·진아(眞我)의 경지로서 집착을 떠나 자유 자재하여 걸림이 없는 진아(眞我).

淨(정). 번뇌의 더러움을 여의어 잠연청정.

40) 법신(法身) : 청정 법신 비로자나불

우주에 두루하는 법(진리)을 깨치신 분(佛身)을 인격화, 이상화, 이(理)와 지(智)가 함께 작용하시는 불신(佛身)이신 근본 부처님이시다.

41) 보신(報身) : 원만 보신 노사나불

크나큰 서원(誓願)을 세워 수많은 생(生)을 윤회하면서 닦고 닦은 공덕으로 부처의 몸을 이루신 부처님이시다.

42) 화신(化身) : 천백억 화신 석가모니불

현재의 시간에 속해 있는 현겁(現劫)의 네 번째 부처님으로 현겁의 역사 속에 존재하시며 우리의 시간 속에 존재하시며 몸을 나투신 성자(聖者)님이시다.

43) 아촉불(阿閦佛)

불교에서 분노를 가라앉히고 마음의 동요를 진정시키는 역할을 하는 부처님이시다. 산스크리트어로는 Akṣobhya-Tathāgata이며, 아촉불은 이를 음역한 것이며, 의역하여 부동(不動)·무동(無動)·무노불(無怒佛)이라 한다. 이 세계에서 동쪽으로 1천의 불국토를 지나는 곳에 아비라타 (Abhirata: 阿比羅提)라는 나라가 있는데, 옛날 이곳에 대일여래(大日如來)가 한때 주존으로 계시었다. 그 당시 대일여래를 모시던 수행비구 중에 아촉이 있었는데, 어느 날 부처님 앞에서 성내지 않겠다는 서원을 하였다. 아촉은 그로부터 용맹정진하여 깨달음을 얻고 지금까지 아비라 타국에서 설법을 하고 있다. 아비라타란 선쾌(善快)·환희(歡喜)·묘락 (妙樂)의 의미로, 아촉불은 이곳에서 보리를 향한 마음이 동요하고 있는 수행자의 마음을 진정시키는 일을 하고 있음.

44) 보생불(報生佛)

중생을 위해 서원을 세우고 거듭 수행한 결과, 깨달음을 성취한 부처님 이시다. 아미타불과 약사여래가 여기에 해당함.

45) 게송(偈頌) : 범어 gatha의 음역. 경론(經論) 가운데 글귀로서 부처님 의 공덕을 찬탄하거나 교리를 기록한 것.

46) 공(空) : 무상(無常), 무원삼매(無願三昧) - 삼삼매(三三昧)라고도 하는 데, 인연 따라 이루어진 일체 만법은 그 실체가 없다고 관조함이 공 삼매(空三昧), 실체가 없으므로 실다운 모양도 없다고 관조함이 무상 삼매(無相三昧), 실체도 모양도 없으므로 나(我)의 주관도, 바랄 것도 없다고 관조함이 무원삼매(無願三昧)임.

47) 관(觀) : 범어 vipasyana. 비바사나(毘婆舍那)라 음역. 자상하고 밝게 비추어 봄을 말함. 『관무량수경(觀無量壽經)』에서의 관(觀)은 아미타불 이나 극락세계 등을 마음에 상상해 보는 것. 십육관법(十六觀法)을 말 함.

48) 관조(觀照) : 지혜로써 사리(事理)를 비추어 보아 밝게 아는 것.

49) 구족계(具足戒) : 비구의 250계, 비구니의 348계를 말하는데, 이 계율

을 가지면 무량의 계덕을 몸에 갖추게 되므로 구족계라 함.

50) 극락(極樂) : 범어 수마제(須摩提) sukhavati의 번역. 안양(安養)·안락(安樂)·무량청정토(無量清淨土)·무량광명토(無量光明土)·무량수불토(無量壽佛土)·연화장세계(蓮華藏世界)·밀엄국(密嚴國)·청태국(清泰國) 등의 이름이 있음. 이곳은 일체 모든 것이 원만히 갖추어져 있고, 아예 생로병사(生老病死)와 고통이 없으며 광명과 환희만 충만한 최선의 이상향(理想鄉). 경(經)에 이 사바세계에서 서쪽으로 십만억 불국토를 지나간 곳에 있다고 하나, 마음이 청정하면 바로 극락을 수용(受用)함.

51) 다라니(陀羅尼) : 범어 dharani. 총지(總持) 또는 능지(能持), 능차(能遮)라 번역하며 또는 주(呪), 곧 주문을 말하기도 함. 그 뜻은 모든 진리를 간직하고 잃지 않으므로 진언(眞言)이라고도 말함.

52) 도량(道場) : 원리로는 번뇌를 여읜 청정한 마음을 말하고, 형식적으로는 석존께서 정각(正覺)을 얻으신 처소 또는 수행하는 모든 처소를 통틀어 말함.

53) 도리천(忉利天) : 수미산의 정상에 있으며 욕계(欲界) 육천(六天) 가운데 이천(二天)으로서 삼십삼천(三十三天)이라 번역함.

54) 마(魔) : 범어 Mara. 공덕을 없앤다고 하여 죽이는 자 또는 나쁜 자 등으로 번역.

55) 무상도심(無上道心) : 보리심(菩提心)을 말하며, 위로는 도(道)를 구하고 아래로는 중생을 교화하는 마음.

56) 무상정각지심(無上正覺之心) : 위없는 진리를 구하고 중생을 제도하고자 하는 보리심(菩提心)을 말함.

57) 무생법인(無生法忍) : 나지도 않고 멸하지도 않는 불생불멸한 진여(眞

如)의 이치를 무생법(無生法)이라 하며, 인(忍)이란 인가 결정한다는
뜻이므로 지혜로써 진여의 이치를 깨닫는 것.

58) 무착무애(無着無碍) : 평등의 이치를 깨달아 어느 경계나 집착하지 않
고, 차별의 이치를 깨달아 모든 만유에 대하여 걸림이 없는 것.

59) 문수사리(文殊師利) : 범어 Manjusri. 묘덕(妙德)이라 뜻 번역. 석존의
왼쪽 시자(侍者)로서 지혜를 맡음. 곧 문수보살.

60) 문수사리법왕자(文殊師利法王子) : 법왕자란 보살을 말하여, 보살은 다
음에 부처가 될 분이므로 부처님을 법왕이라 함에 대하여 법왕자라 함.

61) 바라밀(波羅蜜) : 범어 paramita. 도피안(到彼岸)·도무극(度無極)·사
구경(事究竟)·도(度)라 번역. 피안은 이상의 경지에 이르고자 하는 보
살 수행의 총칭. 육바라밀, 십바라밀 등이 있음.

62) 범성(梵聲) : 청정한 음성.

63) 법계(法界) : 범어 dharma-dhatu. 이(理)로는 법성(法性)·실상(實
相)·진여(眞如) 등을 말하고, 사(事)로는 일체만유를 통틀어 말함.

64) 법신(法身) : 법신(法身)·보신(報身)·화신(化身)·삼신(三身)의 하나.
법계의 이(理)와 일치한 부처님의 진신(眞身). 곧 영원한 불(佛)의 본
체.

65) 법장(法藏) : 범어 Dharmakara. 다르마가라의 뜻 번역. 모든 불법을
간직하여 잃지 않음을 말함.

66) 보관(普觀) : 두루 정토의 의(依: 환경)와 정(正: 사람) 장엄을 두루 한
꺼번에 관조하는 것.

67) 보살(菩薩) : 범어 bodhisattva. 성불의 서원을 세우고 보시(布施)·지계

(持戒)・인욕(忍辱)・정진(精進)・선정(禪定)・지혜(智慧) 등의 육도만행을 닦으며 위로는 최상 지혜를 구하고 아래로는 중생을 제도하는 사람.

68) 보살마하살(菩薩摩訶薩) : 범어 maha-sattva 마하살(摩訶薩)은 큰 중생이라 번역하는데, 보살행을 닦아서 일체 중생을 제도하는 사람을 말함. 곧 지덕이 높은 보살을 말함.

69) 금강살타는 참회보살님으로서, 백 자로 이루어진 주문의 왕 진언이며, 모든 제불여래(諸佛如來) 마음의 구극의 심수이기에 특히 깨달음의 길을 가는 수행자가 서원이 퇴실되거나 분별의 장애나 나쁜 습기로 인해 수행에 들어가지 못할 때, 이를 남김없이 정화할 수 있는 위대한 진언으로써, 이 진언을 보통 21번 염송하면 그 날 하루 지은 죄업은 다 소멸된다고 함.

70) 복전(福田) : 부처님이나 스님네나 부모・스승・병자・빈궁한 이 등을 섬기면 스스로 복을 받는 것이 마치 밭에 곡식을 심어서 얻는 것과 같다고 하여 복전이라 함.

71) 본공(本空) : 본래 공(空)으로서 일체만유는 인연 따라 이루어졌으므로 그 본성은 공(空)이란 뜻.

72) 본원(本願) : 본홍서원(本弘誓願)・본서(本誓)라고도 함. 모든 부처님이 지난 세상에 성불하려고 뜻을 세운 인위(因位)에서 발한 여러 가지 서원. 이 본원에 총원(總願)과 별원(別願)이 있는데, 총원은 모든 부처님들의 공통한 본원, 곧 사홍서원. 별원은 부처님마다 제각기 다른 서원, 곧 아미타불의 사십팔원, 약사여래의 십이원 등.

73) 불종성(佛種性) : 일체 중생이 본래 갖추어 있는 부처의 성품.

74) 불타(佛陀) : 범어 Buddha 붇다에서 온 말로 곧 부처님. 모든 번뇌를 끊고 위없는 진리를 깨달아서 다른 중생들도 깨닫게 하는 이를 말함.

역사적으로는 석가모니불을 말하고, 이상적으로는 우주 만유의 실상인 법신불(法身佛) 곧 영생 불멸의 부처를 말하며, 정서적으로는 극락교주인 아미타불을 말하고 주관적으로는 마음이 바로 부처라는, 시심시불(是心是佛) 곧 자성불(自性佛)을 말함.

75) 사무외(四無畏) : 설법할 때 두려움이 없는 네 가지 공덕.
　① 나는 일체 것을 다 안다.
　② 나는 일체 번뇌를 다 끊었다.
　③ 나는 도(道)를 장애하는 모든 것을 다 알 수 있다.
　④ 나는 괴로움을 없애는 길을 능히 설법할 수 있다.

76) 사바(娑婆) : 범어 saha. 인토(忍土)·인계(忍界)라 번역. 안으로는 가지가지의 번뇌가 있고 밖으로는 추위·더위·비바람·원적(怨賊) 등의 재난이 있어서 언제나 고통을 참지 않으면 안 되는 국토라는 뜻으로 이 세계를 인토(忍土) 등으로 말함.

77) 사제(四諦) : 범어 Catvari-aryasatyani. 사성제(四聖諦)라고도 함. 미혹의 인과(因果) 인고(苦)·집(集)과 깨달음의 인과인 멸(滅)·도(道)의 네 가지 도리로서 불교의 강령(綱領)이라 할 수 있는 교리. 성문승(聲聞乘)은 이를 깨달아 아라한이 됨. 고(苦: 생사의 과보)·집(集: 생사의 원인인 번뇌와 업業)·멸(滅: 깨달음의 과보인 열반)·도(道: 깨달음의 원인으로서 삼학도三學道 또는 팔정도八正道).

78) 삼계(三界) : 욕계(欲界)·색계(色界)·무색계(無色界)를 말하며 아래는 지옥으로부터 위는 비상비비상천에 이르기까지 중생이 생사윤회하는 경계.

79) 삼복(三福) : 선을 행하면 자연 복을 받으므로 삼종선을 삼복이라 함.
　① 세복(世福) : 부모에게 효도하고 스승과 어른을 받들어 섬기며 살생하지 않고 십선업(十善業)을 닦음.

② 계복(戒福) : 삼보(三寶)에 귀의하여 오계·팔계·구족계 등 모든 계율을 지킴.

③ 행복(行福) : 보리심을 일으켜 깊이 인과를 믿고 대승경전을 독송하며 남을 또한 그렇게 인도함.

80) 섭수(攝受) : 부처님의 자비와 지혜 광명 속에 모든 중생을 다 거두어 보살핌을 말함. 반대말은 절복(折伏).

81) 수미산(須彌山) : 범어 sumeru의 번역. 묘고산(妙高山)의 뜻 번역. 한 세계의 중앙 금륜(金輪) 위에 있으며 팔산(八山)과 팔해(八海)가 둘러 있는데 수면(水面)에서 높이가 팔만 유순, 수면 밑으로 팔만 유순이라 함.
  * 유순(由旬) : 인도의 리수(里數)로서 보통 40리 또는 30리를 말함.

82) 신명(神明) : 신중(神衆)을 말하는데 어디서나 밝게 알고 있으므로 신명이라 함.

83) 신통(神通) : 신기하게 변화함이 불가사의하고 걸림이 없는 자재한 통력을 말함. 육신통이 있는데 걸림 없이 보는 천안(天眼), 걸림 없이 듣는 천이(天耳), 걸림 없이 과거를 아는 숙명(宿命), 다른 이의 마음을 꿰뚫어 아는 타심(他心), 몸을 자재로 하는 신족(神足), 번뇌를 모조리 끊는 누진(漏盡) 등. 외도(外道)는 누진통(漏盡通)은 못하여도 다른 오통은 할 수 있으며 정도(正道)는 육통(六通)을 갖추어 할 수 있음.

84) 아뇩다라삼먁삼보리(阿耨多羅三藐三菩提) :
  범어 anuttara sammasam-bodhi. 부처님이 깨달은 진리를 말함. 그 지혜는 원만 평등한 진리를 두루 깨달아 그 위가 없는 최상의 지혜로서, 무상정변지(無上正遍智)·무상정등각(無上正等覺)이라 번역함.

85) 아미타불(阿彌陀佛) : 범어 Amitabha Buddha; Amitayus Buddha.

무량수불(無量壽佛)이라 뜻 번역. 시간적으로 영원하여 과거·현재·미래 삼세 중생을 제도하는 의미에서 무량수불이라 하고, 공간적으로 무변하여 무량한 지혜광명으로 중생을 제도하는 의미에서 무량광불(無量光佛)이라 하는데, 그 수명은 본체이고 광명은 작용이므로 용(用)을 체(體)에 합하여 흔히 무량수불로 통함. 또는 극락세계의 교주부처님. 밀교(密敎)에서는 법신(法身)·보신(報身)·화신(化身)의 삼신을 겸전한 구원불을 의미함.

86) 아소심(我所心) : 내 소유라고 집착하는 마음.

87) 열반(涅槃) : 범어 nirvana. 불교의 최고 이상으로서 멸(滅)·적멸(寂滅)·원적(圓寂) 등으로 번역. 모든 번뇌를 소멸하고 불생불멸(不生不滅)의 진리를 깨달은 경지. 또는 무생(無生)·영생(永生)·실상(實相)·진여(眞如)·본체(本體) 등의 의미로도 쓰임.

88) 염불(念佛) : 범어 buddahaanu-smtri. 부처님의 상호(얼굴이나 몸매)나 지혜 공덕을 생각하는 것. 또는 입으로 아미타불이나 관세음보살, 지장보살의 명호를 일컫는 것. 염불에는 3종 방법이 있는데,
　① 칭명염불(稱名念佛) : 입으로 부처님의 명호(이름)를 부르는 것.
　② 관상염불(觀想念佛) : 마음으로 부처님의 상호나 공덕을 관념하는 것.
　③ 실상염불(實相念佛) : 법신(法身)의 비유비공(非有非空)한 중도실상(中道實相)의 이치를 관조하는 것. 또는 4종으로 구분하기도 함.

89) 염착심(染着心) : 애착하는 마음으로 아끼고 집착하는 것.

90) 오근(五根) : 대승(大乘)·소승(小乘)을 통틀어 깨달음에 드는 수행을 37가지로 구분하는데 이를 삼십칠품도(三十七道品) 또는 삼십칠조도품(三十七助道品)·삼십칠보리분법(三十七菩提分法)이라 함. 곧 사념처(四念處)·사정정근(四淨定勤)·사여의족(四如意足)·오근(五族)·오력(五力)·칠각지(七覺支)·팔정도(八正道) 등이다.

* 오근(五根)

① 신(信) : 삼보와 인과의 도리를 믿는 것.

② 정진(精進) : 애써 수행함.

③ 염(念) : 항상 바른 도리를 억념하는 것.

④ 정(定) : 마음이 흩어지지 않도록 정신 통일하는 것.

⑤ 혜(慧) : 지혜로써 도리에 어긋남이 없게 하는 것.

91) 오탁(五濁) : 사바세계(악한 세상)의 5종류의 더러움.

① 겁탁(劫濁) : 천재지변과 병과 전쟁 등 여러 가지 재앙이 넘치는 시대.

② 견탁(見濁) : 사견(邪見)이 많고 사상이 혼탁한 것.

③ 번뇌탁(煩惱濁) : 탐·진·치 삼독(三毒)의 번뇌가 치성한 것.

④ 중생탁(衆生濁) : 중생이 진리를 믿지 않고 덕을 닦지 않아 중생의 마음과 몸이 혼탁한 것.

⑤ 명탁(命濁) : 중생의 수명이 점차 짧아지는 것.

92) 왕생(往生) : 이 세계에서 저 세계에 가서 태어나는 일. 극락세계에 가서 태어남을 말함.

93) 우담바라(優曇婆羅) : 범어 udumbara. 영서화(靈瑞華)로 뜻 번역. 이 꽃은 싹이 터서 천 년, 봉오리져서 천 년, 피어서 천 년, 그래서 합하여 삼천 년 만에 한 번 핀다고 하는데, 아주 희유한 일에 비유함.

94) 원광(圓光) : 정광(頂光) 또는 후광(後光)이라고도 하는데, 불보살의 머리둘레에 비추는 둥근 광명을 말함.

95) 위신력(威神力) : 불·보살의 위대하고 불가사의한 힘.

96) 육념(六念) : 열반에 이르는 수행법. 염불(念拂)·염법(念法)·염승(念僧)·염계(念戒)·염시(念施)·염천(念天).

97) 육바라밀(六波羅蜜) : 범어 sat-paramita. 생사(生死)의 고해를 건너 이

상경(理想境)인 피안에 이르는 여섯 가지 방편으로서 보살의 수행법임. 곧 보시(布施)·지계(持戒)·인욕(忍辱)·정진(精進)·선정(禪定)·지혜(智慧)를 말함.

98) 육신통(六神通) : 6종의 신통력
　　① 천안통(天眼通) : 보는 데 걸림이 없는 신통.
　　② 천이통(天耳通) : 듣는 데 걸림이 없는 신통.
　　③ 타심통(他心通) : 남의 마음을 자재하게 아는 신통.
　　④ 숙명통(宿命通) : 과거를 자재하게 아는 통력.
　　⑤ 신여의통(身如意通) : 몸을 자재하게 아는 신통.
　　⑥ 누진통(漏盡通) : 자재하게 번뇌를 끊는 지혜.

99) 윤회(輪廻) : 사람이 죽었다가 나고 났다가 죽어 몇 번이고 반복함을 말함. 불교에서 삼계(三界) 육도(六道)에서 미(迷)의 생사를 거듭하는 것.

100) 인과응보(因果應報) : 착한 인(因)에는 안락한 과(果), 악한 인(因)에는 고(苦)의 과(果)가 상응하게 나타나 착오가 없음을 말함.

101) 자비(慈悲) : 즐거움을 줌을 자(慈)라 하고 괴로움을 없앰을 비(悲)라 함.

102) 장자(長者) : 부귀하고 덕이 있는 사람.

103) 전도(顚倒) : 마음이 뒤바뀌는 것. 곧 바른 이치를 위반하는 것. 불법을 믿는 마음이 없음을 말함.

104) 지옥(地獄) : 범어 Naraka의 뜻 번역. 행복이 없는 곳으로 삼악도의 하나.

105) 진불(眞佛) : 화불(化佛)의 반대말. 부처님의 참 몸, 곧 부처님을 말함.

106) 진여(眞如) : 범어 tathata. 대승불교의 이상개념(理想概念)의 하나. 우주만유에 보편(普遍)한 상주 불변의 본체. 진여의 다른 이름으로

법계(法界)·법성(法性)·여래장(如來藏)·중도(中道)·제일의제(第一義諦) 등이 있음.

107) 청정법안(淸淨法眼) : 법안정(法眼淨)이라고도 함. 고(苦)·집(集)·멸(滅)·도(道) 사제(四諦)의 도리를 분명히 아는 지혜.

108) 총지(總持) : 범어 dharani 다라니(陀羅尼)의 번역 말. 모든 착한 법을 다 갖춘 주문. 또는 무량 법문을 잊지 않고 설법 자재함.

109) 칠보리분(七菩提分) : 칠각지(七覺支)라고도 함. 도(道)를 닦을 때 그 진위(眞僞)를 구분하는 데 칠종이 있음을 말함.
    ① 택법(擇法) : 법의 진위를 간택함.
    ② 정진(精眞) : 정법(正法)에 의하여 힘써 노력함.
    ③ 희(喜) : 진정한 법열(法悅)을 느낌.
    ④ 제(除) : 그릇됨을 없앰.
    ⑤ 사(捨) : 들뜨는 마음을 버릴 것.
    ⑥ 정(定) : 선정에 들어 망념을 일으키지 않음.
    ⑦ 염(念) : 진리를 계속 상념하여 마음의 평정을 갖는 것.

110) 팔성도(八聖道) : 팔정도(八正道)라고도 함.
    ① 정견(正見) : 사제(四諦)의 도리를 분명히 알고 바른 견해를 갖는 것.
    ② 정사유(正思惟) : 모든 것을 사제의 도리에 입각하여 생각하는 것.
    ③ 정어(正語) : 바른 말을 하는 것.
    ④ 정업(正業) : 바른 행위를 하는 것.
    ⑤ 정명(正命) : 바른 생활을 하는 것.
    ⑥ 정정진(正精進) : 바른 정진을 함.
    ⑦ 정념(正念) : 끊임없이 바른 도리를 기억하고 생각하는 것.
    ⑧ 정정(正定) : 마음을 도리에 안주하게 하여 흐트러지지 않음.

111) 팔음(八音) : 부처님의 청정한 음성을 말함.

① 지극히 고운 소리.

② 부드럽고 상냥한 소리.

③ 평화로운 소리.

④ 기쁜 소리.

⑤ 엄숙한 소리.

⑥ 그릇됨이 없는 소리.

⑦ 그윽하고 멀리 울리는 소리.

⑧ 유창한 소리.

112) 팔재계(八齋戒) : 집에 있는 불교인이 지키는 여덟 가지 계행.

① 죽이지 말 것.

② 훔치지 말 것.

③ 삿된 음행을 말 것.

④ 망언을 말 것.

⑤ 술 마시지 말 것.

⑥ 분수에 지나친 화려한 자리에 처하지 말 것.

⑦ 몸에 장식품을 붙이지 말고 노래를 부르고 춤추지 말아야 하며, 또한 가서 보지도 말 것.

⑧ 오정을 넘어서 먹지 말 것.

113) 해탈(解脫) : 번뇌의 얽매임을 풀고 진리를 깨달아 괴로움을 벗어남을 말함.

114) 현겁(賢劫) : 겁(劫)은 범어 kalpa의 음역으로 헤아리기 어려운 오랜 시간을 말하는데, 우주가 생성되어 허공으로 되기까지 성겁(成劫) · 주겁(住劫) · 괴겁(壞劫) · 공겁(空劫)의 사겁(四劫)으로 나누며, 사겁 중 주겁(住劫)을 과거 장엄겁(莊嚴劫) · 현재 현겁(賢劫) · 미래 성수겁(星宿劫)으로 나누는데 그 현겁을 말함.

115) 화생(化生) : 태(胎) · 란(卵) · 습(濕) · 화(化) 사생(四生)의 하나. 자체

가 없으며 의탁한 데 없이 홀연히 생겨남. 극락·천상·지옥에 나거나 겁초(劫初)에 나는 사람은 화생함.

116) 회향발원심(廻向發願心) : 닦은 선근공덕을 돌려 극락세계에 태어나고자 원하는 마음.

117) 불타야중(佛陀耶衆)은 '모든 부처님에게'라는 뜻이다. '불타'는 부처님이란 말이며, '야(耶)'는 '~에게'라는 조사이며, '중(衆)'은 '무리'라는 복수의 뜻임.

118) 달마야중(達摩耶衆) : '달마'는 중국에 선을 최초로 전한 달마대사가 아니라, 법(法), 혹은 진리(부처님의 가르침)라는 '다르마(dharma)'를를 의미함.
'야(aya=耶)'는 접미사로 ~에게, 영어로는 'to'의 뜻이고, '중(衆)'은 무리, 모음이란 말이다. 따라서 달마야중은 달마야라는 산스크리트어에 '모음'이란 뜻의 '중(衆)'이라는 한자를 합친 글이므로 '달마야중'은 '모든 진리의 모음', '모든 부처님의 가르침'이란 뜻임.

119) 중덕구경기별주술다라니신주(衆德究竟記莂呪術陀羅尼神呪)
'중덕구경기별주술다라니'에서 모든 공덕의 본원이 이른바 중덕(衆德)이다. 기별(記莂)은 구별, 분석, 발전이라는 뜻이며, 기(記), 수기(授記·受記) 등으로 한역하고, 본래 교설을 분석하거나 문답 방식으로 제자가 증득한 것이 사후 생처(生處) 등을 예언하는 것으로 변하였다. 특히 미래세의 증과와 성불하였을 때 명호를 예언하는 말, 즉 성불수기를 뜻한다.
다시 말해서 지장보살이 설한 이 다라니의 공능으로 구경에는 성불할 수 있다는 수기의 기능인 것이다. 지장신앙을 중점적으로 설하고 있는 『대방광십륜경』은 이승(二乘), 즉 대·소승의 융화를 설함으로써 지장보살의 본원이 철저한 현세이익증장으로 이루어질 것을 강조

하고 있다. 그 수많은 이익 중에서도 불법을 증장하여 특히 기업(企業)과 산업(産業), 그리고 재물을 증장시키는 신주(神呪)에서 나아가 번뇌의 속박까지도 풀어준다고 하였음.

120) 지장보살 마도대다라니(地藏菩薩 磨刀大陀羅尼)

지장보살 '마도대다리니'는 대지(大地)와 밀접하게 관계함으로써 땅에서 풍부한 물자와 지미(地味)를 생기게 하여 그 맛을 더욱 아름답게 하고, 독도 없고, 해도 없으며, 바람과 비를 조화롭게 하며 또한 호국(護國)의 원력도 있다. 부처님께서 지장보살을 찬탄하시며 말씀하기를 "뛰어나도다! 뛰어나도다! 지장이여! 네가 지금 중생을 위하는 것이 대묘락(大妙樂)과 같다. 이 '마도대다라니'에는 대단히 심오한 법력이 있구나! 이것은 중생이 대지의 맛과 정기를 손상시키지 않게 하며, 능히 중생의 먹을 것을 풍족하게 성취시켜주고, 일체 중생에게 모든 즐거움을 남김없이 구족시킨다."라고 부처님께서 말씀하셨음.

121) 지장보살 당장대다라니(地藏菩薩 幢杖大陀羅尼)

지장보살 '당장대다라니'는 우리의 이근(耳根)과 관련된 특이한 다라니주문이다. 지장보살이 설하기를 단지 이 다라니를 한 번 듣기를 원하는 것만으로도 능히 일체의 귓병을 없앨 수 있고, 청력을 신장시켜 세간의 소리를 다스릴 수 있다. 또한 탐·진·치 삼독과 같은 번뇌의 병을 모두 없앨 수 있으며, 이를 듣는 사람까지도 삼독으로 인한 일체 번뇌가 남김없이 사라지며, 청정심을 얻을 수 있고, 법[진리]에 따라 용맹하게 행동하게 된다고 설하고 있음.

122) 지장보살 수풍마니궁다라니(地藏菩薩 水風摩尼宮陀羅尼)

'수풍마니궁다라니'는 공덕천녀가 지장보살에게 청원하고, 지장보살이 이 '수풍마니궁다리니'를 부처님께서 직접 설해 주실 것을 청하여 이루어진 것이다. 이 다라니는 삼세의 부처님이 가지(加持)하는 것으로 모든 주술의 말씀을 모으는 다라니바퀴로써 일체의 독귀(毒鬼)를 제압하고 바람과 더위, 추위, 가뭄, 홍수 등을 없앨 수 있는 공능이 있는데, 또 한 가지 특징은 국왕(나라의 대표자)과 그 권속들의 평화와 행복을 기원하는 축문이 들어 있음.

123) 해탈주 (解脫呪)

[여래의 依報를 예찬] 동방 해탈주 세계는 허공(虛空)과 같은 공덕(功德)이 있으사 작은 티끌까지도 청정하옵고 두 눈 같이 단정한 공덕 갖추었나이다.

[여래의 正報를 예찬] 상호의 광명은 아름다운 붉은 연꽃이 유리처럼 빛나듯 하옵고 보배로운 모습의 향기는 최상의 향기이십니다.

[여래의 正業을 예찬] 공양을 마치시고 가지가지로 정수리를 장엄하시며 한량없고 가없는 일월(日月) 같은 광명은 원력으로 이루심이옵니다. 근기(根機)에 따라 장엄하시고 법계의 출현하기가 걸림이 없으신 대법왕의 "여래 아라하이신 위없는 삼불타이시여"(3번)

124) 공양(供養) : 계(戒)·정(定)·혜(慧) 등을 수학(修學)하고자 몸과 마음의 정성을 정신적·물질적으로 불보살님 전에 공경 올리는 선행(善行).

① 준비한 물질적 공양물,
② 선근(善根)공덕(功德)일체,
③ 몸(身)과,
④ 마음으로 관상(觀想)한 일체보물,
⑤ 팔길상(八吉祥 : 8불의 명호) 등과,
⑥ 성스러움의 모든 재물들을 지극한 마음에 모아 불보살님 전에 공양 올림.

125) 사념처(四念處) : 산스크리트어 catvāri smṛty-upasthānāni,
팔리어 cattāri sati-paṭṭhānāni 깨달음에 이르기 위한 네 가지
마음챙김.

　① 신념처(身念處) : 신체를 있는 그대로 통찰하여 마음챙김.
　　부모에게 받은 육신이 부정하다고 관하는 것.

　② 수념처(受念處) : 느낌이나 감정을 있는 그대로 통찰하여 마음챙김.
　　우리의 마음에 낙이라고 하는 음행 · 자녀 · 재물 등을 보고, 낙이라
　　하는 것은 참 낙이 아니고, 모두 고통이라고 관하는 것.

　③ 심념처(心念處) : 마음을 있는 그대로 통찰하여 마음챙김.
　　우리의 마음은 항상 그대로 있는 것이 아니고, 늘 변화 생멸하
　　는 무상한 것이라고 관하는 것.

　④ 법념처(法念處) : 모든 현상을 있는 그대로 통찰하여 마음챙김.
　　위의 셋을 제외하고, 다른 만유에 대하여 실로 자아(自我)인 실
　　체(實體)가 없으며, 또 나에게 속한 모든 물건을 나의 소유물이
　　라고 하는 데 대해서도, 모두 일정한 소유자(所有者)가 없다고,
　　무아관(無我觀)을 하는 것.

126) 오지여래(五智如來) : 밀교에서 금강계의 5불을 말하고, 오지를 체득한
다섯 부처님. 인도 밀교에서 말하는 5선나불.

법계체성지를 체득한 대일여래,
대원경지를 체득한 아촉여래,
평등성지를 체득한 보생여래,
묘관찰지를 체득한 아미타여래,
성소작지를 체득한 불공성취여래를 이른다.

※오지(五智) : 대일여래(大日如來)가 갖추고 있는 다섯 가지 지혜.

경전을 간행하고 독경하는 10가지 공덕

1. 전생에 지은 죄업이 가지가지 가벼운 죄는 선 자리에서 곧 소멸되고, 무거운 죄는 가볍게 된다.

2. 항상 선신의 보호를 받으며, 질병과 도둑과 전쟁, 관재구설의 재난을 받지 않는다.

3. 날 때마다 원수로 대하는 이가, 함께 법의 이익을 입고 해탈을 얻어 길이 찾아가 원수 갚음을 다시 하는 괴로움을 면한다.

4. 삿된 기운의 침해를 받지 않는다.

5. 몸과 마음에 평온을 얻어 날로 험한 일은 없어지고 밤에는 악한 꿈이 없어지며, 얼굴빛이 빛나고 윤택해지며 기력이 왕성하고 하는 일마다 길하고 이롭다.

6. 지극한 마음으로 법(法)을 받들면, 비록 바라고 구함이 없어도 의식은 자연히 풍족하여지며, 가정이 화목하며, 복덕과 수명이 늘어난다.

7. 말하는 것과 행동하는 것을 인천(人天)이 모두 기뻐하며, 어느 곳에 가더라도 항상 많은 사람들이 정성과 친근감을 갖게 되고, 공경 예배를 받게 된다.

8. 어리석은 이는 지혜로운 이로 변하고, 환자는 건강하게 되고, 가난한 자는 복이 충만하게 된다.

9. 영원히 악도를 벗어나게 되고, 선도에 태어나고, 몸이 단정하고, 자질이 뛰어나고, 복록이 수승하다.

10. 일체 중생을 위하여 선근종지를 심을 수 있다. 대복전(大福田)으로 가꾸어 무량하고 좋은 과보를 거두어 태어나는 곳마다 항상 불법을 보고 들어 문사수(聞思修) 삼혜(三慧)가 널리 열리어, 육신통을 증득하여 속히 성불한다.

불경(佛經)을 간행하고, 독경하면,
이와 같이 뛰어난 공덕이 있어,
축수·축하·면난·기도·참회·소원·천도 시에 모두 기쁘게 희사할지니
노력하고 행할지라.

- 인광대사 문초 중에서 -

나는 누구이며,
어디로 가고 있는가?

나를 찾는 부처님의 위대한 가르침~, 참된 깨달음의 길~

현상계 대상경계 (육근 · 육진 · 육식 · · ·)

일월 (日月) 성신에서 미물에 이르기까지

오음, 육입, 십이처, 십팔계

마음 생각으로 일으키는 일체의 미세한 경계 (所) 까지.

"입류 망소"
(入流 亡所)

'진정한 참회',

'불가사의한 자성 (自性)

삼신불 (법신불 · 보신불 · 화신불) 의 깨어남 · 귀의',

'나 (我) 의 참된 진여 성품 자각',

너와나 대승불자 (不二) 모두는 결정심의 인 (因) 으로,

'나를 찾는 부처님의 위대한 가르침에 의지'하여

결정코 성불 (成佛) 이루리라.

"약인욕요지   삼세일체불
若人欲了知   三世一切佛

응관법계성   일체유심조
應觀法界性   一切唯心造 "

"법등명 法燈明"

부처님 가르침을 등불삼고

"자등명 自燈明"

나(我) 자성불을 등불삼아라

" 觀心一法   관심일법
摠攝諸行   총섭제행 "

마음을 관(觀)하는 한 법(法)이
일체를 거두어 다스리는 것이다.

"삼계(三界)의 근본은 마음이요.
만법(萬法)의 근본은 의식이라.
마음의 밖에는
부처가 없으니
어찌 따로 부처를 구하리."

참고문헌

• 「불교대사전」 (길상, 홍법원 : 2017)

• 「한글통일법요집」 (대한불교조계종)

• 「불교상용의례집」 (대한불교조계종교육원)

• 「통일법요집」 (대한불교진흥원)

• 「선운법요집」 (불교서원)

• 「지장경 강의」 (무비스님)

• 「대원만전행 강해」 (티베트 밀법수행 안내서 : 고독원)

• 「범망경지장경」 (일지)

• 「지장보살다라니 수행법」 (무통 : 철학박사)

• 「업설 지장경」 (신춘열)

• 「지장본서력경」 (김근중)

• 「지장불교공양차제법」 (석용산)

• 「능엄경」 (김두재)

• 「선운법요집」 (선운사·도솔암)

• 「중생의 고통을 내가 짊어지리라」 (윤을암)

• 「대방광불화엄경」 (무비스님)

• 「대방광불화엄경약찬게」 (지일스님 : 철학박사)

• 「정토삼부경」 (청화 큰스님)

• 「육조단경」 (청화 큰스님)

• 「법요집」 (문수산 법륜사)

• 「홍련암법요집」 (홍련암)

• 「본마음 참나」 (월호스님)

• 「법성게 선해」 (무비스님)

• 「불자수경」 (대명스님)

• 「BBS·BNT 불교방송」보도 설법·자료 등

• 장엄법회 및 거룩하고 위대한 가르치심의 동영상 감로설법 등

나를 찾는
부처님의 위대한 가르침 (법공양품)

✿ 삼가 우러러 공경 예배 찬탄 올리옵고 ~ 고하고 원하옵나니 ~ ✿

나무 남방화주 유명교주 대자대비 대원본존 지장보살마하살님·부처님 전에
'나를 찾는 부처님의 위대한 가르침·위대한 경전 지장보살본원경·
진정한 참회·츰부다라니·불설 대부모은중경·반야심경' 등의
법보시를 지극한 마음으로 부처님 전에 올리어서,
온 법계의 모든 중생 너도나도 모두 함께
부처의 길 이루도록 가피력을 내리시고,
애민으로 섭수하여 구제하여 주시옵소서.

편 역   度佑도우 法師법사
        1953년 12월 경남 남해 출생
        동아대학교 박사전공(경영·마케팅학)
        동아대학교 학술연구기관 운영 대표
        정부(장관)허가 학술연구기관
        사단법인 도우경제정책연구원
        국가, 중앙정부, 지방정부, 공공기관 등, 16여년 학술저술 등
        대학교 외래교수
        연구교수, 교수
        法師, 大法師 과정
        불교에 깊은 관심과 부처님의 위대한 가르침을 따르고자 하는
        지극한 마음의 의지·귀의·참회·신심으로 실천수행과
        부처님 가르침에 정진하고 있다.
        dowoo7566@naver.com

엮 음   多耿다경
        불교 청소년지도사, 어린이지도사

편집인   김태현 (만수출판사 전화 051-513-4042)
인 쇄   불기 2563년 (서기 2019년) 4월 15일(대길상의 날)
펴낸이   김시열
펴낸곳   도서출판 운주사
        서울 성북구 동소문로 67-1 성심빌딩 3층
        전화 02-926-8361, 팩스 0505-115-8361
        ISBN 978-89-5746-545-5   03220

값 23,000원